U0552931

**权威·前沿·原创**

皮书系列为
"十二五""十三五""十四五"时期国家重点出版物出版专项规划项目

**BLUE BOOK**

智 库 成 果 出 版 与 传 播 平 台

"三农"舆情蓝皮书

**BLUE BOOK** OF PUBLIC OPINIONS ON
AGRICULTURE, RURAL AREAS AND FARMERS

# 中国"三农"网络舆情报告
## （2024）

## THE REPORT ON ONLINE PUBLIC OPINIONS ON CHINA'S
## AGRICULTURE, RURAL AREAS AND FARMERS (2024)

组织编写 / 农业农村部信息中心

社会科学文献出版社
SOCIAL SCIENCES ACADEMIC PRESS（CHINA）

**图书在版编目（CIP）数据**

中国"三农"网络舆情报告 . 2024 ／ 农业农村部信
息中心组织编写 . --北京：社会科学文献出版社，
2024.9. --（"三农"舆情蓝皮书）. --ISBN 978-7
-5228-4151-9

Ⅰ.F32

中国国家版本馆 CIP 数据核字第 2024B8S967 号

"三农"舆情蓝皮书

中国"三农"网络舆情报告（2024）

组织编写／农业农村部信息中心

出 版 人／冀祥德
责任编辑／陈　颖
责任印制／王京美

出　　　　版／社会科学文献出版社·皮书分社（010）59367127
　　　　　　　地址：北京市北三环中路甲 29 号院华龙大厦　邮编：100029
　　　　　　　网址：www.ssap.com.cn
发　　　行／社会科学文献出版社（010）59367028
印　　　装／天津千鹤文化传播有限公司

规　　　格／开 本：787mm×1092mm　1/16
　　　　　　　印 张：22　字 数：332 千字
版　　　次／2024 年 9 月第 1 版　2024 年 9 月第 1 次印刷
书　　　号／ISBN 978-7-5228-4151-9
定　　　价／168.00 元

读者服务电话：4008918866

# 《中国"三农"网络舆情报告（2024）》
# 编写委员会

徐月洁　郭志杰　郭　涵　唐秀宋　黄洪盛
黄腾仪　葛培媛　蒋侃芳　韩周杰　蔡　灿
蔡春梅

# 主要编撰者简介

**王小兵** 农业农村部信息中心主任、党委书记，研究员。主要研究方向为农业农村信息化、"三农"政策、农业市场监测预警。围绕大数据、农业农村信息化、农业市场化相关领域，在《经济日报》《农民日报》《农村工作通讯》《大数据》等重点报纸杂志发表专业文章多篇，包括《数字农业的发展趋势与推进路径》《农业信息化与大数据》《大数据驱动乡村振兴》《聚焦聚力推进农业大数据发展应用》等。主持中央农办、农业农村部软科学课题"农业全产业链大数据建设研究""推进乡村振兴战略实绩考核制度运行效果评价研究"等。组织编制《"十三五"全国农业农村信息化发展规划》《"互联网+"现代农业三年行动实施方案》等规划计划。

**张国庆** 农业农村部信息中心副主任，农学博士。先后在农业科技推广、农村经营管理、新闻宣传和互联网舆情应对等领域工作。曾在《人民日报》《光明日报》《中国纪检监察报》《农民日报》《秘书工作》《农村工作通讯》等报刊发表各类文章40余篇，参与的2项课题分别获农牧渔业丰收奖二等奖、浙江省科技进步奖二等奖。参与起草《中华人民共和国农村土地承包经营纠纷调解仲裁法》《国务院关于深化改革加强基层农业技术推广体系建设的意见》和中央有关政策文件。参与编写《农村土地承包经营纠纷仲裁规则》《中华人民共和国农村土地承包经营纠纷调解仲裁法释义》和有关规划计划。

**钟永玲** 农业农村部信息中心舆情调研处处长，正高级工程师。主要研究方向为涉农网络舆情、农业农村信息化。负责组织实施农业农村部舆情监测及信息化进展追踪项目。主持农业农村部软科学课题"大数据视角下的'三农'网络舆情传播规律及引导机制研究""农产品滞销网络舆情的生成机理及引导研究""新时代'三农'网络舆情治理工作机制研究"等。在《经济日报》《农民日报》《中国信息界》《信息化研究》等权威报刊发表（及合作发表）专业论文80余篇。主编或参编《中国"三农"网络舆情报告（2023）》等论著20余部。获得北京市科技进步奖三等奖2项。

**李　想** 农业农村部信息中心舆情监测处处长，管理学博士，正高级工程师。主要研究方向为涉农网络舆情、农产品市场与政策。主持和参与包括国家社科基金项目、国务院发展研究中心课题、农业农村部软科学课题等20余项课题研究，并参与多个重大项目实施。主编或参编《中国"三农"网络舆情报告（2023）》《中国主要农产品供需分析与展望（2016）》《中国农业发展报告（2015）》《中国农产品流通产业发展报告（2012）》《农业信息化研究报告（2016）》等著作10余部，在《农业现代化研究》《经济要参》《农村经济》《世界农业》《中国农业科技导报》等刊物发表论文30余篇。

# 摘　要

2023 年，我国克服较为严重的自然灾害等多重不利影响，粮食产量再创历史新高，农民收入较快增长，农村改革持续深化，农村社会保持和谐稳定，"三农"基本盘进一步夯实。本报告对 2023 年"三农"网络舆情进行了深度分析，全面展现 2023 年我国"三农"领域网络舆情的总体态势、行业特征、区域特点等情况。

本报告研究认为，2023 年，我国"三农"舆论态势积极向好，正能量充沛，主旋律强劲。全年"三农"网络舆情总量 4063.63 万篇（条），较上年略降。从传播内容看，舆论重点关注农牧渔生产与粮食安全、乡村振兴战略实施和农业农村改革发展，2023 年中央一号文件、第六个中国农民丰收节等重大事件关注热度持续高涨，"我的乡村生活""村超"等乡村生活和文体活动引发舆论浓厚兴趣，"千万工程"实施迎来二十周年、春节期间"回乡见闻"网络活动受到网民高度关注。从传播特点看，"三农"内容优势与媒体引流形成正向合力，"全员共创"成效显著；视频传播强势增长，综艺影视兴起"乡村热"；宣传服务精准高效，政务传播公信力、影响力继续提升；"田园外交"表现亮眼，国际传播能力持续增强。从传播平台看，"三农"舆情传播的移动化、社交化、可视化趋势不断增强，客户端、视频、微信、微博等平台的舆情量均高于传统新闻媒体。

本报告开展了 8 个方面的专题研究。研究发现，农牧渔生产与粮食安全方面，粮食生产"二十连丰"备受瞩目，农业强国建设扎实推进，智慧农业、高标准农田建设成效显著、亮点纷呈；乡村振兴方面，"土特产""乡

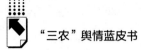

村游"备受青睐，宜居宜业和美乡村呈现的新图景、新气象引发持续高光，乡村文体活动大放异彩，文化赋能乡村振兴成为舆论热点；种业振兴方面，种业振兴行动取得显著成效获舆论积极评价，种业企业发展新格局、新趋势成为行业焦点话题；农产品质量安全方面，新修订的《中华人民共和国农产品质量安全法》宣贯、农资打假专项治理、农产品追溯体系建设等工作受到关注，央视曝光香精勾兑的"泰国香米"等事件引发热议；农业农村信息化方面，数字乡村建设成效受到舆论广泛肯定，乡村特色产业数字化转型成为常热话题，乡村建设、乡村治理等方面的数智图景引发积极期待。报告还对农业农村部网站在"三农"舆论引导中发挥的作用、抖音快手平台涉农短视频舆情、国内媒体关于"一带一路"涉农内容的宣传报道进行了挖掘分析。

在2023年的涉农热点事件中，本报告研选了贵州"村超"火爆出圈、安徽云梦泽垂钓冲突、河南"农机跨区通行受阻"、四川凉山一村发布人居环境罚款标准等不同领域典型事件进行深入解读。在区域篇，对吉林、江苏、江西、广西、甘肃、宁夏、新疆等7个省（区）2023年的"三农"网络舆情态势和热点等进行全面分析。此外，本年度还增加了国际视角的研究，收录了2023年境外媒体涉华农业报道分析，以及RCEP涉农合作境外舆情及应对策略研究报告。

关键词：　"三农"网络舆情　粮食安全　农业强国　智慧农业　短视频

# 目 录 ⊳

## Ⅰ 总报告

## Ⅱ 分报告

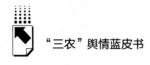

## Ⅲ　专题报告

## Ⅳ　热点篇

## Ⅴ　区域篇

# VI 境外篇

皮书数据库阅读**使用指南**

# 总 报 告

## B.1
## 2023年"三农"网络舆情
## 分析及2024年展望

钟永玲 李 想 韩周杰 张 珊*

**摘 要:** 2023年,我国克服较为严重的自然灾害等多重不利影响,粮食产量再创历史新高,农民收入较快增长,农村社会和谐稳定,"三农"网络舆论态势积极向好。从舆情传播特点看,内容优势与媒体引流形成正向合力,视频传播强势增长,政务传播公信力、影响力继续提升,"三农"国际传播能力持续增强。展望2024年,强化粮食安全保障背景下的粮食生产和农民增收、经济社会高质量发展进程中的农业新质生产力、乡村全面振兴进程中基层执法规范化和乡村有效治理等话题将成为舆论关注热点。

---

\* 钟永玲,农业农村部信息中心舆情调研处处长,正高级工程师,主要研究方向为涉农网络舆情、农业农村信息化;李想,农业农村部信息中心舆情监测处处长,管理学博士,正高级工程师,主要研究方向为涉农网络舆情、农产品市场与政策;韩周杰,农业农村部信息中心舆情监测处副处长,主要研究方向为涉农网络舆情、电子政务信息安全;张珊,农业农村部信息中心舆情监测处舆情分析师,主要研究方向为涉农网络舆情。

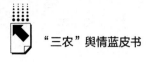

**关键词：** 粮食安全 乡村振兴 农业强国 "三农"舆情

2023年是全面贯彻党的二十大精神的开局之年，是三年新冠疫情防控转段后经济恢复发展的一年，也是加快建设农业强国的起步之年。一年来，我国克服较为严重的自然灾害等多重不利影响，粮食产量再创历史新高，农民收入较快增长，农村社会和谐稳定。"三农"发展取得的丰硕成果，成为全面推进强国建设的坚实底气和强劲动力，也为全媒传播提供生动素材，为正能量充沛的舆论场打下坚实基础。

# 一 2023年"三农"网络舆情总体概况

## （一）舆情走势

2023年"三农"网络舆情总量达4063.63万篇（条），同比减少5.27%。全年出现三次舆情峰值（见图1）。

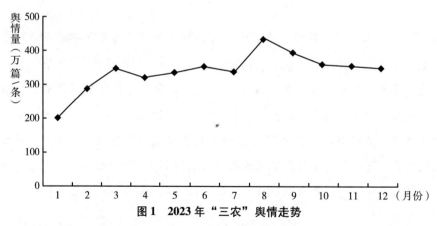

**图1 2023年"三农"舆情走势**

资料来源：农业农村部"三农"舆情监测管理平台、新浪舆情通。下同。

从各季度情况看，第一季度舆情走势快速攀升。中央一号文件、全国两会持续释放重农强农信号，推动舆情热度快速升温，3月出现第一次舆情峰值。同时，春耕生产受到持续聚焦，科技种田、"数字"春耕是舆论关注新常态。"土特产"成为网络热词，乡村旅游中的"赏花游""围炉煮茶""追剧旅游"等新潮流备受青睐。"回乡见闻"引发参与热潮，讲述家乡变化成为最大主题，乡村"土味"运动会、乡村大集等文体活动也火爆出圈。长江十年禁渔成效初显，"水生生物种类和资源量逐步提升"等情况被积极关注。

第二季度舆情走势逐步上扬。"三夏"生产受到聚焦，河南等地"烂场雨"致小麦抢收成为高热话题，6月出现第二次峰值。乡村特色产业受到持续关注，习近平总书记强调的"农村特色产业前景广阔"引发共鸣，茂名荔枝等各地"土特产"被集中推介。"千万工程"二十年成就备受瞩目，各地和美乡村"各美其美"亮点纷呈。"科技小院"成为网络热词，习近平总书记对农大学子的肯定引发热烈反响，乡村振兴中的青年力量成为报道热点。贵州"村BA""村超"持续霸榜各平台热搜，体育赛事展现的乡村发展新思路成为热点议题，全国和美乡村篮球大赛受到舆论期待。

第三季度舆情走势整体居高。夏秋粮食生产受到舆论持续聚焦，华北、东北等地遭受的洪涝灾害引发高度关注，各级农业农村部门多措并举救灾保秋粮被大量跟进报道，8月舆情走势达到全年最高点。第六个中国农民丰收节再显新成效，在线上线下掀起了关注热潮和欢庆高潮，9月舆情走势有所下降但仍处于全年第二高位。同时，产业振兴和文化振兴相关话题也被集中关注，"土特产"引发集中宣传推介，"村赛"展现的乡村发展活力振奋舆论。"千万工程"继续成为报道热点，首个全国生态日期间"生态乡村"频现互联网。农产品质量安全和食品安全相关话题热点多发，日本核污水排海引发水产品安全担忧，"预制菜进校园"受到质疑，农业农村部对转基因食品安全谣言的回应获得舆论肯定。

第四季度舆情走势平缓回落。秋粮生产引发媒体持续跟进报道，机械化、智慧化现代农业生产继续成为吸睛亮点，"全国粮食总产量13908亿斤 再创历史新高"振奋舆论。中央农村工作会议部署保障粮食和重要农产品稳定安全供给、有力有效推进乡村全面振兴等重点工作，引发舆论高度聚焦。第二十届中国国际农产品交易会、第六届中国国际进口博览会、首届中国国际供应链促进博览会接连举办，特色农业产业、智慧农业、种业科技创新等发展成效得以全

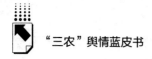

面展示，亮眼成绩备受肯定。此外，我国新增4个联合国世界旅游组织"最佳旅游乡村"、新增3项全球重要农业文化遗产等乡村建设成果也成为传播热点。

## （二）话题占比

从2023年"三农"分类话题舆情量看，"农牧渔生产与粮食安全""乡村振兴战略实施""农业农村改革发展"居前三位，话题量占全年话题总量的55.21%。具体看，农牧渔生产与粮食安全话题最受舆论关注，舆情量合计853.14万篇（条），占比20.99%。粮食安全成为高热议题，全年粮食生产受到持续关注，极端天气引发的农业灾情持续牵动舆论，中央出台的一系列粮食安全保障举措受到高度聚焦，现代农业生产作业展现的"高质""高效"场景受到网民热烈围观，夏粮丰收、全国粮食总产量再创历史新高等丰收成绩单引发关注热潮。十四届全国人大常委会第七次会议表决通过《中华人民共和国粮食安全保障法》，"我国粮食安全有了专门保障法"等信息在各平台热传。舆论称，《中华人民共和国粮食安全保障法》是"国本之法"，是中国特色社会主义法治体系建设中浓墨重彩的一笔。同时，耕地保护也是舆论关注的热点话题。习近平总书记多次强调"严守耕地红线"，引发热烈反响。各地高标准农田建设、盐碱地改造取得的显著成效被媒体大量宣传，部分地区占地毁地问题被曝光后也引发热点舆情。

乡村振兴战略实施话题排行第2，舆情量合计818.50万篇（条），占舆情总量的20.14%。浙江"千万工程"实施迎来二十周年，各地对标建设、高质量推进，宜居宜业和美乡村成为互联网上的亮丽风景线，农业绿色变革、乡村美丽经济、农民美好生活等鲜明特质被全面呈现。乡村产业振兴也是报道热点，习近平总书记强调的"农村特色产业前景广阔"引发强烈共鸣，"土特产"成为网络高频词，乡村游展现的富民新业态也成为全年节假日期间的常热话题。乡村文化振兴成为新的关注焦点。乡村体育蓬勃景象成为全年高热议题，"村赛""村BA""村排"等网络热词不断刷屏，"村超"更是接连入选年度"十大流行语""十大新词语"等多个榜单，被称为2023年"现象级文化IP"。乡村文艺演出和传统文化活动也引发舆论浓厚兴趣,"四季村晚"、全国村歌大赛、全国和美乡村广场舞大赛等人气爆棚,乡村大集、乡村庙会、农村大席、村寨长街宴等也成为社交媒体中的"爆款",线上线下的关注热度和参与热情持续高涨。

农业农村改革发展话题排行第3,舆情量合计572.22万篇(条),占舆情总量的14.08%。"农村改革创新"继续迎来强部署与重落实。中央一号文件、中央农村工作会议对此作出的顶层设计受到舆论高度支持。各地深化农村土地制度改革,稳慎推进农村宅基地制度改革试点,巩固提升农村集体产权制度改革成果,引发媒体持续报道。农村改革创新给农民增收致富带来的实在红利受到舆论积极关注,各地乡村的"收益分红大会""农民领年终奖"等消息引发数百万次播放量,新浪微话题"浙江一村子给200位村民发600万工资"阅读量达1.2亿次(见图2)。

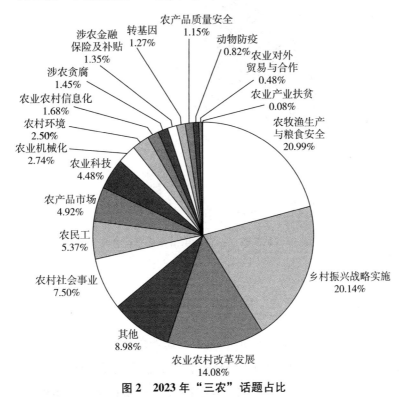

图2 2023年"三农"话题占比

注:所有占比均为原数计算。全书同。

### （三）传播平台分布

从 2023 年"三农"舆情在各媒体平台分布情况看，"三农"舆情传播的移动化、社交化、可视化趋势继续增强。具体看，客户端中的舆论声量最为集中，相关信息 1538.14 万篇，占舆情总量的 37.85%；视频 1379.92 万条，占比 33.96%；微信 581.53 万篇，占比 14.31%；微博 275.48 万条，占比 6.78%；新闻 174.77 万篇，占比 4.30%；互动论坛帖文 113.79 万条，占比 2.80%（见图 3）。与上年相比，客户端传播量占比下降 13.95 个百分点，而视频传播量占比提高 18.41 个百分点。

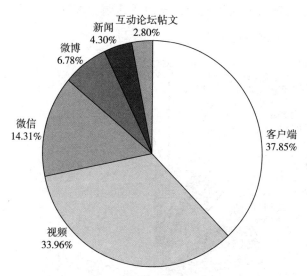

图 3　2023 年"三农"舆情传播平台分布

### （四）2023年"三农"舆情热点事件排行

本报告对全年"三农"舆情热点事件在各类媒体平台上的传播量进行加权计算，得出热点事件的舆情热度值，进而整理出排名前 50 位的热点事件（见表 1）。从首发媒体看，主流新闻媒体、政务媒体、短视频自媒体是三大主要发布渠道。具体看，主流新闻媒体首发事件有 24 个，其中新闻网站首发 11 个，报纸、电视台共计首发 7 个，新闻客户端首发 5 个，媒体官方微博首发 1 个。政务媒体首发事件共计 14 个，其中 12 个事件出自政府网站，2 个事件出自政务微博。抖音、快手等短视频平台以及今日头条也成为"三农"热点舆情的重要发酵地，共计首发 12 个事件。

从内容看，2023 年"三农"舆情热点事件有以下几个特点。一是"三农"盛大节日和文体活动备受舆论瞩目，在年度排行榜前 10 中位列 4 席。贵州榕江县"村超"、第六个中国农民丰收节，居年度排行第 1 和第 2 位；全国和美乡村篮球大赛、贵州黔东南村歌竞演活动"乡村超级碗"，居年度排行第 7 和第 8 位。二是与宜居宜业和美乡村建设相关的热点多发。"千万工程"实施迎来二十周年居年度排行第 3 位；与乡村建设、乡村治理、特色产业发展相关的部署举措和积极成效纷纷上榜，共计有 11 个事件与此相关。三是农业生产与粮食安全相关事件热度居高。各地抢抓农时开展春耕备耕居年度排行第 4 位，《中华人民共和国粮食安全保障法》审议通过居第 16 位，与防汛保秋粮、种粮补贴、耕地保护相关的部署举措也进入年度排行榜前 30。四是部分地区农村基层治理中存在的监管失察、官僚主义、机械执法等问题引发热点爆点。跨区夏收收割机高速路遇阻、云梦泽垂钓冲突事件、"迷笛音乐节"物品失窃、93 万尾蛙苗被错误消杀、七旬老人过冬煤被没收等多个事件上榜。

表1    2023 年"三农"舆情热点事件 TOP 50

| 排名 | 热点事件 | 首发媒体 | 月份 | 舆情热度 |
|---|---|---|---|---|
| 1 | 贵州榕江县"和美乡村足球超级联赛"开赛 | 抖音 | 5 | 295807 |
| 2 | 欢庆第六个中国农民丰收节 | 微博"@中国三农发布" | 9 | 140762 |
| 3 | "千万工程"实施迎来二十周年 | 中央电视台 | 6~7 | 118321 |
| 4 | 各地抢抓农时开展春耕备耕 | 人民日报客户端 | 3~4 | 100357 |
| 5 | "夏收收割机高速路遇阻"事件 | 今日头条 | 5 | 93597 |
| 6 | 全国两会"三农"话题 | 人民网 | 3 | 67398 |
| 7 | 全国和美乡村篮球大赛举办 | 农业农村部网站 | 6 | 59761 |
| 8 | "乡村超级碗"唱响黔东南 | 快手 | 10 | 55283 |
| 9 | 2023 年中央一号文件发布 | 新华网 | 2 | 54370 |
| 10 | 中央农村工作会议召开 | 新华网 | 12 | 38723 |

续表

| 排名 | 热点事件 | 首发媒体 | 月份 | 舆情热度 |
|---|---|---|---|---|
| 11 | 云梦泽垂钓冲突事件 | 抖音 | 10~11 | 34416 |
| 12 | "迷笛音乐节"物品失窃事件 | 好看视频 | 10 | 26724 |
| 13 | 民政部署开展"乡村著名行动" | 民政部网站 | 7 | 24905 |
| 14 | 国家互联网信息办公室发布《数字中国发展报告(2022年)》 | 新华社客户端 | 4 | 24530 |
| 15 | 吉林洮南村民私自搭建浮桥被判刑 | 红星新闻客户端 | 6 | 20667 |
| 16 | 《中华人民共和国粮食安全保障法》审议通过 | 人民日报客户端 | 6,8,12 | 15853 |
| 17 | 全国多地暴雨、洪涝、台风等灾害高发 各地积极做好秋收秋种工作 | 新华网 | 7~8 | 12621 |
| 18 | 生猪价格低位运行 | 《中国商报》 | 1~6 | 12433 |
| 19 | 中央财政下达实际种粮农民一次性补贴100亿元 | 财政部网站 | 4 | 11314 |
| 20 | 2023年全国粮食总产量13908亿斤,再创历史新高 | 国家统计局网站 | 12 | 10633 |
| 21 | 我国全面推行县域商业三年行动计划 | 商务部网站 | 8 | 8048 |
| 22 | 习近平在参加江苏代表团审议时强调要严守耕地红线,稳定粮食播种面积 | 央视新闻客户端 | 3 | 8020 |
| 23 | 习近平在广东茂名、山东枣庄考察,点赞当地优质"土特产" | 微博"@新华社" | 4,9 | 8017 |
| 24 | 四川凉山州通报"系列网红直播带货虚假宣传案" | 凉山州政府网站 | 9 | 8004 |
| 25 | 日本核污水排海引舆论关注我国渔业生产和水产品食用安全 | 新华网 | 8 | 7985 |
| 26 | "93万尾蛙苗被错误消杀"事件 | 中央电视台 | 7 | 7936 |
| 27 | 习近平主持召开中央财经委员会第二次会议,强调切实加强耕地保护 | 新华网 | 7 | 7819 |
| 28 | 电视剧《去有风的地方》带火云南乡村游 | 湖南卫视 | 1~2 | 7332 |
| 29 | 预制菜进校园引发质疑 | 抖音 | 9 | 6683 |
| 30 | 四川成都双流区耕地复垦"移栽挂穗玉米"事件 | 抖音 | 5 | 6370 |
| 31 | "科技新农人"魏巧返乡发展大田数字农业 | 《人民日报》 | 3 | 6202 |
| 32 | 四川凉山一村发布人居环境罚款标准事件 | 抖音 | 11 | 6024 |

| 排名 | 热点事件 | 首发媒体 | 月份 | 舆情热度 |
|---|---|---|---|---|
| 33 | 河南周口一玉米种植地被周边村民集体哄抢 | 抖音 | 10 | 5646 |
| 34 | "新疆海鲜"火爆出圈 | 新疆广播电视台 | 9~10 | 5635 |
| 35 | 中央网信办等五部门印发《2023年数字乡村发展工作要点》 | 中国网信网 | 4 | 5594 |
| 36 | 2023年世界粮食日和全国粮食安全宣传周活动启动 | 微博"@国家粮食和物资储备局" | 10 | 5514 |
| 37 | 河南滑县"农村只要立火聚餐就要办证"事件 | 抖音 | 11 | 5253 |
| 38 | 习近平给中国农业大学科技小院的学生回信 | 新华网 | 5 | 5153 |
| 39 | 安徽涡阳县"84岁独居老人给自己办葬礼"事件 | 抖音 | 2 | 5037 |
| 40 | 全国早稻总产量2833.7万吨,较上年增长0.8% | 国家统计局网站 | 8 | 4962 |
| 41 | 第六届进博会继续设立"农作物种业专区" | 新华网 | 11 | 4863 |
| 42 | 河北赞皇县邢郭镇"七旬老人1吨过冬煤被没收"事件 | 抖音 | 12 | 4691 |
| 43 | 第二十届中国国际农产品交易会在山东青岛举办 | 新华网 | 11 | 4636 |
| 44 | 甘肃男生被要28万8彩礼,写信给县长求整治 | 镇原县政府网站 | 7 | 4464 |
| 45 | 我国新增4个联合国世界旅游组织"最佳旅游乡村" | 文化和旅游部网站 | 10 | 4432 |
| 46 | 网传"江苏徐州一婚礼场地被村民连夜搬空"当地有关部门回应系误会 | 海报新闻 | 10 | 4355 |
| 47 | 广东汕头多家腌制菜企业曝出"脚踩腌菜"等生产乱象 | 广东广播电视台 | 3 | 4221 |
| 48 | 商务部会同相关单位共同指导举办2023年"网上年货节" | 央广网 | 1 | 4114 |
| 49 | 第六批中国传统村落名录村落名单公布 | 住房和城乡建设部网站 | 3 | 4049 |
| 50 | 五部门发布《关于金融支持全面推进乡村振兴 加快建设农业强国的指导意见》 | 中国人民银行网站 | 6 | 3828 |

注:"三农"舆情事件热度 = 新闻量×0.35+客户端量×0.25+微信量×0.15+微博量×0.1+视频量×0.1+论坛博客量×0.05。下同。

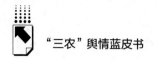

## 二 2023年"三农"网络舆情传播特点

### （一）内容优势与媒体引流形成正向合力，"全员共创"成效显著

2023年，全面推进乡村振兴、加快建设农业强国为全媒传播提供丰富素材，各媒体、各平台通过新技术、新渠道、新表达积极引流，在全员共创、全员分享态势下，"三农"话题的生产力和传播力继续提升。从内容看，"三农"重大政策部署、全国性"三农"盛会的关注热度持续高涨。2023年中央一号文件舆情热度较上年增加3.24%，在社交平台的点赞量超过300万人次，与第六个中国农民丰收节相关的视频播放量、互动量较上年分别增长5倍和3.6倍。乡村生活和文体活动引发舆论浓厚兴趣。"我的乡村生活"相关话题在抖音快手中的播放量累计超过1万亿人次，"村超"全网浏览量达到580亿人次，"农村大席""农村大集""围炉煮茶"等话题的全网播放量均超过百亿次。农业农村发展变化也被报以高度热情。2023年春节期间，"回乡见闻"网络活动引发参与热潮，超10万网民提交家乡问卷调查，相关话题在微博中的阅读量累计超过66亿人次，329家新闻媒体和296家政务机构联动宣传，全国52家高校同频参与活动。全国两会前夕，人民网开展"2023年全国两会调查"，581万网民踊跃投票，"乡村振兴"居十大热词榜单第四位。拓展乡村特色产业，加强农村教育、医疗、养老基本公共服务，调动农民种粮积极性，最受网民关注和期待。

从主体看，主流新闻媒体深耕优质内容和创新表达，持续聚焦农业生产、"千万工程"、产业振兴等重大主题，涌现出一大批兼具思想高度、情感温度、流量热度的新闻稿件和融媒作品，"三农"主流舆论声量不断壮大。一年来，《经济日报》、央视网等媒体接续设置了"2023春耕进行时""无人机看五彩春耕画卷""一组数字看中国丰收速度""中国式丰收"等微博微话题，阅读量共计超过20亿人次；中央电视台推出特别节目《奔跑的三夏》，全网触达超5亿人次。《人民日报》、新华社发表大量专栏报道、长篇通讯、系列评论,对"千万工程"展开全方位宣传和深度解读,在客户端和微信平台引发千万次阅读量;快手"新闻联播"发布的"千万工程"相关消息,播放量和点赞量分别达到1225万人次、182万人次。《农民日报》推出5期系列视频报道《总书记打卡的土特产》,沙县小吃、延安苹果、湘西猕猴桃等引发网民热烈围观,全网曝光量累计超过1.67亿人次。同时,新农人主播、乡村网红等自媒体创作力旺盛,引流成效显著,在"三农"舆论场中的角色也愈加重要。具体看,年轻人展现的奋斗青春成为流量密码。湖北洪湖女孩直播带动莲藕销路数字化转型,受到联合国点赞;贵州小伙用短视频助力农产品销售,入选年度"十大网络人物";宁夏95后乡村女兽医"在线医牛",吸引不少年轻人眼球,粉丝量超过300万。中老年群体传递出亲切、温暖的烟火气,用共情唤共鸣。在抖音平台,"潘姥姥""秦巴奶奶 灭霸爷爷""王奶奶农村一家人"等"三农"内容账号备受关注,他们主要分享乡村美食和日常趣事,承载了网民的儿时回忆和对美好亲情的期待,有着数百万甚至上千万的粉丝量。2023年,抖音"八零徐姥姥"45天涨粉429万,抖音"王大姐来了"发布制作糯米切糕的短视频,点赞量超过800万人次。

## (二)视频传播强势增长,综艺影视兴起"乡村热"

2023年,网络视听"第一大互联网应用"地位愈加稳固,农村成为网络视听增量的重要地区。全年农村网络视听用户规模达到3.2亿人,同比增长6.8%,增速远高于同期城镇用户。[①] 从2023年"三农"话题的分布平台也可以看出,视频化传播趋势强势增长,与上年相比,视频传播量增长1.07倍。随着短视频业态的成熟发展,"三农"内容声量在短视频平台长期处于高位,技术化、潮流化、产业化和年轻化等特征凸显,在宣传特色产业、推广农业技术、传播乡村文化等方面继续保持优异表现,成为助力乡村全面振兴的重要力量。在抖音平台,全年新增乡村视频超10亿条,播放量达2.4万亿人次,

---

① 《〈中国网络视听发展研究报告(2024)〉在蓉发布》,中国农网,https://www.farmer.com.cn/2024/03/28/99950642.html。

全国 15 万个乡村文旅打卡点被看到和体验，带动乡村文旅支付成交额超 40 亿元，助力农特产销售 47.3 亿单①；全年"村晚"主题直播达 5000 场，"大地欢歌四季村晚"等相关话题累计播放量超 14.8 亿人次。② 在快手平台，2023 年上半年，"三农"创作者人均单量同比增长 92%，单均收入同比增长 110%；"三农"电商达人短视频订单数同比增长 275%，"三农"电商达人短视频 GMV（商品交易总额）同比增长 301%，农资销售 GMV 同比增长 50%；2023 年 3~9 月，快手直播 500 场"村赛"，直播观看量达到 8 亿人次。③

长视频创作也越来越多地聚焦"三农"题材，综艺影视兴起的"乡村热"势不可当。借助大小屏联动传播，一大批展现乡村建设、聚焦农业生产、亲近农村生活的优秀作品，让更多观众沉浸式感受乡村的山水之美、人文之美、生活之美和未来之美。行业生态日渐优化的综艺影视与高质量发展的广袤乡村正在形成良性互动，展现出了网络视听服务乡村振兴的更多可能。2023 年，乡村振兴题材的影视剧赢得高口碑。首部乡村振兴纪实电影《加油吧！乡亲们》上映，获得国内外多项电影专业大奖。乡村振兴主题电视剧《富春山居》热播，在央视一套的收视率持续破 1%，在浙江卫视的收视率高居榜首。田园治愈剧《去有风的地方》引发"追剧旅游"热潮，拉动云南乡村游呈现爆发式增长，取景地凤阳邑古村落的单日游客量从不足百人增加至近万人。同时，农耕题材的综艺节目曝出"黑马"。网络慢综艺《种地吧》，通过 24 小时全时段、192 天全方位拍摄，让没有耕作经历的 10 位年轻人体验"新农人"的生产生活，也让屏幕前的年轻观众认识农业，感受作物成长，产生共情。《种地吧》多次登上各大数据平台热度榜首位，相关话题在微博、抖音的阅读量和播放量分别达到 104 亿人次、137 亿人次。此外，乡村生活题材的微电影、微短剧也成为"文娱大餐"的重要供

① 刘锐：《农业农村部农研中心联合抖音公益发布案例集，14 种模式激发乡村新可能》，光明网，https://gongyi.gmw.cn/2023-12/27/content_37056084.htm。
② 《抖音携手中国文化馆协会 邀请全国才艺主播办"村晚"》，中国新闻网，https://www.chinanews.com.cn/cj/2023/12-25/10134709.shtml。
③ 《快手发起"快手三农红人计划"：未来 3 年投入 10 亿流量，培育 10 万乡村红人》，微信公众号"中国农业农村市场信息"，2023 年 10 月 26 日。

给。《泡泡的夏天》《正是橙黄橘绿时》《爸爸的茶园》《青山绿水那朵云》《村里来了个洋女婿》等大量涌现，返乡创业、产业兴农、科技兴农、乡村文旅等内容被重点聚焦和生动呈现，乡村各行各业奋斗的人们被更多关注到，"三农"话题也增添了更广泛的受众群体和获得更高的商业价值。

### （三）宣传服务精准高效，"三农"政务传播公信力、影响力继续提升

2023年，"三农"政务新媒体的活跃度、便民度、受关注度继续增长。各级农业农村部门积极借力新媒体新技术，"三农"宣传服务精准高效，"三农"政务传播的公信力、影响力持续提升。农业农村部通过线上直播开展农技服务和乡风文明宣传，《春耕大师课》网络直播系列活动的全网直播观看量超过174万人次，第四届"县乡长说唱移风易俗"优秀节目展演的网络观看量超过1025万人次。同时，各地政府部门也积极联动多方力量，通过创新表达为当地的乡村建设和特色产业发展宣传加码。浙江省启动"花开的声音——数字乡村 幸福引领"大型融媒宣传年活动，云漫游直播、融媒采风访谈、跟着节气游乡村等系列行动贯通全年，数字乡村"浙一年"的精彩蝶变引发积极反响。"村超"开赛期间，贵州榕江县政府部门充分调动当地1.2万余个新媒体账号和2200余个网络直播营销团队[①]，发布了大量丰富鲜活的一手素材，以新颖生动的第一人称视角吸引各大主流媒体接力报道和转载，为"村超"裂变式传播注入强劲动力。在微博平台，"@中国三农发布""@农民日报""@微博政务"等先后发起"西瓜争霸赛""闪耀吧土特产"等话题活动，全国百余家政务新媒体形成矩阵式联动，广西柳州三江茶、云南呈贡宝珠梨、甘肃定西马铃薯、新疆老龙河西瓜等特色农产品引发集中宣传推介，相关微话题阅读量超过亿次。

2023年，涉农谣言、虚假助农直播等网络乱象时有出现，有关部门和各地及时有效回应，持续加大网络治理力度，有力推动了"三农"舆论场

---

[①] 许仕豪、李丽、罗羽等：《村赛火爆的"幕后人"——基层党员在乡村振兴中的创新实践》，新华网，http://sports.news.cn/c/2023-07/04/c_1129731825.htm。

的安全诚信、天朗气清。针对"水稻上山""河南花 49 万助农插秧 2 亩"等张冠李戴、移花接木的网络谣言，中央网信办曝光典型案例，从严查处发布谣言的账号主体，形成有力震慑。针对生物育种产业化试点、转基因食品安全性等网络热点问题，农业农村部予以全面解答和集中辟谣。主流媒体发出了"回答从容有度""数据翔实可信"等评价，认为国家权威部门直面民间困惑，及时主动地发布关于转基因食品的科学结论，对相关不实信息强化"证伪"，有助于转基因争议的正本清源。针对四川会理、攀枝花等地的石榴出现"卖惨带货"问题，当地政府联合四川互联网联合辟谣平台和主流新闻媒体展开高效辟谣，相关消息的阅读量达到 4600 万人次。针对"网红"打着助农旗号，生产销售假冒伪劣农副产品问题，四川凉山州相关部门联合开展专项整治，成功侦办系列短视频虚假宣传违法犯罪案件，抓获犯罪嫌疑人 54 名（其中涉案网红主播 11 人）[①]，成为全国首例针对"网红直播带货"乱象全链打击的经典案例。

### （四）"田园外交"表现亮眼，"三农"国际传播能力持续增强

2023 年，"三农"国际传播呈现全媒体协同联动、全业态百花齐放的积极态势，为"讲好中国故事""传播好中国声音"贡献重要力量。一年来，乡村振兴和农业强国建设持续吸引世界目光，共建"一带一路"十周年之际农业领域合作成果也被海内外媒体高度聚焦。农业农村部在意大利罗马举办的"中国'三农'成就图片展"引发热烈反响，博鳌亚洲论坛"美丽乡村会客厅"成为"田园外交"一张亮丽的名片，"村超""村 BA"等乡村体育赛事火遍全球，贵州苗绣登上米兰时装周，浙江秀洲、山东巨野等地的农民画也纷纷亮相国际舞台。广袤乡村展现出的自信自强为"好感传播"持续赋能，在世界舆论场形成了"一个声音、多个声部"的国际传播"大合唱"。

2023 年，"三农"国际传播的多元化趋势显著。国内主流新闻媒体积极布

---

① 《凉山州重拳出击、联合整治"直播带货"成效显著》，凉山州市场监管局网站，https://scjg.lsz.gov.cn/zfxxgk/lzyj/rdgz/202312/t20231211_2598305.html。

局海外各类终端平台,"三农"话题"跨海"传播的深广度进一步拓展。人民日报英文客户端推出系列微视频《中国万花筒》,向非洲用户宣介乡村振兴、中国美食等主题,引发收视热潮,在18个非洲国家的触达观众量达到750万人次。《中国日报(国际版)》报道《乡村体育赛事吸粉无数》,图片叙事带来的视觉震撼引发欧洲、非洲等主流媒体广泛转载,共计覆盖63个国家和地区的读者群体。在海外社交平台Facebook,新华社、中央广播电视总台、中国国际电视台等媒体账号发布了大量"三农"题材视频消息和纪录片,黑龙江雪乡"冰雪经济"、浙江数字乡村、山东春季黄河大集、河南5G智慧农业基地、汶川羌绣、云南保山小粒咖啡、红河哈尼梯田等内容精彩纷呈,以点见面展现了中国乡村发展的澎湃活力,浏览量共计达到数千万次。同时,各地政务新媒体、海内外新闻媒体以及"洋网红"同频共振,借助"外眼""外嘴"的软传播引发海外受众广泛共鸣。从第五届全球华人生活短视频大赛的参赛作品看,"三农"题材继续受到关注和青睐,《带你看看大美新疆》《柿看中国传统色》分获大赛一等奖和二等奖。美国NBA球星吉米·巴特勒、英格兰足球明星迈克尔·欧文等外国球星,纷纷在社交媒体为"村BA""村超"送祝福,为外媒报道中国"村赛"提供生动素材。各地也有效开展涉农国际交流,"19国海外媒体走读湖南乡村""外国网红解码乡村振兴齐鲁样板""感知中国——粤美韶关乡村振兴之路"等活动接连举办,全方位多层次展现了和美乡村的"软实力"与"硬支撑",助力知华友华的国际舆论朋友圈进一步拓展,也为文明互鉴推动人类和平发展进步提供了积极示范。

## 三　2023年"三农"常热话题舆情分析

### (一)粮食生产话题持续高热,"拼"出来的丰收振奋舆论

2023年,我国粮食生产经历了多重考验,成为关注热度贯穿全年的高热话题。一年来,粮食安全党政同责压紧压实,各级农业农村部门多举措应对极端天气救灾减损,狠抓单产提升以丰补歉,全年粮食产量高位增产鼓舞

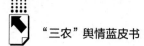

人心、提振精神。"2023年全国粮食总产量13908亿斤 再创历史新高"登上《人民日报》头版头条，并先后入选中央广播电视总台、新华社年度"国内十大新闻"，"'中国饭碗'装得更满、端得更牢"声量高涨。

从关注内容看，"何以丰收""为何增产"成为热点议题。其中，"粮食亩产增加""多数省份粮食增产""玉米、豆类、薯类产量增加"等显著特点备受肯定。舆论发出了"鲜明亮点""喜人的新趋势"等评价，认为2023年的丰收是整体性的增产稳产，大面积单产提升行动"功不可没"，表明从中央到地方凝心聚力，粮食丰收的篱笆越扎越牢。同时，小麦稻谷最低收购价继续提高、玉米大豆生产者补贴不断完善、产粮大县奖励资金规模进一步增加，一系列强农惠农举措也被海内外媒体高度聚焦。新华社、《光明日报》等国内主流媒体发出了"政策对路，饭碗稳牢""我国粮食安全保障能力持续提升"等评价。美国、新加坡、韩国等海外媒体也纷纷发文，称"中国是全球粮食安全的关键稳定器"。此外，专业精准的农技指导和农业生产服务也被积极关注，"科技特派员+"行动、种植大户"一对一"巡田服务、小麦生产全程托管等有益举措受到广泛宣传。舆论认为，来之不易的丰收答卷，是政策好、科技强、人努力等多种因素共同作用的结果，为加快建设农业强国奠定了坚实基础，也为应对各种风险和挑战赢得战略主动。媒体指出，丰收"拼"图里有耕耘与奋斗、有韧性与智慧、有更足的底气和成色。

### （二）"土特产"成为网络高频词，"农村特色产业前景广阔"引发共鸣

2023年，习近平总书记对乡村产业发展多次作出重要指示，其中强调的"农村特色产业前景广阔"引发共鸣。各级农业农村部门强龙头、补链条、兴业态、树品牌，乡村产业高质量发展的保障举措受到高度聚焦，"全产业链产值超过4.6万亿元"[①]"农民收入比上年实际增长7.6%"[②] 等产业

---

① 陈晨:《特色产业遍地开花 致富之路越走越宽》,《光明日报》2023年11月30日,第10版。
② 《我国乡村产业发展势头良好"金扁担"越挑越稳、成色越来越足》,央视网, https://news.cctv.com/2024/01/28/ARTIB2OPĆlQ1GVGvZ4mizPXf240128.shtml。

富民新成效受到积极评价,"特色产业强了 农民日子甜了""特色产业发展旺 乡村振兴步步高"等表述集中出现。各地的特色农业产业在各媒体平台受到多角度关注,"土特产"也由此成为网络高频词。一年来,全国"土特产"推介活动、全国苹果主产区(脱贫地区)产销对接活动、芒果产业大会、定西马铃薯大会、三亚首届国产榴莲产业发布会等反响热烈,安徽皖西白鹅全产业链、山东寿光蔬菜产业集群、广东荔枝跨县集群产业园等典型示范引发媒体联动宣传,首次上市的三亚国产榴莲、七次上太空的延安苹果、畅销海内外的新疆海鲜等频登网络热搜榜,"葡萄村""木耳乡""小龙虾特色小镇"等特色村镇继续成为网红打卡地。在社交平台,"总书记打卡的土特产""闪耀吧土特产""土特产的天花板"等微话题引发网民浓厚兴趣,微博"@央视新闻"直播推介节目在线观看量超过2080万次,抖音12小时直播的视频播放量达到2.9亿次。

乡村休闲旅游产业蓬勃发展,"乡村游"也成为全年常热话题。农业农村部连续四季举办推介活动,256个美丽休闲乡村、109条精品线路和365个精品景点等广泛吸引舆论目光。各地乡村的"赏花游""避暑游""丰收游""冰雪游"等,接连掀起线上线下的关注热潮。"非遗+旅游""音乐+旅游""美食+旅游""研学+旅游"等创新实践在互联网上大量涌现,稻田咖啡馆、乡村旅拍店、自助乡野烧烤、星空露营、围炉煮茶等新消费场景备受青睐。舆论感慨乡村特色产业"玩转新业态""迎来新机遇",呼吁各地将特色做优、优势做强,持续带动农业增效、农民增收、农村繁荣。

## (三)农业强国建设扎实推进,科技创新显著成效备受瞩目

2023年,农业强国建设扎实推进,党中央持续传递出重农强农的强烈信号,"强国必先强农,农强方能国强"凝聚高度共识,农业科技创新展现的"高精尖强"备受瞩目。其中,种业振兴行动迎来"三年打基础"的收官之年,"种业振兴"高质量推进,媒体对此全面聚焦。一年来,我国农业种质资源家底全面摸清,国家农作物优良品种推广目录、可供利用的农作物种质资源目录、农作物种子认证目录等接连发布,1304个优质高产新品种、

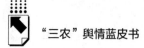

51个转基因品种先后通过审定，一系列突破性进展和标志性成果赢得舆论肯定。"我国科学家发现在盐碱地上能够促进粮食增产的关键基因"入选年度"国内十大科技新闻"，"再生稻"入选年度"十大科技名词"，"三熟制短生育期油菜育种获得重大突破""自主培育的白羽肉鸡首次走出国门"等新纪录在各平台热传。舆论发出了"独立自主有骨气"等评价，认为新形势下的种业市场预期稳、发展空间大，"种业人迎来了大显身手的良机"。

农机装备发展取得的丰硕成果也被重点关注。"大马力无级变速拖拉机填补国内空白""丘陵山区轨道运输机大量应用""设施巡检机器人等智能农机打破国外垄断"等纷纷被纳入媒体年终盘点。耕种管收一体化农机作业呈现的视觉盛宴强烈吸睛，"日播120亩""700亩麦田灌溉一夜即可完成""一天工作量等于四五十人"等高质高效作业场景引发网民热烈围观，"现代农业机械"在抖音快手平台的视频播放量超过278亿人次。河北、山东、河南等地的现代农机装备产业集群、智能农机制造产业集群，也成为新的报道热点。舆论指出，我国农机装备发展着力锻长板、潜心补短板，为护航国家粮食安全、加快建设农业强国注入澎湃动能。此外，高标准农田建设再上新台阶、盐碱地改造取得新成效，耕地质量提升也被积极宣传，"'望天田'变'高产田'""盐碱地变身'新粮仓'"等对比性表述频现标题。舆论评价，一系列高分"答卷"展现着农业大国由大而强的前进方向，农业强国建设绘就的美好"丰"景比历史上任何时候都更可触及。

### （四）"和美乡村""千万工程"持续高光，乡村建设升级广受期待

2023年，"扎实推进宜居宜业和美乡村建设"被首次写入中央一号文件，乡村建设"版本升级"受到舆论高度关注和积极期待。同时，"千万工程"实施迎来二十周年，各地各部门对标建设、高质量推进，"形神兼备"的和美乡村在互联网上持续高光。从关注情况看，浙江和美乡村备受瞩目，安吉县余村的"竹林碳汇"、杭州市径山村的"茶旅融合"、德清县仙潭村的"民宿经济"、东阳市寀卢村的"智慧田园"、武义县后陈村的"阳光村务"等典型示范引发集中宣传推介，频频占据报纸头版、客户端头条和网

络热搜榜。网民发出了"浙很美,浙很棒""千村万村,处处皆大片"等评论,纷纷为"千万工程"带来的之江巨变喝彩。

各地充分学习运用"千万工程"经验,物质文明与精神文明建设齐抓共管,生态环境保护、农村人居环境整治、乡风文明建设中的亮眼成绩和有益实践也被舆论广泛关注。"全国农村卫生厕所普及率超过73%""农村生活污水治理(管控)率达到40%以上""生活垃圾得到收运处理的行政村比例保持在90%以上"① 等数据信息在各平台热传。各地的"零碳村""无废乡村""森林乡村""GEP核算村"等成为互联网上的亮丽风景线。"板凳议事""村民食堂""积分超市""田园集体婚礼"等移风易俗新气象也广受称赞。舆论表示,"千万工程"从一省一域走向全国各地,花开四野,不断升维,让万千乡村找到了各美其美、美美与共的最优解。10月,联合国世界旅游组织公布2023年"最佳旅游乡村",浙江下姜村、江西篁岭村、陕西朱家湾村和甘肃扎尕那村入选,"我国最佳旅游乡村总数全球第一"成为网络热点议题。舆论表示,这是中国乡村建设成就的展示,也是中国社会发展的缩影,景美民富人和的现代化乡村值得向往和期待。

### (五)"村赛"霸屏"村晚"出圈,乡村文化新样态占据流量新高地

2023年,全国乡村文化活动年正式启动,体育助力乡村振兴多点开花,全国文化产业赋能乡村振兴试点落地显效。乡村文化在繁荣发展中大放异彩,新样态和新活力持续占据网络流量新高地。一年来,各地乡村体育赛事举办频繁、氛围热烈。全国和美乡村篮球大赛火热启幕,"村BA变身国家级赛事"赢得超高人气。贵州榕江县的乡村足球超级联赛、贵州台江县的乡村篮球挑战赛,更是持续霸榜各平台热搜榜,被舆论称为"土味顶流""现象级全民嘉年华"。浙江、海南、重庆、宁夏、新疆等地的乡镇排球联赛、农民篮球争霸赛、和美乡村乒乓球邀请赛、乡村摔跤比赛等也亮点纷呈,引发多个亿次级微话题。乡村"运动风"成为现象级文化IP,"村赛"

---

① 郁静娴:《"三农"基本盘进一步夯实》,《人民日报》2024年1月24日,第4版。

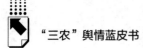

"村BA""村超""村排"等网络热词不断出现,"中国乡村体育'火'了"激起海内外媒体和网民的高度关注,被称赞为"观察中国式现代化的一个窗口"。同时,乡村文艺活动特色鲜明、"乡"味浓郁,线下热情参与,线上踊跃观看。"四季村晚"常态化举办,全年各地共举办2万余场,参与数量1.3亿人次,线下观众90万人次,线上观看量超过18亿人次。①全国村歌大赛、全国和美乡村广场舞大赛等也引发舆论浓厚兴趣,在社交平台中的点赞量达到数百万人次。舆论纷纷感慨"乡村舞台藏着才艺天花板",为村里的"歌星""笑星""球星"欢呼,为乡村振兴的精气神和乡村热土释放的"幸福能量"喝彩。

各地以赛助旅、以赛扶产、以赛促文,文化赋能乡村振兴展现巨大潜能。"村BA"主题茶饮、"村超"非遗文创产品、"村晚"文化旅游节等备受青睐,"'村BA'赛出乡村文明新风尚""'村超'打开乡村发展新思路""'村歌'点亮夜经济"等表述频现新闻标题。舆论点赞乡村赛事"后劲十足",建议各地深挖特色资源、提升服务效能,让乡村文体活动的"乐子"变为发展致富的"路子",成为助力乡村振兴的新引擎。

## (六)"智慧农业""农村电商"风生水起,乡村"数字蓝海"前景看好

2023年,我国数字乡村建设进一步向纵深推进,新政策、新技术、新观念为农业农村现代化持续赋能,手机"新农具"、直播"新农活"在各地乡村风生水起,农业"智"变、农民"智"富、乡村"智"治等新图景在互联网上产生了一系列传播关键词。其中,"智慧农业"继续成为网络热词,丰富多元的现代农业生产方案和生产场景引发舆论浓厚兴趣。在各地农业生产一线,"扫码种田""无人机飞播""机器人巡查果园"等生动实践,成为媒体报道的新常态。农业AR眼镜、农业AI对话机器人、智能饲喂器、

---

① 徐壮:《1.3亿人次参与2023年全国"村晚"示范展示活动》,新华网,http://www.gd.xinhuanet.com/20231215/c3cef4a1b4ba4494b1084f5706ff9656/c.html。

5G 数字渔船等"智慧基建"创新实践,成为新的关注亮点。农业农村部信息中心发布 76 个"全国智慧农业建设优秀案例",小麦种植全程无人作业、肉鸡养殖全链条智慧化管理、智慧农场、杂粮智慧园区等典型示范也引发大量跟进报道。舆论表示,中国智慧农业正在全国各地"开花结果",在科技加持下,未来农业大有可为。

"农村电商"也是互联网热门议题,抖音平台相关话题播放量超过 7 亿人次。2023 年,农产品"产供销"全链路数字化成绩亮眼,全国农产品网络零售额达 5870.3 亿元,比上年增长 12.5%。<sup>①</sup> 各地的数字农业产业带、生鲜产品直采直销网络、冷链仓储"田间小站"、原产地溯源直播等在互联网上全面呈现,"农产品站上了电商'C 位'""农村电商成'双 11'黑马"等消息不断出现。舆论称,土特产乘"数"而上、借"数"热销,乡村"数字致富路"越走越宽广。此外,乡村建设和信息普惠方面的数智图景也受到积极关注,"智慧乡村""未来乡村"被广泛提及。各地的"互联网+村级小微权力监督"平台、村民服务"视频办"、VR 智慧党建沙盘、乡村有声书房等引发接力宣传,"一键启动""一屏掌握"带来的生活便利度和科技感获得大量点赞。2023 年,乡村"数字蓝海"前景看好。舆论表示,提升群众的幸福感、获得感、安全感是建设数字乡村的出发点和落脚点,数字赋能乡村振兴正当其时、正逢其势、正需其力。

### (七)乡村人才振兴备受期待,"新农人逐梦沃野"精彩纷呈

2023 年,乡村人才振兴继续迎来强部署与重落实。各地持续加大人才振兴的政策支持力度,涌现出大量生动示范。返乡青年新趋势广受关注,"80 后、90 后成为绝对主力""高学历人才开始归心农业"等积极气象成为传播热点。新农人展现出的兴农力量振奋人心、精彩纷呈,"年轻人返乡就业"入选百度沸点年度大事件。一年来,"新农人百人群像""科技兴农新

---

① 《王小兵主任参加 2024 中国农产品电商高层研讨会并作致辞》,农业农村部网站,http://www.moa.gov.cn/xw/bmdt/202403/t20240315_6451615.htm。

面孔”等特稿、系列报道接连出现，青年群体逐梦沃野的火热实践引发多角度关注。

从热点内容看，新农人在建设农业强国中发挥的作用备受肯定。2023年全国两会期间，全国人大代表、土壤学硕士魏巧讲述了自己返乡发展数字化大田种植的经历，受到习近平总书记的勉励，也获得网民大量点赞，引发了亿次级的微话题阅读量。五四青年节到来之际，习近平总书记给中国农业大学科技小院的学生回信，强调"厚植爱农情怀，练就兴农本领，在乡村振兴的大舞台上建功立业"，再次引发热烈反响。同时，高标准农田里的95后农机工程师，"高楼养猪"的90后猪倌，继承父辈事业的"粮二代""桃二代""草莓三代"等，也成为互联网上的闪光存在。"科技新农人"由此受到媒体集中宣传，舆论称赞他们"以农田为纸、科技作笔，为农业强国建设注入了新活力"。此外，新农人带动产业发展、助农增收的有益实践受到高度关注，"90后金融硕士回高邮老家卖爆大闸蟹""广东小伙给荔枝树做经纪人月销百万""小伙回乡把竹编老手艺变时尚单品"等视频消息，引发数千万次播放量。"千万工程"深化推进中的"原乡人""新乡人""归乡人"也被积极报道，媒体称"'千万工程'青年味越来越浓"。2023年，新农人的职业认同感和社会认同度继续增强，抖音话题"新农人计划2023"播放量超过4007亿次。舆论呼吁用好"宜人政策"、改良"宜业土壤"，让新农人站上农业农村现代化发展的主舞台，与乡村振兴实现双向奔赴。

# 四 2024年"三农"网络舆情热点展望

2024年是新中国成立75周年，是实现"十四五"规划目标任务的关键一年，做好"三农"工作对于经济社会全局稳定发展有特殊重要意义，"三农"话题也将继续受到舆论高度关注，热点舆情或集中在以下几个方面。

## （一）强化粮食安全保障背景下的粮食生产和农民增收话题

2023年，粮食安全问题继续困扰全球，国际粮食市场经历了复杂挑战和严重冲击，"粮食危机""粮食短缺"等频频成为国际新闻的关键词。在此态势下，我国来之不易的粮食丰收强信心增底气，不断提升的粮食安全保障能力受到国内外舆论的高度关注和充分肯定。2024年中央一号文件将"确保国家粮食安全"作为第一项重点工作予以部署，《中华人民共和国粮食安全保障法》也于6月1日正式施行，我国粮食安全保障的持续强化将继续成为网络热点议题。在此语境下，粮食增产、农民增收或将成为舆论关注的重要视角。"扎实推进新一轮千亿斤粮食产能提升行动""实施粮食单产提升工程"等重点工作的落实落地，将受到媒体跟进报道。良田、良种、良机、良法在粮食增产中的显著成效，也将成为传播热点和亮点。侵占破坏耕地、挪用冒领惠农补贴、农田水利设施成"摆设"、农业灾害险保障乏力等问题，出现负面热点舆情的概率依然较大。此外，自2023年秋粮上市至2024年春耕备耕，部分地区小麦、玉米价格出现的下跌态势受到财经类媒体和行业媒体的跟进报道，种粮农民可能面临的增产不增收困境引起舆论注意。在百度发布的2023年度热度榜单中，"增加农民收入是关键"位居第二。由此看，提高种粮农民积极性、确保增产又增收，将继续成为2024年舆论关注热点。

### （二）经济社会高质量发展进程中的农业新质生产力话题

2023年，"千万工程"扎实推进，宜居宜业和美乡村建设深入开展，各地"村美民富产业兴"呈现出的新技术、新业态、新模式亮点纷呈，成为农业农村高质量发展的生动缩影。2024年，在加快发展新质生产力、推动经济社会高质量发展的新征程中，科技要素、数据要素将更加高效地作用于农业强国建设和乡村全面振兴，农业新质生产力也将被舆论高频提及，成为网络热词。具体看，传统农业生产方式的持续革新将受到高度聚焦，智慧农业、生物育种、高标准农田建设等方面的显著成效和创新突破将被重点关注。传统农业产业的全链条升级也将被全面报道，在数字技术、信息技术赋能下，"土特产"、乡村游、乡村文体活动激发出的更大活力和更大价值将引发关注热潮。此外，随着农业新质生产力话题全面进入网络传播场域，打

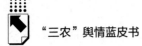

着高科技的幌子坑农害农、为了"流量"牟利散布谣言重伤农业等现象，也值得高度警惕。有关部门和各地政府还需要加强对新出台政策、新推广技术的宣传科普，为加快发展农业新质生产力营造良好氛围。

### （三）乡村全面振兴进程中的基层执法规范化和乡村有效治理话题

2023 年，网络上曝光的小微权力任性问题屡屡成为热点。在农业生产、农村人居环境整治、乡村治理等领域，一些地方曝出了粗暴执法、过度执法、滥用职权等问题。这一方面反映出舆论监督对作风建设具有倒逼作用，另一方面也可以看出舆论对农村基层干部的关注度在不断提升。2024 年，在乡村全面振兴的进程中，随着乡村建设、乡村治理等重点工作的深入推进，农村基层干部处于最前沿，重要作用不言而喻，也将受到舆论更多的关注和审视。

**参考文献**

农业农村部信息中心研创《中国三农网络舆情报告（2023）》，社会科学文献出版社，2023。

《有力有效推进乡村全面振兴》，《人民日报》2023 年 12 月 20 日。

刘慧：《千方百计确保农民增产增收》，《经济日报》2023 年 12 月 14 日。

仲农平：《大国乡村新进境——迈上中国式农业农村现代化新一程》，《农民日报》2023 年 12 月 19 日。

黄佩诗：《"短视频+"：全景连接 全面赋能》，《视听界》2024 年第 2 期。

# 分 报 告

## B.2
# 2023年农牧渔生产与粮食安全舆情报告

韩周杰　张文静　曲美岭　刘海潮*

**摘　要：** 2023年，农牧渔生产与粮食安全话题舆论关注热度进一步上升，舆情量较上年小幅增加。全年粮食产量再创历史新高备受瞩目。农业强国建设扎实推进，种业振兴、智慧农业、高标准农田建设等成效显著、亮点纷呈。此外，部分地区遭遇自然灾害、耕地遭破坏、粮食购销领域腐败等事件受到广泛关注。从传播特点看，主流舆论占据网络传播制高点，重大主题宣传正能量强劲；从发展趋势看，电商、短视频、直播等平台正在成为助力农业生产经营的重要工具。

**关键词：** 农牧渔生产　粮食安全　农业强国　耕地保护

---

* 韩周杰，农业农村部信息中心舆情监测处副处长，主要研究方向为涉农网络舆情、电子政务信息安全；张文静，北京乐享天华信息咨询中心舆情分析师，主要研究方向为涉农网络舆情；曲美岭，麦之云（北京）信息咨询有限公司舆情分析师，主要研究方向为网络舆情；刘海潮，麦之云（北京）信息咨询有限公司舆情分析师，主要研究方向为网络舆情。

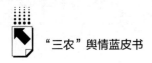

2023年，我国粮食产量连续9年稳定在1.3万亿斤以上，大豆种植面积和产量继续提升，肉蛋奶、果菜鱼等"菜篮子"产品量足价稳，畜禽养殖规模化率达到71.5%，设施渔业水平不断提升。全年农业经济保持良好发展态势，粮食和重要农产品生产稳定、供给充足，农牧渔生产与粮食安全话题持续成为关注热点。

# 一　舆情总体概况

## （一）舆情走势

据监测，2023年，我国农牧渔生产与粮食安全相关新闻报道和社交媒体相关帖文数量合计853.14万篇（条），同比增加5.68%。从舆情走势看，全年大概分三个阶段，其中出现两次舆情峰值。第一个阶段在1~6月，舆情走势波动上升，6月达到第一次峰值。其间，春季农业生产、夏粮丰收、粮食安全、耕地保护等话题，成为推动舆情持续走高的主要因素。全国两会期间习近平总书记参加江苏代表团审议时强调要严守耕地红线、2023年中央一号文件要求抓紧抓好粮食和重要农产品稳产保供、粮食安全保障拟立法、各地抢抓农时开展春耕备耕、全国农技中心负责人就"水稻上山"答记者问等助力舆情热度走高。此外，生猪价格持续低位运行，各部门全力做好生猪稳产保供工作引发广泛关注。第二个阶段在7~8月，舆情走势继续高位运行，8月达到全年最高峰。其间，习近平总书记主持召开中央财经委员会第二次会议时强调要切实加强耕地保护、全国夏粮总产量公布、各地积极做好秋收秋种工作等信息持续受到舆论关注，助推舆情走高。第三个阶段在9~12月，舆情走势先降后升。其间，2023年世界粮食日和全国粮食安全宣传周活动启动、中央农村工作会议提出要抓好粮食和重要农产品生产、全国粮食总产量公布，成为推动年末舆论关注热度上升的主要因素。此外，河南周口一玉米种植地被周边村民集体哄抢、陕西丹凤耕地复垦"强砍3万多棵国槐树"事件、河南赛腾农业机械有限公司"僵尸农机"乱象等，也受到舆论广泛关注（见图1）。

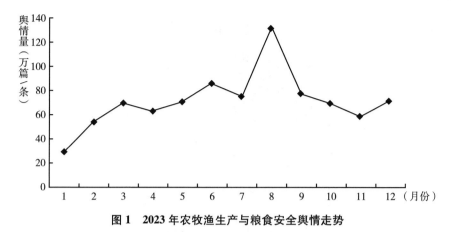

**图1　2023年农牧渔生产与粮食安全舆情走势**

资料来源：农业农村部"三农"舆情监测管理平台、新浪舆情通。下同。

### （二）传播平台分布

从各媒体的平台分布情况看，视频平台声量最大，相关信息达332.22万条，占舆情总量的38.94%；客户端291.94万篇，占34.22%；微信90.25万篇，占10.58%；微博70.46万条，占8.26%；新闻47.94万条，占5.62%；论坛、博客帖文20.33万篇，占2.38%（见图2）。总的来看，视频平台和客户端是2023年国内农牧渔生产与粮食安全话题的主要传播渠道，二者合计占比超70%。与上年相比，视频平台传播量增加180.66万条，占比提高20.17个百分点，超过客户端成为第一大传播平台；客户端传播量减少120.29万篇，占比下降16.85个百分点，由上年的第一大传播平台降为第二大传播平台，显示农牧渔生产与粮食安全话题视频化传播趋势更为明显。

### （三）热点事件排行

从2023年农牧渔生产与粮食安全热点事件TOP30来看（见表1），主流新闻媒体和政务媒体成为舆论宣传引导主力，共计首发26个事件。其中，媒体网站、电视台和新闻客户端首发15个，政府网站和官方微博首发11

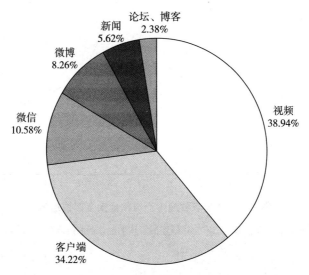

**图 2　2023 年农牧渔生产与粮食安全舆情传播平台分布**

个。此外，还有 3 个事件由抖音首发，1 个事件由今日头条首发。

从内容看，舆论聚焦我国粮食安全保障能力。其中，全年粮食生产情况引发高度关切，各地抢抓农时开展春耕备耕工作、跨区机收收割机运输车高速路遇阻、秋季抗涝保丰收、2023 年粮食再获丰收持续牵动舆论视线，相关的舆情热度分居年度排行榜第 1、第 2、第 4 和第 7 位。粮食生产相关保障政策和工作部署提振舆论信心，中央一号文件部署保障粮食安全、中央财政下达实际种粮农民一次性补贴 100 亿元、中央农村工作会议强调抓好粮食生产，大国"粮"策备受肯定，相关舆情热度分居年度排行榜第 3、第 6 和第 9 位。耕地对保障粮食生产重要性的认识在不断提升，习近平总书记在参加江苏代表团审议和中央财经委员会第二次会议时，均强调要切实加强耕地保护，引发各界关注，相关舆情热度分居年度排行榜第 8、第 10 位。此外，生猪价格上半年持续低位运行也受到媒体关注，各地积极开展生猪稳产保供工作引发媒体报道，相关的舆情热度居年度排行榜第 5 位。

表1 2023年农牧渔生产与粮食安全热点事件 TOP 30

| 排名 | 热点事件 | 首发媒体 | 月份 | 舆情热度 |
|---|---|---|---|---|
| 1 | 各地农民抢抓农时开展春耕备耕 | 人民日报客户端 | 3~4 | 100357 |
| 2 | "夏收收割机高速路遇阻"事件 | 今日头条 | 5 | 93597 |
| 3 | 中央一号文件强调抓紧抓好粮食和重要农产品稳产保供 | 新华网 | 2 | 27217 |
| 4 | 全国多地暴雨、洪涝、台风等灾害高发 各地积极做好秋收秋种工作 | 新华网 | 7~8 | 12621 |
| 5 | 生猪价格低位运行 | 《中国商报》 | 1~6 | 12433 |
| 6 | 中央财政下达实际种粮农民一次性补贴100亿元 | 财政部网站 | 4 | 11314 |
| 7 | 2023年全国粮食总产量13908.2亿斤,再获丰收 | 国家统计局网站 | 12 | 10633 |
| 8 | 习近平在参加江苏代表团审议时强调要严守耕地红线,稳定粮食播种面积 | 央视新闻客户端 | 3 | 8020 |
| 9 | 中央农村工作会议提出抓好粮食和重要农产品生产 | 新华网 | 12 | 7838 |
| 10 | 习近平主持召开中央财经委员会第二次会议强调切实加强耕地保护 | 新华网 | 7 | 7819 |
| 11 | 河南周口一玉米种植地被周边村民集体哄抢 | 抖音 | 10 | 5646 |
| 12 | 国务院关于确保国家粮食安全工作情况的报告提请十四届全国人大常委会第五次会议审议 | 中国新闻网 | 8 | 5588 |
| 13 | 2023年世界粮食日和全国粮食安全宣传周活动启动 | 微博"@国家粮食和物资储备局" | 10 | 5514 |
| 14 | 粮食安全保障立法引热议 | 人民日报客户端 | 6 | 5294 |
| 15 | 全国早稻总产量2833.7万吨,较上年增长0.8% | 国家统计局网站 | 8 | 4962 |
| 16 | 陕西丹凤通报"强砍3万多棵国槐树"事件:执行复耕政策 | 抖音 | 11 | 2887 |
| 17 | 全国夏粮总产量14613万吨,同比下降0.9% | 国家统计局网站 | 7 | 2696 |
| 18 | 中央农办、农业农村部有关负责人解读2023年中央一号文件 | 新华网 | 2 | 2678 |
| 19 | 执法人员拆猪场遭养殖户枪击 | 抖音 | 5 | 2273 |

续表

| 排名 | 热点事件 | 首发媒体 | 月份 | 舆情热度 |
|---|---|---|---|---|
| 20 | 六部门印发《关于加快粮食产地烘干能力建设的意见》 | 央视网 | 5 | 1598 |
| 21 | 中国-东盟农业发展和粮食安全合作年开幕 | 农业农村部网站 | 4 | 1597 |
| 22 | 河南赛腾农业机械有限公司被曝在江苏、广西骗套水稻侧深施肥机补贴 | 央视《经济半小时》 | 12 | 1488 |
| 23 | 财政部安排12.51亿元支持粮食等农作物重大病虫害防控 | 财政部网站 | 4 | 1363 |
| 24 | 农业农村部加强秋粮重大病虫害防控督促指导 | 农业农村部网站 | 8 | 1278 |
| 25 | 甘肃庆阳高标准农田造假 | 央视新闻客户端 | 3 | 1172 |
| 26 | 最高检发布耕地保护检察公益诉讼典型案例 | 最高人民检察院网站 | 9 | 1085 |
| 27 | 国家推出稳定今年大豆生产一揽子支持政策 | 今日头条"中国三农发布" | 3 | 1027 |
| 28 | 《中华人民共和国农产品质量安全法》正式施行 | 农业农村部网站 | 1 | 1011 |
| 29 | 中央财政下达救灾资金10亿元积极应对水旱、病虫等灾害 | 财政部网站 | 9 | 1006 |
| 30 | 央视记者实地探访河南小麦发芽发霉 | 微博"@央视网" | 5 | 959 |

## 二 热点舆情回顾

### （一）粮食安全保障能力持续提升，粮食产量再创新高反响热烈

2023年，受极端天气频发、地缘政治冲突持续等因素影响，国际一些主要粮食产区出现粮食减产、粮价飙升等情况，被海内外媒体大量报道。我国粮食安全保障能力也由此成为备受关注的常热议题，相关部署举措受到舆论高度关注。2月，中央一号文件对"抓紧抓好粮食和重要农产品稳产保供"作出全面部署，强调"全力抓好粮食生产""加力扩种大豆油料"等在

各平台热传，其中微博、抖音等平台的点赞量共计超过百万次。12月，十四届全国人大常委会第七次会议表决通过《粮食安全保障法》，"我国粮食安全有了专门保障法"等信息再次引来各媒体平台积极关注和报道，普遍认为粮食安全保障法是"国本之法"，是中国特色社会主义法治体系建设中浓墨重彩的一笔，相关微话题阅读量超过1.5亿次。2023年，农业农村部启动实施粮油等主要作物大面积单产提升行动，会同有关部门全力部署开展科学抗旱、"龙口夺粮""虫口夺粮"，小麦稻谷最低收购价继续提高、玉米大豆生产者补贴不断完善、产粮大县奖励资金规模进一步增加，一系列真金白银的惠农举措受到舆论关注和积极肯定。新华社、《光明日报》等媒体发出"政策对路，饭碗稳牢""我国粮食安全保障能力持续提升"等评价。美国、新加坡、韩国等国媒体也纷纷发文，称"中国是全球粮食安全的关键稳定器"。

2023年，我国粮食生产再交亮眼成绩单。"2023年全国粮食总产量13908亿斤 再创历史新高"[1]登上《人民日报》《农民日报》头版头条，并先后入选中央广播电视总台、新华社年度"国内十大新闻"。在微博、抖音等平台，"中国粮食生产20连丰""全国粮食总产量再创历史新高"等微话题引发数千万次播放量。从关注内容看，全年粮食丰收呈现的新特点和新趋势成为热点议题，如"粮食亩产增加"被认为是"鲜明亮点"。媒体列举了"单产提高对增产贡献达58.7%"[2]"300个大豆、玉米整建制推进县单产提升对粮食增产的贡献率达到73%以上"[3]等数据，称大面积单产提升行动"功不可没""成效显著"。"多数省份粮食增产"被称为"喜人的新趋势"。舆论表示，"今年的丰收是整体性的增产稳产，粮食高产典型呈现连片面积大、案例数量多、季季产量高等新特点，表明从中央到地方凝心聚力，粮食

[1]《再创历史新高！2023年全国粮食总产量13908亿斤》，央视新闻客户端，https://content-static.cctvnews.cctv.com/snow-book/index.html? item_id=6080285578395235119。

[2] 梁木：《大面积单产提升行动成效初显 单产提高对增产贡献达58.7%》，中国经济网，http://tuopin.ce.cn/news/202312/15/t20231215_38831477.shtml。

[3] 李栋：《我国粮食总产量再创历史新高 大面积单产提升行动成效初显》，人民网，http://finance.people.com.cn/n1/2023/1215/c1004-40139767.html。

丰收的篱笆越扎越牢。"玉米、豆类、薯类产量增加也被深度讨论。舆论认为其呈现出了丰收里的"大食物观",表明"中国饭碗"能够满足人民群众日益多元的食物消费新需求。从舆论反响看,全年粮食产量高位增产鼓舞信心,"'中国饭碗'装得更满、端得更牢"声量高涨。有舆论指出,丰收答卷折射出我国粮食供给保障能力稳步提升,为加快建设农业强国奠定了坚实基础,也为应对各种风险和挑战赢得战略主动。还有舆论表示,来之不易的丰收答卷,是政策好、科技强、人努力等多种因素共同作用的结果,丰收"拼图"里有耕耘与奋斗,有韧性与智慧,有更足的底气和成色。

### (二)农业强国建设扎实推进,科技创新成效显著亮点纷呈

2023年是贯彻党的二十大精神的开局之年,也是加快建设农业强国的起步之年,党中央持续传递出重农强农的强烈信号,持续振奋舆论精神。全国两会期间,习近平总书记参加江苏代表团审议时强调"三农"工作在新征程中的重要性,指出"农业强国是社会主义现代化强国的根基,推进农业现代化是实现高质量发展的必然要求"[①],引发舆论强烈共鸣。同时,新华社围绕"建设农业强国"刊发专访文章也受到舆论高度关注。"建设农业强国"由此成为网络传播热点议题。《人民日报》《农民日报》等媒体接连刊发头版评论文章,围绕农业强国为什么建、怎么建等展开系列解读,"强国必先强农,农强方能国强""铆足干劲加快建设农业强国"等表述凝聚高度共识。有媒体指出,重农目标一以贯之,强农路径愈加清晰,万众一心加快建设农业强国,就一定能为全面建设社会主义现代化国家、全面推进中华民族伟大复兴提供强有力支撑。

2023年,我国农业强国建设扎实推进,科技创新展现的"高精尖强"亮点纷呈。其中,种业振兴成效显著备受肯定,"我国科学家发现在盐碱地

---

① 《抓住高质量发展的"必然"》,中国农网,https://www.farmer.com.cn/2023/03/07/wap_99923341.html。

上能够促进粮食增产的关键基因"① 入选年度"国内十大科技新闻","再生稻"入选年度"十大科技名词"。旱碱麦、节水抗旱稻、矮秆密植玉米、高油高蛋白大豆、三熟制短生育期油菜等创造的"新突破""新纪录"在各平台接力传播,"我国自主培育种鸡首次走出国门"②"我国粳型杂交稻品种首次通过国外审定"③ 等信息引发积极反响,"端牢'中国饭碗',共筑全球粮安"成为主流表达。同时,"耕种管收"一体化、智慧化农业生产等内容吸引媒体关注,"现代农业机械"在抖音、快手等平台的视频播放量超过278亿次。"北斗导航""云端管理""虫脸识别""共享农机""智能粮仓"等科技应用场景成为新闻报道中越来越多出现的高频词。"被无人机播种效率惊呆了""用北斗自动种地真的好酷"等微话题接连引发舆论关注热潮。高标准农田建设再上新台阶、盐碱地改造取得新进展、耕地质量提升等内容也被媒体积极宣传,"'望天田'变'高产田'""盐碱地变身'新粮仓'"等对比性表述频现。此外,农业生产一线的返乡创业大学生、继承父辈事业的"粮二代""桃二代""草莓三代"等,也被舆论关注报道,称赞他们是建设农业强国的新生力量,用奋斗的姿态跑出了乡村振兴"加速度"。还有舆论表示,一系列高分"答卷"展现着农业大国由大而强的前进方向、农业强国建设绘就的美好"丰"景。

## (三)部分农业生产经营中的突发事件和问题受到媒体关注和报道

2023年,部分地区在农业生产经营过程中的一些突发事件和问题受到媒体广泛关注和报道,有些事件在舆情发酵后的处理方式方法值得商榷。热点事件主要集中在以下几个方面。

① 《我国科学家发现耐碱基因可使作物增产》,央视新闻客户端,https://content-static.cctvnews.cctv.com/snow-book/index.html? item_id=13112713712945141814。
② 《我国自主培育高产蛋鸡、白羽肉鸡种鸡首次走出国门》,央视网,https://news.cctv.com/2023/06/21/ARTIJxT2pV3YiK6Bn2KXQ8m1230621.shtml。
③ 吴纯新、苏历华:《粳型杂交水稻新品种首次通过国外审定》,《科技日报》2023年1月11日,第6版。

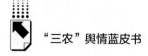

**1. 关于农业自然灾害**

2023年，低温冻害、持续降雨、严重洪涝、高温干旱等极端天气引发的农业灾害牵动舆论神经，"河南小麦遭遇严重'烂场雨'"①"五常大米遭洪灾袭击 超100万亩水稻不同程度受灾"②等事件引发高热舆情。部分地区粮食抢收过程中曝出了受灾小麦保险赔偿标准过低、晾晒场地不足、烘干设备地区分布不均衡等问题，"强化农业防灾减灾农业建设"成为舆论关注焦点。《人民日报》《经济日报》等媒体指出，在全球气候变暖的背景下，我国极端天气气候事件增多，要充分认识农业防灾减灾的重要性和艰巨性，持续强化服务、设施和保险投入，做好农业抗风险"必修课"。

**2. 关于粮食购销领域腐败问题**

2023年，各地各部门协同联动彻查粮仓"硕鼠"，"多地掀涉粮反腐风暴""多地严查涉粮腐败"等相关话题在微博平台阅读量超过5000万次。针对粮食购销领域的违纪违法问题，各级纪检监察机关和司法机关接连发布典型案例，其中"以陈顶新""虚假损耗""影子股东""国皮民骨""压级压价"等受到关注。舆论表示，涉粮反腐信号强烈释放，清除"硕鼠""蠹虫"取得显著成效，同时，粮食购销领域腐败问题存量尚未见底、增量还在发生，根治涉粮腐败仍然任重道远。③

**3. 关于耕地保护、行业监管等问题**

2023年，占地毁地、耕地"非粮化"、耕地建设弄虚作假等信息被舆论广泛传播。"辽宁调兵山5万亩耕地遭采煤沉降"登上网络热搜榜，"河北任丘千亩农田变深坑"视频播放量超3900万次。自然资源部先后通报56个违法违规重大典型问题和12起违法犯罪典型案例，其中"侵占耕地挖田造湖""违法征地占地""补充耕地数量不实"等内容被媒体进一步挖掘报道，

① 《河南遭遇严重"烂场雨"记者直击湿小麦抢收有多难》，B站"央视网快看"，https：//www.bilibili.com/video/BV1EP411D7yH/? vd_source=6e92423554d83c327763c5e0325f3f59。
② 管建涛、杨思琪、张涛、王鹤：《新华社记者五常农田实地探访》，新华网，http：//www.news.cn/local/2023-08/10/c_1129797511.htm。
③ 刘慧：《整治"靠粮吃粮"不手软不含糊》，《经济日报》2023年2月2日，第5版。

舆论发出了"保护耕地必须刚硬到底"等评论,并建议做好整改"后半篇文章"。此外,农业生产服务过程中存在的监管失察、权力任性问题也出现多个热点事件。江苏滨海高标准农田建设"偷工减料",河南"僵尸农机"骗取国家补贴等问题被中央电视台接连曝光。舆论呼吁"彻查到底""严惩不贷"。此外,河南延津"为迎接领导检查暂停秋收"、福建漳州"养殖户上万斤虾被执法部门低价强卖"等事件也引发舆论热议。舆论表示,切实维护群众合法权益如果仅仅停留在嘴上说说,不仅让人寒心,还会让政府公信力蒙羞。

# 三 启示与展望

强国必先强农,农强方能国强。近年来,极端天气频发、资源环境约束趋紧、外部环境复杂,对于我国农牧渔生产与粮食安全提出了更高要求。各地各部门应充分发挥主流媒体优势和自身特点,围绕"稳面积、增单产"、学习运用"千万工程"经验、扎实推进新一轮千亿斤粮食产能提升行动、坚持树立大农业观大食物观、持续提升大豆油料产能和自给率等重大主题和热点舆情,"会宣传""巧宣传",积极采取短视频、直播等传播平台和传播方式,主动贴近受众,找准发力点,为农业生产营造更加良好的舆论氛围。

## (一)主流舆论占据网络传播制高点,重大主题宣传正能量强劲

2023年,农牧渔生产与粮食安全话题呈现视频化、移动化、社交化等鲜明特点,各类媒介在多屏分发、多平台联动中各展所长,"报网端微"竞相发力,"文图音视"百花齐放,网络舆论生态活力充沛。主流媒体继续成为引领舆论导向的中坚力量。常态化跟进农业生产各关键节点,全面聚焦粮食增产,一线直击农业抗灾救灾,权威解读国际粮价波动对我国的影响,主流声音始终占据网络传播制高点。人民日报整版刊发《跟着农机手抢收小麦》、"@央视新闻"微博直播夏收夏种、农民日报制作大型视频栏目《农业强国说》、中国三农发布推出专家访谈"多国限制大米出口会影响中国

吗"等引发良好反响。纪实性慢综艺《种地吧》、融媒体节目《最炫农科生》更是持续激发青年群体投身现代农业的积极性。一年来,田间地头的生产热潮在互联网上持续掀起关注高潮,"粮食和重要农产品稳产保供""农业强国建设"等重大主题正能量强劲,农业科技底色和粮食丰收成色备受肯定,为全年农业生产顺利开展营造了良好的舆论氛围。

2024 年,随着互联网的舆论属性和社会动员能力的持续增强,网络空间将继续成为舆论的主战场。"吃饭问题"作为头等大事,将面临更加纷繁复杂的网络传播环境。各地各部门应积极聚合媒体资源,进一步拓展宣传渠道,更加注重与受众的积极沟通和良性互动,更加注重拉近与宣发媒体和受众的距离,让网上主流舆论阵地持续壮大,为保障粮食安全、建设农业强国提供更加有力的支撑。

### (二)各方力量协同联动,"短视频+直播"助农成效显著

2023 年,在政府部门、企事业单位和主流新媒体、视频平台等各方力量协同联动下,短视频、直播成为助力农业农村生产经营的重要工具。2023年,全国农技中心联合中国农业电影电视中心,推出《春耕大师课》网络直播系列活动,首播三天的在线观看量超过 174 万次。中央农广校、中国农业科学院与抖音、快手合作,"来抖音学农技""来快手学农技""田间地头实操干货""病虫害防治"等话题备受网民关注,视频播放量共计超过 540亿次。各地农业生产经营主体对短视频、直播的使用意识进一步增强,主动分享农技知识、线上问诊技术难题等成为新常态。在快手平台,农技创作者规模达 21.6 万人,涵盖种植养殖、农业机械等多个领域,每天直播量共计达到 5 万小时,覆盖全国 26825 个乡镇。① 黑龙江五常市遭遇洪涝灾害后,当地稻农视频求助稻穗清淤问题,引发十万网民献计献策,水稻专家、专业农技人员、农业学者等纷纷在线支招,"农户网上求助'摇'来农业专家"

---

① 周琳:《快手举办首届三农生态大会》,中国经济网,http://www.ce.cn/xwzx/gnsz/gdxw/202310/26/t20231026_38765761.shtml。

成为网络美谈。

2024年，随着数字乡村建设迈向纵深，"短视频+直播"将成为现代农业生产经营中的"新常态"。政府部门应进一步强化政策保障，加快打造多元互补、高效协同的模式机制，让更多力量参与到农业生产及价值创造过程中。

## 参考文献

赵永平、高云才、朱隽等：《农业强国建设扎实推进》，《人民日报》2023年12月20日。

陈晨：《大国"三农"绘新卷》，《光明日报》2023年12月20日。

仲农平：《大国乡村新进境——迈上中国式农业农村现代化新一程》，《农民日报》2023年12月19日。

崔艳、李祎、康宇立等：《新媒体视域下中国农业科技传播发展现状与对策》，《农业展望》2023年第12期。

# B.3
# 2023年乡村振兴舆情报告

黄洪盛　王玉娇　刘海潮　叶 庆*

**摘　要：** 2023年，与乡村振兴相关的新闻报道量和社交媒体帖文量合计818.50万篇（条）。特色产业对乡村振兴的重要作用获得舆论广泛认同，"土特产""乡村游"备受青睐；"千万工程"实施迎来二十周年，宜居宜业和美乡村呈现的新图景、新气象在互联网上引发持续高光；乡村文体活动在繁荣发展中大放异彩，文化赋能乡村振兴成为舆论热点议题。从传播情况看，视频化传播趋势增强，网络视听成为推进乡村振兴的积极力量；数字文化优势进一步彰显，新媒体新技术助力乡村文化自信自强；随意执法、过度执法痼疾仍存，乡村小微权力需强化监管。

**关键词：** 乡村振兴　"千万工程"　和美乡村　土特产　乡村游

2023年，我国坚决守牢确保粮食安全、防止规模性返贫等底线，扎实推进乡村产业发展、乡村建设、乡村治理等重点工作，加快建设农业强国，建设宜居宜业和美乡村，全面推进乡村振兴不断取得实质性进展。各地乡村振兴亮点频现、成果丰硕，受到舆论高度聚焦。

---

* 黄洪盛，农业农村部信息中心舆情调研处副处长，主要研究方向为涉农网络舆情；王玉娇，麦之云（北京）信息咨询有限公司舆情分析师，主要研究方向为网络舆情；刘海潮，麦之云（北京）信息咨询有限公司舆情分析师，主要研究方向为网络舆情；叶庆，麦之云（北京）信息咨询有限公司舆情分析师，主要研究方向为网络舆情。

# 一　舆情总体概况

## （一）舆情走势

据监测，2023年与乡村振兴相关的新闻报道量和社交媒体帖文量合计818.50万篇（条）。从舆情走势看，全年共出现2次舆情峰值。1~2月，舆情快速走高，3月达到第一个高峰。其间，中央一号文件部署做好全面推进乡村振兴重点工作、"大地欢歌"全国乡村文化活动年启动、第六批中国传统村落名录村落名单公布等助力舆情热度走高。4~8月，舆情整体较为平稳，9月达到全年最高峰。其间，"千万工程"二十年、贵州榕江县"和美乡村足球超级联赛"、全国和美乡村篮球大赛、我国全面推行县域商业三年行动计划、三部门联合印发《乡村振兴标准化行动方案》等信息持续受到舆论关注，助推舆情走高。10~12月，舆情走势先升后降。河南南阳"迷笛音乐节"物品失窃、河南滑县农村只要立火聚餐就要办证、江苏徐州市伊庄镇婚庆公司搭建的婚礼场地被连夜搬空等各地乡村治理中出现的问题成为影响舆情走势的重要因素。我国新增4个联合国世界旅游组织"最佳旅游乡村"、中国新增三项全球重要农业文化遗产等也是重要的推动因素（见图1）。

## （二）传播平台分布

从2023年乡村振兴相关舆情在各媒体平台的分布情况看，客户端声量最大，相关信息达331.19万条，占舆情总量的40.46%；视频192.40万条，占23.51%；微信166.86万篇，占20.39%；微博69.12万条，占8.44%；新闻48.19万篇，占5.89%；论坛博客帖文10.74万篇，占1.31%（见图2）。从上述传播平台分布看，客户端和微信依然在乡村振兴舆情传播中占据主导地位，视频平台跃居第二位，三者合计占比超过80%。

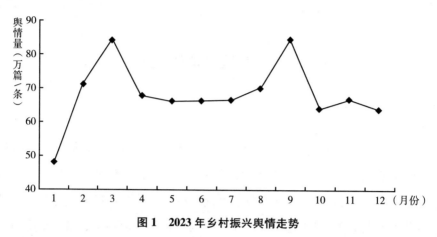

**图1　2023年乡村振兴舆情走势**

资料来源：农业农村部"三农"舆情监测管理平台、新浪舆情通。下同。

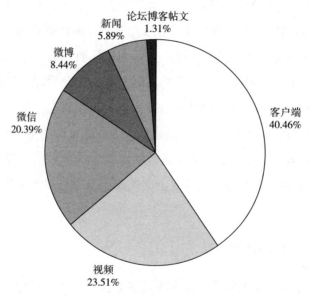

**图2　2023年乡村振兴舆情传播平台分布**

## （三）热点事件排行

从2023年乡村振兴热点事件TOP30看（见表1），政务媒体、新闻媒体、自媒体对相关热点事件的传播均发挥重要作用。具体看，政务媒体首发的事件有 15 个，其中政府网站首发 13 个，政务新媒体首发 2 个；新闻媒体和行业媒体首发的事件有 9 个，其中新闻网站和电视台首发 5 个，新闻媒体新媒体账号 4 个；自媒体首发的事件共 6 个，分别来自抖音、快手、今日头条、新浪微博、好看视频等平台，舆情热度整体较高，其中 4 个事件居年度排行榜前 10。

从内容看，全年高热舆情事件主要集中在四个方面。一是习近平总书记重要指示和乡村振兴决策部署，共有 10 个事件位列榜单。其中，2023 年中央一号文件对做好全面推进乡村振兴重点工作进行顶层设计居年度排行第 5 位，习近平总书记给中国农业大学科技小院的学生回信列第 10 位。8 个事件为推进乡村振兴的配套政策，其中，我国全面推行县域商业三年行动计划、农业农村部等九部门联合印发《"我的家乡我建设"活动实施方案》、中央网信办等五部门印发《2023 年数字乡村发展工作要点》、中国人民银行等五部门发布《关于金融支持全面推进乡村振兴 加快建设农业强国的指导意见》等 4 个事件列年度排行前 20 位。二是各地举办的系列大型活动，共有 6 个事件位列榜单。其中，贵州榕江县"和美乡村足球超级联赛"开赛位居榜首，全国和美乡村篮球大赛举办、"乡村超级碗"唱响黔东南等活动均居排行榜前 5 位。三是乡村振兴战略实施取得的成果，共有 5 个事件上榜。"千万工程"二十年居年度排行第 2 位，我国新增 4 个联合国世界旅游组织"最佳旅游乡村"、第六批中国传统村落名录村落名单公布、2023 年传统村落集中连片保护利用示范名单公布均居排行榜前 20 位，中国新增三项全球重要农业文化遗产居第 26 位。四是乡村治理中存在的问题，共有 8 个事件上榜。其中，河南南阳"迷笛音乐节"物品失窃事件、吉林洮南村民私自搭建浮桥被判刑以及河南滑县农村只要立火聚餐就要办证等三个事件分别居年度排行第 6、第 7 和第 9 位。其他还有 1 个。

表 1　2023 年乡村振兴热点事件 TOP 30

| 排名 | 热点事件 | 首发媒体 | 月份 | 舆情热度 |
|---|---|---|---|---|
| 1 | 贵州榕江县"和美乡村足球超级联赛"开赛 | 抖音账号"榕江发布" | 5 | 295807 |
| 2 | "千万工程"二十年 | 央视《新闻调查》 | 7 | 74659 |

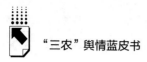

续表

| 排名 | 热点事件 | 首发媒体 | 月份 | 舆情热度 |
|---|---|---|---|---|
| 3 | 全国和美乡村篮球大赛举办 | 农业农村部网站 | 6 | 59761 |
| 4 | “乡村超级碗”唱响黔东南 | 快手 | 10 | 55283 |
| 5 | 2023年中央一号文件部署做好全面推进乡村振兴重点工作 | 新华网 | 2 | 54370 |
| 6 | 河南南阳“迷笛音乐节”物品失窃事件 | 好看视频“齐鲁晚报网” | 10 | 26724 |
| 7 | 吉林洮南村民私自搭建浮桥被判刑 | 红星新闻客户端 | 6 | 20667 |
| 8 | 我国全面推行县域商业三年行动计划 | 商务部网站 | 8 | 8048 |
| 9 | 河南滑县“农村只要立火聚餐就要办证”事件 | 抖音 | 11 | 5253 |
| 10 | 习近平给中国农业大学科技小院的学生回信 | 新华网 | 5 | 5153 |
| 11 | 九部门联合印发《“我的家乡我建设”活动实施方案》 | 农业农村部网站 | 7 | 5089 |
| 12 | 甘肃男生被要28万8彩礼 写信给县长求整治 | 微博账号“@沸点视频” | 7 | 4464 |
| 13 | 我国新增4个联合国世界旅游组织“最佳旅游乡村” | 文化和旅游部网站 | 10 | 4432 |
| 14 | 网传“江苏徐州一婚礼场地被村民连夜搬空” 当地有关部门回应系误会 | 海报新闻 | 10 | 4355 |
| 15 | 中央网信办等五部门印发《2023年数字乡村发展工作要点》 | 中国网信网 | 4 | 4332 |
| 16 | 第六批中国传统村落录村落名单公布 | 住房和城乡建设部网站 | 3 | 4049 |
| 17 | 五部门发布《关于金融支持全面推进乡村振兴 加快建设农业强国的指导意见》 | 中国人民银行网站 | 6 | 3828 |
| 18 | 2023年传统村落集中连片保护利用示范名单公布 | 财政部网站 | 4 | 3431 |
| 19 | 甘肃村民因家门口高秆玉米“影响视野”被拔 | 人民网“领导留言板” | 6 | 3061 |
| 20 | “大地欢歌”全国乡村文化活动年启动 | 文化和旅游部网站 | 2 | 2819 |
| 21 | 微博2023回乡见闻报告发布 | 微博账号“@新华网” | 2 | 2732 |
| 22 | 三部门联合印发《乡村振兴标准化行动方案》 | 农业农村部网站 | 8 | 2556 |
| 23 | 陕西西安农村禁止房前屋后种蔬菜 | 今日头条号“惟语心荷” | 4 | 2500 |
| 24 | 民政部部署开展“乡村著名行动” | 民政部网站 | 7 | 2490 |

| 排名 | 热点事件 | 首发媒体 | 月份 | 舆情热度 |
|---|---|---|---|---|
| 25 | 江苏宜兴一社区禁养家禽 不整改取消村级养老金 | 微博账号"@清风官察" | 12 | 2421 |
| 26 | 中国新增三项全球重要农业文化遗产 | 农业农村部网站 | 11 | 2155 |
| 27 | 2023美丽乡村国际论坛在甘肃陇南举办 | 《甘肃日报》 | 7 | 2042 |
| 28 | 第一届全国农民技能大赛盛大开启 | 微博账号"@中国三农发布" | 7 | 2040 |
| 29 | 最高法、民政部、全国妇联联合召开治理高额彩礼新闻发布会 | 最高人民法院网站 | 12 | 1823 |
| 30 | 中央财办等九部门印发指导意见推动农村流通高质量发展 | 新华社客户端 | 8 | 1816 |

## 二　热点舆情回顾

### （一）产业富民势头良好，"土特产""乡村游"备受青睐

2023年，我国乡村产业发展势头良好，"全产业链产值超过4.6万亿元"①"农民收入比上年实际增长7.6%"②等产业富民新成效备受关注，特色产业对乡村振兴的重要作用引发舆论广泛共识。从关注情况看，"土特产"成为网络高频词。一年来，习近平总书记对乡村产业发展多次作出重要指示，其中强调的"农村特色产业前景广阔"引发强烈共鸣。"总书记关心的土特产""总书记打卡的土特产"等报道的全网互动量超过3亿次，广东茂名荔枝、山东枣庄石榴、广西甘蔗等特色产业也借势火爆网络。同时，各地各级农业农村部门进一步强化扶持保障举措，"土特产"发展引发持续关注热潮。全年乡村特色农产品宣传营销活动密集举办，全国"土特产"

---

① 陈晨：《特色产业遍地开花 致富之路越走越宽》，《光明日报》2023年11月30日，第10版。
② 《我国乡村产业发展势头良好"金扁担"越挑越稳、成色越来越足》，央视网，https://news.cctv.com/2024/01/28/ARTIB2OPClQ1GVGvZ4mizPXf240128.shtml。

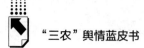

推介活动、全国苹果主产区（脱贫地区）产销对接活动、芒果产业大会、
定西马铃薯大会、三亚首届国产榴莲产业发布会等频现网络，"闪耀吧土特
产""土特产的天花板"等微话题受到网民热烈围观，微博"@央视新闻"
直播推介节目的在线观看量超过2080万次。乡村特色产业发展新成效备受
肯定，中央电视台等新闻媒体发出大量专题报道和系列报道，广东荔枝跨县
集群产业园、山东寿光蔬菜产业集群、安徽皖西白鹅全产业链等典型示范引
发全方位宣传。特色产业盘活乡村资产带来的股权红利也被积极关注，微话
题"浙江一村子给200位村民发600万工资"引发1.2亿次阅读量。舆论发
出了"产业链条不断延展""产业集群加快形成""产业活力越来越足"等
评价，称特色产业是乡村振兴的"突出亮点"。

2023年，"乡村游"成为舆论关注的常热话题。农业农村部连续四季举
办推介活动，256个美丽休闲乡村、109条精品线路和365个精品景点等广
泛吸引舆论目光。① 乡村游热度持续上升，各地乡村"赏花游""避暑游"
"丰收游""冰雪游"引发大量跟进报道，"2~3月乡村文旅活动营收猛增
628%"②"国庆乡村游酒店订单同比增长近1倍"③ 等消息不断出现。乡村
游展现的富民新业态被重点聚焦，"体育+旅游""非遗+旅游""音乐+旅
游""美食+旅游""研学+旅游"等创新实践在互联网上大量涌现，稻田咖
啡馆、乡村旅拍店、自助乡野烧烤、星空露营、围炉煮茶等新消费场景备受
青睐，人工智能、5G、AR等数字技术对乡村游新模式、新场景的激发作用
也被积极肯定。舆论表示，乡村游不仅有"乡土味"，也有"潮范儿"，以
多元化文旅项目实现真正的"造血"，已成为越来越多乡村发展的新路径。
此外，联合国世界旅游组织公布2023年"最佳旅游乡村"名单，江西篁岭
村、浙江下姜村、甘肃扎尕那村和陕西朱家湾村入选，"我国最佳旅游乡村

① 《做好"土特产"文章 推动乡村产业全链条升级》，微信公众号"微观三农"，2023年12月16日。
② 《携程：2-3月乡村文旅活动营收猛增628%，乡村旅游热推动农村创收》，央广网，http://tech.cnr.cn/techph/20230324/t20230324_526194176.shtml。
③ 尹婕：《乡村游添了"潮范儿"》，《人民日报海外版》2023年10月11日，第12版。

总数全球第一"成为网络热点议题。舆论指出，这是中国乡村建设成就的展示，也是中国社会发展的缩影，景美民富人和的现代化乡村值得向往和期待。

## （二）乡村善治善为成效显著，"千万工程""和美乡村"持续高光

2023年，我国乡村建设行动扎实推进，乡村治理能力不断提升，在"千万工程"实施迎来二十周年之际，乡村善治善为呈现的新图景、新气象在互联网上引发持续高光。其中，"千万工程"带来的浙江乡村巨变备受瞩目，安吉县余村的"竹林碳汇"、杭州市径山村的"茶旅融合"、德清县仙潭村的"民宿经济"、东阳市寀卢村的"智慧田园"、武义县后陈村的"阳光村务"等典型示范强烈吸睛，"千万工程"中的"三组数据""四点要义""七大法宝"等经验启示被重点解读，相关的专栏报道、长篇通讯、系列评论等成为传播热点，在客户端、微信等平台引发数千万次阅读量。"共富乡村""生态乡村""善治乡村""人文乡村"等，成为短视频平台热门传播标签，获得数百万次点赞量。"千万工程"深化推进中的返乡创业者也成为关注热点，媒体汇总报道了"原乡人""新乡人""归乡人"的创新实践，感慨"'千万工程'青年味越来越浓"。"千万工程"二十年取得的巨大成就和深远影响受到高度评价。媒体指出，这是党和农民携手实现乡村变革的伟大创举，是中国式现代化的"三农"先声，为全球乡村可持续发展提供了"中国方案"。网民发出了"浙很美，浙很棒""千村万村，处处皆大片""向往的山水田园"等评论，为浙江乡村点赞，并希望自己的家乡越来越美好。

同时，中央财办、中央农办等部门联合印发指导意见，有力有序有效推广浙江"千万工程"经验，各地对标建设、高质量推进。对此，新闻媒体和自媒体通过VLOG、慢综艺，全面呈现农业绿色变革、乡村美丽经济、农民美好生活等鲜明特质，宜居宜业和美乡村相关视频播放量达到数十亿次。从关注情况看，乡村生态建设和人居环境整治被集中报道。"全国农村卫生厕所普及率超过73%""农村生活污水治理（管控）率达到40%以上""生

活垃圾得到收运处理的行政村比例保持在90%以上”① 等数据信息被积极传播。湖北大悟县“零碳村”、江西永丰县“无废乡村”、江西上犹县“国家森林乡村”、山东蒙阴县“首个村级GEP核算村”等引发各类媒体接力宣传。舆论发出了“建设出彩 群众喝彩”等评价,称绿水青山已成为广袤乡村的亮丽名片。农村移风易俗和乡风文明建设也广受肯定。农业农村部认定了100个全国乡村治理示范乡镇和1001个全国乡村治理示范村,征集第五批全国乡村治理典型案例②,其中的好经验、好做法引发了进一步的延展性报道和深度报道。各地乡村的“板凳议事”“村民食堂”“田园集体婚礼”“移风易俗广播剧”“舞前微课堂”等创新实践备受关注,湖南油溪桥村“村级事务积分制管理”的视频播放量超过300万次。舆论感慨“千万工程”花开四野、不断升维,称“千万工程”源自浙江,“千万工程”属于中国,“千万工程”不是一个乡村的独自美丽,而是全国千万乡村的共同美丽。

### (三)乡村文化繁荣发展,“村超”“村BA”“村晚”出圈出彩

2023年,各地各部门充分挖掘乡村文化资源,着力提升乡村文化服务供给,乡村文化事业在繁荣发展中大放异彩,新样态和新活力占据网络流量新高地。其中,乡村体育蓬勃景象成为全年高热议题。农业农村部会同有关部门先后发布通知、意见,为体育助力乡村振兴持续赋能。一年来,乡村体育赛事遍地开花、类型丰富,引发多个关注热潮。1~2月,广东佛山仙涌村龙舟赛、江苏沛县“村界杯”足球赛、广西河池女子“村BA”、京津冀农民冰雪趣味运动会等纷纷上演,舆论关注热度不断升温。3月以来,贵州省“美丽乡村”篮球联赛总决赛、贵州台江县乡村篮球挑战赛、贵州榕江县乡村足球超级联赛等接连举行,持续霸榜各平台热搜,被舆论称为“土味顶流”“现象级全民嘉年华”,相关赛事的视频播放量共计达到数百亿次。

---

① 郁静娴:《“三农”基本盘进一步夯实》,《人民日报》2024年1月24日,第4版。

② 《农村社会事业稳步发展》,农业农村部网站,http://www.moa.gov.cn/xw/zwdt/202312/t20231218_6442914.htm。

6月开始，全国和美乡村篮球大赛（村BA）在贵州台江县台盘村正式开赛，3万名现场观众和超千万名线上观众观看首场比赛，舆情热度再次走高。与此同时，海南、浙江、重庆、宁夏、新疆等地的乡镇排球联赛、乡村篮球联赛、和美乡村乒乓球邀请赛、乡村摔跤比赛等精彩纷呈，引发多个亿次级阅读量的微话题。"村赛""村BA""村排"等网络热词不断刷屏，"村超"更是接连入选年度"十大流行语""十大新词语"等多个榜单，成为2023年"现象级文化IP"。同时，乡村文艺演出和传统文化活动也引发舆论浓厚兴趣。"四季村晚"常态化举办、全国村歌大赛接续举行、全国和美乡村广场舞大赛精彩对决，舆论纷纷点赞"乡村舞台藏着才艺天花板"，相关视频观看量超过10亿次。各地的乡村大集、乡村庙会、农村大席、村寨长街宴等，以视频化形式生动呈现，成为社交媒体中的"爆款"，线上线下的关注热度和参与热情持续高涨。

2023年，文化赋能乡村振兴动力强劲，各地以赛助旅、以赛扶产、以赛促文，引发广泛热议和积极建言。贵州等地"村赛"期间出现的"餐馆一天卖完两头牛""小吃摊一天狂卖2000碗卷粉""农特产品销量提升""民族服饰订单翻倍""酒店预订一空"等火爆场景振奋舆论，"村BA"主题茶饮、"村BA"品牌服饰、"村超"非遗文创产品、"村超"体育精品旅游线路等创新尝试备受肯定，"'村超'吸引游客超519万人次"[1]"'村BA'3天赛事旅游综合收入5516万元"[2]"10场'贵州村歌'拉动经济收入近500万元"[3]等数据在各平台热传。有舆论点赞乡村赛事"后劲十足"，称其带来的不仅是欢乐，更是中国乡土繁育新文化、新业态和新发展。还有舆论建议各地找准自身的亮点和发展路径，提升文化自觉、增强文化自信、挖掘文化特色，进一步释放乡村文化生产力，让乡村

① 吴斯洋、刘勤兵：《乡村振兴展现新气象》，新华网，http://www.news.cn/local/20240111/1ab5bc89207e401d858c4c3fa90eeceb/c.html。
② 《3天超5500万元！"村BA"带火贵州台江特色旅游》，人民日报客户端，https://wap.peopleapp.com/article/7049477/6903685。
③ 《10场"贵州村歌"拉动经济收入近500万元》，微信公众号"黔西南宣传"，2023年11月17日。

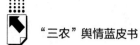

文体活动的"乐子",变为发展致富的"路子",成为助力乡村振兴的新引擎、新动能。

# 三 启示与展望

## （一）视频化传播趋势增强，网络视听成为推进乡村振兴的积极力量

2023年，网络视听成为我国第一大互联网应用，农村成为网络视听增量的重要地区，全年农村网络视听用户规模达3.2亿人，同比增长6.8%，增速远高于同期城镇用户。[①] 同时，从2023年乡村振兴话题的传播平台和典型案例也可以看出，乡村振兴话题的视频化传播趋势明显增强。与2022年相比，视频平台中的乡村振兴话题在全年舆情总量中的比重，由12.67%提升至23.51%。短视频成为融媒体标配，主流新闻媒体通过视听化报道对乡村振兴展开全媒全景宣传，智能化生产、影视化表达成为全年传播新亮点。人民日报通过视频创意混剪展现"千万工程"乡村巨变，新华社通过数字虚拟技术展现元宇宙场景下的乡村振兴美好图景，均引发百万次播放量。《放羊吧 老板》《村里来了个洋女婿》《正是橙黄橘绿时》等乡村振兴题材微短剧、微电影数量多、反响好，电视剧《去有风的地方》更是拉动了云南乡村游爆发式增长。总体看，不断增强的视听体验进一步提升了公众对乡村振兴的关注度、参与度和共鸣度，网络视听已经成为推进乡村全面振兴的积极力量。2024年，在移动互联网视频化发展态势下，网络视听将继续深入乡村生产生活，也将激发出越来越多的乡村产业新模式、乡村生活新方式和乡村文化新形态。政府部门还需抢抓当前高质量发展的宝贵机遇，联动社会各界打造视听精品，在满足人民群众精神文化需求的同时，为乡村经济社会发展注入新活力。

---

① 《〈中国网络视听发展研究报告（2024）〉在蓉发布》，中国农网，https：//www.farmer.com.cn/2024/03/28/99950642.html。

### （二）数字文化优势进一步彰显，新媒体新技术助力乡村文化自信自强

2023年被舆论称为"我国乡土文化发展史上值得铭记的年份"，各地涌现出一大批乡土味、运动风、文艺范、网络感的"村+"文化实践，引发了指数级传播效应，乡村振兴带来的昂扬风貌赢得世界目光。从各地生动实践可以看出，群众自发的文化活动在新的时代条件赋能下，更添活力与魅力。特别是在数字乡村建设背景下，"数字+""创意+"拓宽了乡村文化发展路径，新媒体新技术推动了乡村文化资源的全景呈现和全民共享。一年来，"村超""村BA"破圈传播，"村晚""村歌"异军突起，乡村地名、农业非遗等的数字化保护工作成效初显，乡村文化主体的参与热情被充分调动，新时代农民的自信与活力得以充分展现。2023年，"创新发展乡村数字文化"成为数字乡村发展工作的重要任务，在各地各部门的合力攻坚下，数字化在提升文化传播力、资源聚集力和产业拉动力等方面优势明显，成为乡村文化振兴的有力抓手。2024年，乡村文化生活将迈上繁荣发展的新台阶，文化产业赋能乡村振兴也将继续成为舆论关注热点。政府部门还需积极借力互联网新技术，联动新媒体力量，扶持鼓励农民利用手机"新农具"创新表达，推动优秀文化的数字化转化和IP打造，实现乡村文化优势向乡村发展优势的加速转化。

### （三）随意执法、过度执法痼疾仍存，乡村小微权力需强化监管

2023年，部分农村基层治理过程中存在的随意执法、过度执法、粗暴执法等问题仍是痼疾，此类问题集中出现在农村人居环境整治、农村移风易俗等工作中。尽管不合理不合法规定或行为被及时叫停、相关事件得到妥善处理，但事件曝出后仍成为网络热点议题，多个事件登上网络热搜榜，有的还出现了亿次级的微话题阅读量和数十万次的视频播放量。舆论发出了一边倒式的批评，呼吁严肃追责问责，不能让权力任性寒了人心、毁了政府公信力。2024年，乡村建设、乡村治理继续成为乡村全面振兴的重点任务，具

体推进过程中可能出现的乡村小微权力任性问题仍不容忽视,需强化监管。政府部门需进一步强化法治思维,坚持"乡村建设为农民而建"的基本原则,把为人民服务落到实处。

## 参考文献

高云才、常钦、郁静娴:《有力有效推进乡村全面振兴》,《人民日报》2023 年 12 月 20 日。

陈晨:《大国"三农"绘新卷》,《光明日报》2023 年 12 月 20 日。

《2023 年农业农村十大亮点》,《农民日报》2023 年 12 月 29 日。

丁和根、陈袁博:《数字新媒介助推乡村文化振兴:传播渠道拓展与效能提升》,《中国编辑》2021 年第 11 期。

# B.4
# 2023年种业振兴舆情报告

韩周杰　曲美岭　王玉娇　王明辉*

**摘　要：**　2023年，我国种业振兴相关舆情量同比略增。一年来，种业振兴行动取得显著成效获舆论积极评价，现代种业在保障粮食安全、促进产业振兴等方面的重要作用备受瞩目，种业企业发展新格局、新趋势成为行业焦点话题，种业国际交流合作呈现的新气象新局面引发热烈反响，种业发展存在的"痛点""堵点"也继续受到媒体关注。种业振兴话题全媒体传播力影响力有待进一步提升，传播技术加速创新应用给种业舆论引导带来新挑战。

**关键词：**　种业振兴　种质资源　种业企业　国际交流

2023年，种业振兴行动取得阶段性成效，完成了新中国规模最大的全国农业种质资源普查，新收集种质资源53万多份。各地加快推进挖掘优异种质资源、种业创新攻关、做强国家种业阵型企业、提升种业基地能力和知识产权保护"五大行动"，舆论予以积极关注。

---

\* 韩周杰，农业农村部信息中心舆情监测处副处长，主要研究方向为涉农网络舆情、电子政务信息安全；曲美岭，麦之云（北京）信息咨询有限公司舆情分析师，主要研究方向为网络舆情；王玉娇，麦之云（北京）信息咨询有限公司舆情分析师，主要研究方向为网络舆情；王明辉，麦之云（北京）信息咨询有限公司舆情分析师，主要研究方向为网络舆情。

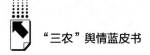

# 一 舆情总体概况

## （一）舆情走势

据监测，2023 年与种业振兴相关的新闻报道和社交媒体帖文数量合计184.1 万篇（条），同比略增 2.56%。从舆情走势看，上半年舆情热度高于下半年，全年共出现 3 次峰值。第一次舆情高峰出现在 3 月。两会期间舆论聚焦"种业振兴"话题、农业农村部公布首批可供利用的农作物种质资源目录、第十九届全国种子双交会举办等，推动舆情热度达到全年舆情最高峰。第二次舆情高峰出现在 9 月。农业农村部联合国家市场监管总局印发《关于开展农作物种子认证工作的实施意见》、北京种业大会开幕、四川省种质资源中心库正式揭牌成立等信息受到广泛关注，助推舆情热度走高。第三次舆情高峰出现在 12 月。农业农村部印发第三批国家畜禽遗传资源保护单位公告，中央农村工作会议就"加快推进种业振兴行动"作出部署等，助推舆情热度小幅上扬（见图 1）。

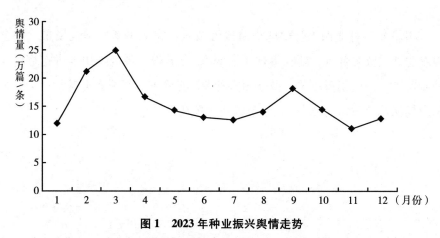

**图 1  2023 年种业振兴舆情走势**

资料来源：农业农村部"三农"舆情监测管理平台、新浪舆情通。下同。

## （二）传播平台分布

从 2023 年种业话题在各媒体平台的分布情况看，客户端和新闻网站相关舆情占比近 70%，是最主要的传播渠道。其中，客户端舆情量最大，相关信息 67.77 万条，占舆情总量的 36.81%；新闻 59.59 万篇，占 32.37%；微信 49.85 万篇，占 27.07%；微博 3.40 万条、视频 1.89 万条、论坛博客帖文 1.60 万篇，合计占 3.75%（见图 2）。

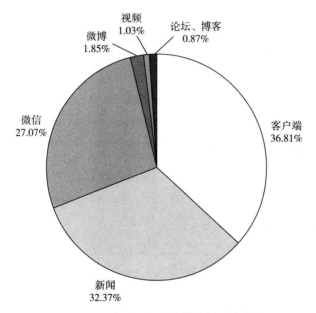

图 2　2023 年种业振兴舆情传播平台分布

## （三）热点事件排行

从 2023 年种业热点事件 TOP20 来看（见表 1），深入实施种业振兴的相关部署举措是舆论关注的焦点，共有 11 个事件进入榜单。其中，中央一号文件对种业振兴作出部署、我国首次发布国家农作物优良品种推广目录，分别居排行榜第 1 和第 5 位；我国建立农作物种子认证制度、农业农村部相关负责人就推进生物育种产业化试点答记者问、我国将加快推进种业振兴

"五大行动"分别居排行榜第8、9、10位。

与种业相关的全国性和地方性重要会议、展览活动等也被舆论重点关注，共有5个事件入榜。其中，第六届进博会继续设立"农作物种业专区"、2023中国种子大会、第十九届全国种子双交会、中国北京种业大会分别居第3、4、6、7位。此外，全球最大野生稻种质资源圃主体在三亚建成、四川省种质资源中心库正式揭牌成立等各地种质资源库建设情况也相继被媒体报道和传播。

**表1 2023年种业热点事件TOP 20**

| 排名 | 热点事件 | 首发媒体 | 月份 | 舆情热度 |
|---|---|---|---|---|
| 1 | 2023年中央一号文件部署深入实施种业振兴行动 | 新华网 | 2 | 21438 |
| 2 | 全国两会代表委员建言"种业振兴" | 央视网 | 3 | 10808 |
| 3 | 第六届进博会继续设立"农作物种业专区" | 新华网 | 11 | 4863 |
| 4 | 2023中国种子大会暨南繁硅谷论坛在三亚举行 | 《三亚日报》 | 4 | 3437 |
| 5 | 我国首次发布国家农作物优良品种推广目录 | 农业农村部网站 | 4 | 2118 |
| 6 | 2023年中国天津种业振兴大会、第十九届全国种子双交会在津开幕 | 津云客户端 | 3 | 1612 |
| 7 | 中国北京种业大会开幕 推进"种业之都"建设 | 中国新闻网 | 9 | 1451 |
| 8 | 我国建立农作物种子认证制度 | 国家市场监督管理总局网站 | 9 | 1042 |
| 9 | 农业农村部科技发展中心、全国农业技术推广服务中心负责人就推进生物育种产业化试点答记者问 | 《农民日报》 | 8 | 1036 |
| 10 | 我国将加快推进种业振兴"五大行动" | 新华网 | 9 | 1021 |
| 11 | 今年国家审定推出一批优质高产新品种 | 农业农村部网站 | 11 | 829 |
| 12 | 全球最大野生稻种质资源圃主体在三亚建成 | 央视网 | 4 | 670 |
| 13 | 农业农村部公布首批可供利用的农作物种质资源目录 | 农业农村部网站 | 3 | 598 |

续表

| 排名 | 热点事件 | 首发媒体 | 月份 | 舆情热度 |
|---|---|---|---|---|
| 14 | 正式揭牌成立！四川省种质资源中心库年底投入使用 | 四川新闻网 | 9 | 519 |
| 15 | 我国将采取五方面举措加强种业知识产权保护 | 新华社客户端 | 4 | 501 |
| 16 | 2023中原农谷国际种业大会在郑州开幕 | 大河网 | 11 | 467 |
| 17 | 国家种质库2.0项目在京启动 | 新京报网 | 2 | 451 |
| 18 | 农业农村部部署国家水产育种联合攻关计划 | 农业农村部网站 | 4 | 436 |
| 19 | 农业农村部推介发布首批711份耐盐碱优异作物种质资源 | 农业农村部网站 | 9 | 434 |
| 20 | 159个国家级畜禽遗传资源保护品种实现活体保护全覆盖 | 农业农村部网站 | 12 | 335 |

## 二 热点舆情回顾

### （一）种业振兴成效显著，政策强"芯"提振信心

2023年是种业振兴行动"三年打基础"的收官之年，种业振兴在良好开局基础上迈出坚实步伐。一年来，《人民日报》、央广网等媒体接连刊发头版报道、专题报道，聚焦种质资源保护利用、创新攻关、企业扶优、基地提升、市场净化等，"取得积极进展""取得阶段性成效""取得关键性突破"等表述成为舆论传播主基调。媒体还给出了"原始创新环境更优""育种创新动力更足""骨干种企优势更强"等评价，认为各地掀起了推进种业振兴的热潮，种业自立自强迈向新高地。

从热点议题看，"强农必先强种"引发共鸣，农业强"芯"政策保障继续成为舆论关注的焦点。2023年，习近平总书记在广东考察时强调"把种业这项工作做精做好"，中央一号文件将"深入实施种业振兴行动"作为重

要内容，中央农村工作会议强调"加快推进种业振兴行动""完成全国农业种质资源普查""构建开放协作、共享应用的种质资源精准鉴定评价机制""加快玉米大豆生物育种产业化步伐"等针对性部署，引发媒体广泛传播和跟进报道。舆论认为，种业被提升至前所未有的高度，围绕这些重大问题、关键环节、重点工作，种业振兴的鼓点将更激昂、更强劲，底气更足、信心更坚。同时，种业振兴落地落实高质量推进，农业种质资源家底全面摸清，国家农作物优良品种推广目录、可供利用的农作物种质资源目录、农作物种子认证目录等接连发布，1304个优质高产新品种①、51个转基因品种先后通过审定②，"首次发布""首批公布""正式建立""正式落地"等成为传播关键词，一系列种业科研重大进展成为网络热点。舆论给出了"意义重大""正当其时""前景广阔"等评价，认为新形势下的种业市场预期稳、发展空间大，"种业人迎来了大显身手的良机"。

## （二）种质资源备受关注，产业发展亮点纷呈

2023年，种业振兴围绕全链条各环节深入推进，种业资源优势向创新优势、产业优势持续转化，现代种业在保障粮食安全、促进产业振兴中的作用备受瞩目，"米袋子""菜篮子""油瓶子"中的强"芯"力量成为全年常热话题。2023年，我国粮食产量再创历史新高，种业创新在其中发挥的作用引发热议，"中国种保障中国粮"声量高涨。在全年农业生产的各个关键节点，优异种质资源助力稳产增收的有益示范引发跟进报道，"从'一粒种子'看高质量春耕春种""良种成为夏粮丰收的'关键密码'""良种攻关助力秋粮丰产丰收"等消息报道接续引发关注。各地的强筋小麦示范区、优质稻新品种示范片、玉米单产提升整建制推进县、大豆绿色高产高效行动示范县等吸引了媒体目光，旱碱麦、节水抗旱稻、矮秆密植玉米、高油高蛋

---

① 李栋：《助力提升粮食大面积单产和品质水平 今年国家审定推出1304个优质高产新品种》，人民网，http://finance.people.com.cn/n1/2023/1123/c1004-40124418.html。

② 夏子航：《51个转基因品种正式获审定通过 隆平高科、大北农、登海种业等为产业化主力》，中国证券网，https://news.cnstock.com/news, bwkx-202312-5160786.htm。

白大豆、三熟制短生育期油菜等创造的"新突破""新纪录"被媒体广泛报道。舆论发出了"一粒良种支撑粮食增产大图景""好种子育出新希望"等评价，称越来越多的良种在广袤沃野上生根发芽，有力保证了14亿多中国人"每天到点开饭"，而且能越吃越好。

2023年，乡村特色产业发展势头强劲。各地以种业振兴为抓手，加强特色种质资源保护和开发利用，优质农产品背后的"好种源""好品种"广受关注。农业农村部信息中心和有关单位联合发布2023年全国"土特产"推介名录，新闻媒体对各地入选的"土特产"展开多维度宣传，昌平草莓的"京苗北迁"繁育模式、修文猕猴桃的种质资源圃、元江芒果的种质基因库、互助八眉猪的原种育繁场等成为报道热点，"一粒种子书写'土特产'大文章"受到舆论肯定。同时，在全年各大电商购物节上，各地优质农产品频频占据热销榜单，内蒙古苏尼特羊肉、山东莱阳秋月梨、云南夏威夷果等"特色尖货"从几十万款农特产品中脱颖而出，登上中央电视台《了不起的中国农特产》推介会，引发接力宣传报道。舆论表示，这其中既有本土品种保护和育种创新的代表，也有"洋品种"本土化的典型，是"一粒种子成就一个产业"的生动写照。

### （三）种业企业势头强劲，舆论聚焦资源整合

2023年，种业企业为推进种业振兴提供了有力支撑，"发展格局不断优化""创新能力不断增强""供种保障能力不断提升"等获舆论认可，"种业要强，种业企业必须强"正成为业内共识。一年来，国家种业阵型企业座谈会、民营种业企业座谈会、全国种业企业扶优工作推进会等相继召开，山东、湖南、安徽、广东等地纷纷设立种业基金，技术、人才、资本等向优势种业企业集聚，一系列利好因素引发大量报道和积极讨论。舆论用"蓄势待发""乘势而上""百舸争流"等词语评价种业企业良好发展势头，称政策暖风和育种技术迭代，让种企的"春天"加速到来。

从关注情况看，种业企业发展新格局、新趋势成为行业焦点话题。2023

年，国投集团注资 40 亿元成立国投种业①，宁夏种业集团、河南种业集团、成都种业集团等相继揭牌成立，隆平高科、农发种业等企业纷纷发布收购公告，皖垦种业、金苑种业等企业频频冲刺上市。种业企业加速资源整合布局引起舆论高度关注，"种业集团""兼并重组""资本加持"入选年度种业十大关键词。舆论认为，这是种业环境持续向好的重要标志，体现出做强做大现代种业的信心和决心。同时，种业企业从育种创新到产业链构建的有益实践受到全面关注。育种信息化、种子检验实验室数字化、数字种业综合监管实时化等场景被媒体关注，盱眙龙虾、乌兰察布马铃薯、秭归脐橙等行业典型被频频报道，"我国首批转基因种子生产经营许可证发放 涉及多家上市公司"成为年末重磅话题。舆论称，以"种业+"种植业、畜牧业、农化服务业和金融业为内容的"种业+"时代正在到来，随着种业振兴行动向纵深推进，中国种业企业发展将呈现强者更强、优者更优、资源优配等特征。

### （四）国际交流迸发新活力，种业"走出去"反响热烈

2023 年，中国种业在世界舞台上不断迸发新活力，种业在国际交流合作中呈现的新气象持续吸引舆论目光。一年来，三亚国际种业科学家大会、杨凌国际种业创新论坛、2023 世界 5G 大会暨 5G 与智慧农业育种论坛等接续举办，积极成果在媒体平台广泛传播，被舆论高度评价为洞见中国乃至世界种业发展的"风向标"。此外，第六届中国国际进口博览会继续设立农作物种业专区，规模进一步扩大，一系列全球种业公司的创新产品竞相亮相，被媒体评为"中国携手世界共享种业发展机遇的生动体现"。首届中国国际供应链促进博览会设立绿色农业链展区，耐盐碱水稻品种、智慧育种解决方案、300 万只蛋鸡现代化全产业链项目等受到多方关注。"中国粮的世界级出圈"备受瞩目，舆论感慨"一粒种子链接全球"，奏响了科技合作强音。

---

① 《国投种业科技有限公司正式成立，助力国家种业振兴》，国家开发投资集团网站，https://www.sdic.com.cn/cn/rmtzx/xwzx/jtdt/webinfo/2023/10/1699180396802163.htm。

2023 年是共建"一带一路"倡议提出十周年，中国种质资源和育种技术在"一带一路"农业合作中的突出贡献受到高度关注。一年来，民族种业"走出去"交出亮眼成绩单，"我国首个粳型杂交稻品种通过国外审定""大北农转基因大豆产品首次获巴西批准种植许可"等成为报道热点。"我国自主培育种鸡首次走出国门"更是受到各路媒体高调联动宣传。舆论纷纷为"争气鸡"点赞，称这是畜禽种业迈出的历史性一步，坚定了种业振兴的信心，是共建"一带一路"的又一标志性事件。此外，"中国杂交水稻在非洲加快推广""河南棉花风靡塔吉克斯坦""中国科研团队助力哈萨克斯坦小麦产量翻番""中国热科院在共建'一带一路'国家累计推广一千万亩木薯新品种"等消息引发热烈反响。舆论称，种下的是种子，播撒的是友谊，"一带一路"大道同行，一起端牢世界粮食"饭碗"。

## （五）发展存在"痛点""堵点"，媒体积极建言献策

2023 年，我国种业发展存在的问题持续受媒体关注，主要包括以下方面。

### 1. 关注种业知识产权保护问题

2023 年，最高院发布第三批种业知识产权司法保护典型案例，并称"2022 年最高人民法院知识产权法庭新收植物新品种案件比 2021 年大幅增长 115%"。[①] 同时，种业企业积极维护自身权益的司法诉讼案件也引起舆论关注，利马格兰诉金苑种业侵权案、隆平高科与荃银高科诉讼案、河北沃土种业就玉米品种"沃玉 3 号"维权案等引发媒体跟进报道。舆论表示，种业企业打假维权意识明显增强，体现出修改种子法、发布种业阵型行动方案、出台新的植物新品种司法解释、连续发布典型案例等综合举措的明显成效，但品种权持有人维权成本依然偏高，还须继续完善专利制度、加大品种权执法力度。

---

① 喻珺：《15 件！最高院发布第三批种业知识产权司法保护典型案例》，南方农村报网，https://www.nfncb.cn/zybd/31161.html。

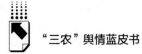

**2. 关注种子供需问题**

2023 年，制种产量历史高位现象受到关注。全国种子双交会上发布的《2023-2024 年度全国重要农作物种子产供需形势》报告显示，"杂交玉米种子供需比达 167%""杂交稻种子供需比达 178%""全国常规稻种子供需比达 230%"。①数据被行业媒体和财经类媒体广泛援引，"种业市场供大于求"被置于新闻标题。有媒体建议合理规划新一年的制种面积。

**3. 关注极端天气多发给农作物品种带来的挑战**

2023 年，低温冻害、持续降雨、严重洪涝、高温干旱等引发农业灾害，"陕西眉县遭遇冰雹狂风袭击 小麦、猕猴桃受灾严重""河南小麦遭遇严重'烂场雨'""五常大米遭洪灾袭击 超 100 万亩水稻不同程度受灾""旱情持续 玉米制种大省面临严峻挑战"等消息持续引发媒体关注。舆论表示，极端气候多发成为常态，更需因地制宜培育一批具有高产、抗逆、抗病、宜机收等特性的优异种质，为"端牢饭碗"提供更强种源支撑。

**4. 关注种子领域腐败问题**

中央纪委国家监委网站发文，列举了种子领域腐败案件存在的共性现象。如，违规参与种子经营、与种子经营企业大搞利益输送，致使一些优新品种引进推介乏力，"有了好种子农民依然种不上"；一些假冒伪劣种子因监管不力，给种子开发者和种植户造成严重损失。文章指出，以权谋私、"靠种吃种"、失职渎职是种子领域腐败案件反映出的主要问题，打好种子安全保卫战还须抓住种子领域普遍发生、反复出现的问题深化整治，从严问责、精准问责、有效问责。②

---

① 《制种新变量！新格局！2024 年全国种子供需形势如何?》，微信公众号"农财网种业宝典"，2023 年 9 月 25 日。

② 曹溢：《警惕种子领域腐败 打好种子安全保卫战》，中央纪委国家监委网站，https://www.ccdi.gov.cn/yaowenn/202306/t20230619_270451.html。

# 三 启示与展望

## （一）"种业振兴"成为"三农"宣传新名片，话题传播力影响力仍需进一步提升

2023年，在加快农业强国建设背景下，"良种一粒重千钧"深入人心。种业振兴行动取得的突破性进展和标志性成果，为媒体报道提供了大量鲜活生动的素材。"我国科学家发现在盐碱地上能够促进粮食增产的关键基因"入选年度"国内十大科技新闻"，"再生稻"入选年度"十大科技名词"，"种业振兴"已经成为实打实的宣传助力"三农"工作的新名片。

从各媒体平台的分布情况可以看出，种业振兴的全媒体传播格局仍未形成，当前社交化、视频化的传播新特征在种业舆论宣传引导中体现得还不充分。种业的专业性和严肃性较强，宣传报道如果对热点挖掘不深、表达方式缺乏新意，很容易造成重复雷同、枯燥乏味的无效传播。种子作为强农根基，又与百姓餐桌紧密关联，本身就具有接地气、大众性、具象化等特质，需要从科技成果创新、粮食安全支撑、农耕文化传承、国际交流合作等角度进行全方位呈现。2023年，我国已出现一些成功的传播典型范例，如中央电视台播出的《中国米食大会》，从"一粒米"切入，融合真人秀、纪录片和轻综艺于一体，讲述稻米文化，科普水稻育种，宣传各地特色，在微博、抖音平台的视频播放量超过100万次；新华社推出了中英双语和创意插画短视频《一颗种子的希望之旅》，讲述中国杂交水稻对"一带一路"的突出贡献，在微博引发了上亿次的微话题阅读量。2024年中央一号文件对"加快推进种业振兴行动"作出系统部署，提升种业振兴话题的传播力和影响力意义重大，建议政府部门加强与主流媒体的合作，创新开展宣传工作，为农业强"芯"凝聚更广泛的舆论共识。

## （二）产业发展持续提速，种业舆论引导面临新挑战

2023年，种业振兴舆论生态总体向好，主流价值观占据主导位置。随

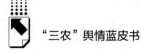

着传播技术的加速更迭和种业产业的快速发展，种业相关话题的舆论引导面临着新挑战。一方面，以 ChatGPT 为代表的人工智能技术给网络舆论场带来深刻影响，网络内容生产主体更加多样化，网络舆论环境更加复杂化，通过 AI 技术合成的虚假照片和视频进一步增加了谣言泛滥的风险。另一方面，随着种业振兴行动的深入实施，相关政策部署和工作创新举措将具备专业性更多、技术性更强等特点，公众接收和理解信息的精准度容易出现偏差，进而增加了政策误读和误传风险。此外，自媒体为了引流谋利而蹭热点、带节奏的虚假传播依然屡禁不止，公平焦虑、信任危机也使部分网民敏感多疑。政府部门需要第一时间发声，用公众听得懂的语言，对新政策、新技术进行权威解读和科普。同时，还应密切关注网络技术和平台发展趋势，前置风险识别和监管工作，并通过打造多元化沟通交流平台构建网络谣言的群防群治力量。

## 参考文献

高云才、郁静娴：《种业振兴行动取得阶段性成效》，《人民日报》2023 年 12 月 24 日。

张植宏：《透过 2023，看中国种业十大趋势》，《南方农村报》2023 年 12 月 28 日。

芦晓春：《引领种业振兴再出发》，《农民日报》2023 年 9 月 5 日。

艾建安、宫晓波、谭龙娟等：《新媒体时代短视频促进种业展示传播推广研究》，《中国种业》2020 年第 11 期。

# B.5
# 2023年农产品质量安全舆情报告

李 想 邹德姣 水荷婷 任 颖*

**摘 要:** 2023年,农产品质量安全舆情量较上年增长一成多,微博和短视频信息传播量占比近八成。新修订的《农产品质量安全法》的宣传贯彻、"豇豆"等重点品种用药监管、农资打假专项治理、加快推进农产品追溯体系建设等工作不断深入落实和持续加力,释放强监管促高质量发展的鲜明信号。央视曝光香精勾兑的"泰国香米"等事件引发舆论热议。2024年,仍需警惕农产品农兽药残留超标、流通加工环节质量安全问题、一些自媒体伪科普甚至造谣等舆情风险。

**关键词:** 农产品质量安全舆情 信用监管 承诺达标合格证 农资打假 质量追溯体系

2023年,在网络舆论环境日益复杂的背景下,全国各级农产品质量安全监管部门尽职履责,守底线,拉高线,探索创新,聚力攻坚,农产品质量安全稳定向好态势持续巩固。特别是,在宣传方面主动发力,多渠道多角度传递农产品质量安全"好声音",营造了良好的舆论氛围。

---

* 李想,农业农村部信息中心舆情监测处处长,管理学博士,正高级工程师,主要研究方向为涉农网络舆情、农产品市场与政策;邹德姣,北京世纪营讯网络科技有限公司舆情分析师,主要研究方向为涉农网络舆情;水荷婷,北京世纪营讯网络科技有限公司舆情分析师,主要研究方向为涉农网络舆情;任颖,农业农村部信息中心舆情调研处舆情分析师,主要研究方向为涉农网络舆情。

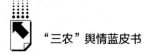

# 一 舆情概况

## （一）舆情总量增长超一成，微博、视频传播量合计占近八成

2023 年，农产品质量安全网络舆情总量达 427.06 万条，同比增长 12.03%。其中微博平台舆情量最多，共 191.66 万条，占舆情总量的 44.88%；视频 146.91 万条，居第二位，占 34.40%；客户端 51.56 万条，占 12.07%；新闻 19.08 万条，论坛帖文 9.21 万条，微信 8.64 万条，合计占 8.65%（见图 1）。微博平台凭借广泛的用户基础和超强的传播力、影响力，舆情量同比增长 14.06%，继续稳占舆情传播第一大渠道；视频平台传播量同比增长 51.30%，凸显质量安全话题移动化传播趋势增强的特点；新闻媒体注重权威性和新闻质量，向更专业、更深入的方向发展，客户端和新闻网站传播量列第三位和第四位，同比分别减少 26.07% 和 35.01%。

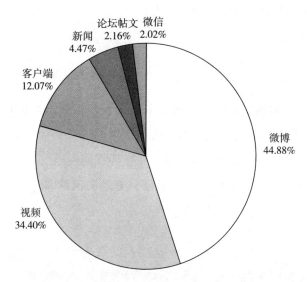

**图 1 2023 年农产品质量安全舆情传播渠道**

资料来源：农业农村部"三农"舆情监测管理平台、新浪舆情通。下同。

## （二）全年走势波动明显，下半年热度高于上半年

2023 年农产品质量安全舆情走势波动较大，全年出现 3 个高点。3 月舆情热度迅速攀升，央视"3·15"晚会曝光香精勾兑的"泰国香米"迅速成为网络热点，农业农村部等七部门部署 2023 年全国农资打假专项治理行动、韭菜腐霉利最大残留限量标准调整等信息受到舆论广泛关注，推动当月舆情热度达到第一个高点。8 月，舆论集中关注全面暂停进口日本水产品、国台办暂停台湾地区芒果输入、农业农村部加大对海洋水产品核污染风险监测力度等话题，助推当月舆情量达到全年最高点。9 月，舆论集中关注"倒打一耙！日媒：岸田政府就中国暂停进口日本水产品向 WTO 提交书面文件""东莞就活牛灌水事件进行通报""预制菜进校园有学生家长辞职送饭""85 项新食品安全国家标准发布"等消息，舆情热度为全年第二高点。10 月以后，舆情热度逐月降低。总体上，由于下半年热点事件较多，相应舆情量也高于上半年。

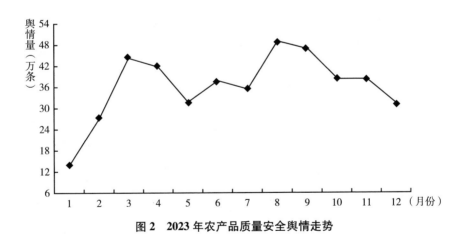

图 2　2023 年农产品质量安全舆情走势

## （三）舆情热点事件年度排行

从 2023 年农产品质量安全舆情热点事件 TOP30 来看，有 21 个监管举

措和 9 个热点事件，反映监管举措持续发力（见表 1）。央视"3·15"晚会曝光香精勾兑的"泰国香米"、广东东莞"活牛灌水"事件、福州老农卖 14 元不合格芹菜被罚 10 万元是舆情热度排名前列的热点事件。监管举措中，海关总署宣布全面暂停进口日本水产品的舆情热度最高，中共中央、国务院印发《质量强国建设纲要》要求提高农产品质量安全水平舆情热度位列第五，反映出民众高度关注与切身利益相关的政策举措。此外，进口农产品质量安全也受到广泛关注，显示民众对国际贸易影响国内市场的担忧和对国外农产品质量安全水平的质疑。

表 1　2023 年农产品质量安全舆情热点事件 TOP 30

| 排名 | 热点事件 | 首发媒体 | 月份 | 舆情热度 |
|---|---|---|---|---|
| 1 | 我国全面暂停进口日本水产品 | 海关总署网站 | 8 | 138539.25 |
| 2 | 央视"3·15"晚会曝光香精勾兑的"泰国香米" | 中央电视台 | 3 | 21251.65 |
| 3 | 福岛第一核电站港湾鱼体内放射性物质超标 180 倍 | 央视新闻客户端 | 6 | 16711.50 |
| 4 | 国台办暂停台湾地区芒果输入 | 央视新闻客户端 | 8 | 7250.45 |
| 5 | 中共中央、国务院印发《质量强国建设纲要》要求提高农产品质量安全水平 | 新华网 | 2 | 4961.05 |
| 6 | 《婴幼儿配方乳粉产品配方注册管理办法》修订发布 | 《人民日报》 | 7 | 4008.00 |
| 7 | 广东东莞"活牛灌水"事件 | 南方 Plus 客户端 | 9 | 3071.60 |
| 8 | 日本知名乳业品牌明治牛奶被曝检出兽药残留 | 环球时报客户端 | 11 | 2855.45 |
| 9 | 福州老农卖 14 元不合格芹菜被罚 10 万元 | 观察者网 | 6 | 2532.55 |
| 10 | 农业农村部等七部门部署 2023 年全国农资打假专项治理行动 | 农业农村部网站 | 3 | 2307.00 |
| 11 | 农业农村部公布第一批 178 个国家现代农业全产业链标准化示范基地创建单位名单 | 农业农村部网站 | | 2303.90 |
| 12 | 农业农村部加大对海洋水产品核污染风险监测力度 | 央视新闻客户端 | 8 | 2229.75 |
| 13 | 海关总署决定恢复台湾地区石斑鱼输入 | 凤凰网 | 12 | 1678.95 |

| 排名 | 热点事件 | 首发媒体 | 月份 | 舆情热度 |
|---|---|---|---|---|
| 14 | 检察机关依法惩治制售伪劣农资犯罪典型案例 | 最高人民检察院网站 | 4 | 1613.05 |
| 15 | 85项新食品安全国家标准发布 | 新华社客户端 | 9 | 1492.95 |
| 16 | 韭菜腐霉利最大残留限量标准调整 | 微信公众号"农药市场信息新媒界" | 3 | 1464.40 |
| 17 | 第三批拟命名国家农产品质量安全县（市）名单公示 | 农业农村部网站 | 10 | 1163.90 |
| 18 | 王海举报大连上百亩樱桃树死亡系使用假劣农资 | 微博账号"@王海" | 10 | 1049.60 |
| 19 | 全国"仿种子"清理取得阶段性成效 | 农业农村部网站 | 2 | 713.20 |
| 20 | 湖南村民赤脚踩制茶 | 极目新闻客户端 | 4 | 661.15 |
| 21 | 最高人民法院发布三起"农资打假"典型案例 | 央视新闻客户端 | 3 | 601.25 |
| 22 | 第二届中国食育大会举办 | 《中国食品安全报》 | 12 | 573.30 |
| 23 | 农业农村部办公厅印发通知要求推进牛蛙养殖产业持续健康发展 | 农业农村部网站 | 8 | 339.45 |
| 24 | 农业农村部部署2023年农产品质量安全监管工作 | 农业农村部网站 | 3 | 266.65 |
| 25 | 阳光玫瑰葡萄深陷"泡药"传闻 | 海报新闻网 | 9 | 250.75 |
| 26 | 一些电商平台公开售卖百草枯等有毒物品 | 《法治日报》 | 2 | 212.65 |
| 27 | 国务院食安办新命名36个"国家食品安全示范城市" | 中国经济网 | 11 | 175.15 |
| 28 | 农业农村部举办食品安全宣传周主题日活动 | 农业农村部网站 | 10 | 133.00 |
| 29 | 农业农村部部署南方五省区冬春季豇豆病虫害防控工作 | 农业农村部网站 | 1 | 129.20 |
| 30 | 农业农村部部署加强汛期农产品质量安全监管 | 农业农村部网站 | 8 | 119.10 |

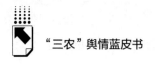

## 二 舆情传播特点

### （一）持续加大宣传力度，为"舌尖上的安全"营造良好氛围

2023年，各级农业农村、市场监管、公安等部门多措并举，持续开展主题宣传，推进新版《农产品质量安全法》等重大主题宣传活动"走新"更"走心"。先后组织线上培训、实地宣讲、知识竞赛等系列活动，以"看得见、容易懂、记得住"的方式，将互联网、户外阵地打造成为大众获取新法知识的"流动课堂"，为普法宣传营造出"依法治农、依法护农、依法兴农"的良好氛围。同时，在农资打假宣传活动期间，各地多措并举，有的开展"蓝盾护农"先锋行动，有的发起"夏季百日行动"，有的公布违法犯罪典型案例，传递出全链条打击制售假冒伪劣农资犯罪的强烈信号。媒体点赞，农资打假撑起了护农"保护伞"，守护了国家粮食安全。

### （二）传播媒介"算法"个性化，加速舆情升温

梳理各大热点话题可以看出，舆情发端更多来源于主流媒体、权威媒体，但经过社交媒体这个"流量池"的发酵后，舆情事件得到快速升温。央视"3·15"晚会曝光香精勾兑的"泰国香米"事件后，大量自媒体涌入，网民跟评，让该事件迅速"爆火"。短时间内，多个相关话题登上各大平台的热搜榜，一方面固然和央视的影响力有关，另一方面更与平台个性化算法推送和大众深受信息茧房困扰密切相关。社交媒体平台的议程设置以及自媒体和网民的互动让相关事件更加"众生喧哗"。算法应用正在深刻影响着正常的传播秩序。

### （三）政策误读时有发生，舆论引导及时有力

农产品质量安全的政策出台后，专业认知以及视角的差异，会导致大众出现一些对政策理解的偏差，这种偏差会给政策的实施带来一定消极影响。

比如 2023 年 3 月中旬，"韭菜腐霉利最大残留限量标准调整"一事经过微博、今日头条和短视频平台的传播，出现"祸国殃民""毒害百姓"等负面评论。舆情发生后，国家农药残留标准审评委员会及时以"答记者问"的方式，对相关标准的调整作出解读和科普，在政策与受众之间建立起良好的沟通桥梁。媒体也在政策解读中充分发挥作用，积极传播正确的解读信息。

## 三 热点舆情分析

### （一）监管举措密集部署，豇豆等重点品种攻坚成效明显

2023 年中央一号文件再次强调加大农产品质量安全监管力度，健全追溯管理制度。农业农村部及各地农业农村部门严格落实农产品质量安全监管责任，保持监管高压态势，取得了"全国农产品监测合格率达到 97.8%""新认证登记绿色、有机和名特优新农产品 1.5 万个"等积极成果。新修订的《农产品质量安全法》引发关注。为深入宣贯新法，相关部门通过制作宣传海报、农安法普法短视频、农安法释义宣传片，并举办网络知识大赛、专题研讨等方式积极推进宣传工作，媒体予以追踪报道。舆论点赞，农产品从田间地头到百姓餐桌实现了全方位监管。[①] 网民对新修订的《农产品质量安全法》也表示支持和肯定，认为从源头上保障了大众"舌尖上的安全"。2023 年 2 月 6 日，中共中央、国务院印发了《质量强国建设纲要》，明确要求提高农产品、食品质量安全水平，并分层次提出目标和具体要求，受到广泛关注。3 月 21 日，2023 年全国农产品质量安全监管工作会议在云南昆明召开，舆论评价这次会议是农业农村部对 2023 年农产品质量安全怎么管的最新部署，会议提出的聚焦重点品种，坚持从严监管、精准发力、较真碰硬，集中整治农兽药残留突出问题等三方面重点工作被媒体突出报道。

2023 年，农业农村部对豇豆等重点农产品用药加强监管。1 月，部署南

---

① 《田间地头到百姓餐桌实现全方位监管》，《光明日报》2023 年 1 月 7 日，第 5 版。

方五省区冬春季豇豆病虫害防控工作，强调严厉打击在豇豆上使用禁限用农药的行为；2月上旬，部署华南三省区豇豆用药质量监督抽查行动等。地方积极落实，陕西、贵州、湖南等地纷纷出台豇豆农药残留突出问题攻坚治理文件和举措，结合自身实际建立包联工作组等工作机制。媒体报道称，海南豇豆"一捆一扎、一扎一码""空码制作、免费发放、空码激活""扫码交易、手动采集"等一系列全程追溯技术已经成熟，且这种分类追溯模式符合我国实际，可在捆扎类农产品实施全程追溯管理中大规模推广应用。此后，农业农村部还通过开展畜禽养殖用药专项整治行动、部署加强汛期农产品质量安全监管、举办全国农产品质量安全检测技能竞赛、启动食品安全宣传周主题日活动等，不断加固农产品质量安全防线。

### （二）质量追溯体系建设持续推进，全产业链标准化和信用监管水平全面提升

全年来看，质量追溯体系、标准化、全链条监管等成为媒体报道的高频词。从政策发布的层级看，2023年中央一号文件再次强调健全追溯管理制度，农业农村部8月发文部署加快推进农产品追溯体系建设。各省份也强力推进相关工作，如天津市搭建农产品质量安全追溯监管平台，推动农产品质量安全从"传统管理"转变为"现代治理"。江苏省农产品质量追溯管理平台免费为农产品生产经营者同时出具农产品质量追溯标签码与承诺达标合格证，实现"证码合一"，目前该省平台入网主体已达23.4万家。山东莘县在全国率先推出了"农药处方制"，解决农产品得什么病、用什么药、如何用药等方面的问题。媒体就此报道称，该县通过让农户控制用药、合格用药和规范用药，减少了农产品农药残留问题，让卖出去的每批菜都能够保证追溯到源头。① 另外，"湖南逾九成的品牌农产品质量可追溯""贵州超1/5的农业企业实现产品全程追溯"等成果也被媒体积极传播。

标准化方面，农业农村部8月公布第一批178个国家现代农业全产业链

---

① 《农产品从餐桌追溯到田头》，《经济日报》2023年7月20日，第12版。

标准化示范基地创建单位名单，11月召开全国农产品"三品一标"暨现代农业全产业链标准化现场会，均引发媒体广泛关注。有专家指出，农业全产业链建设仍存在主体分散、链条不畅等薄弱环节，迫切需要发挥标准化在农业全产业链优化升级中的基础性和引领性作用。[①] 从地方来看，山东制定各类农业地方标准、技术规程2600多项，基本实现主要"菜篮子"产品有标可依；宁夏完成了牛奶、肉牛、滩羊等"六特"产业高质量发展标准体系建设以及以"宁夏菜心""银川鲤鱼""朝那乌鸡""灵武长枣"等地理标志农产品为重点的团体标准体系建设，形成并发布了贯穿生产管理全过程的现代农业高质量发展标准体系。

信用监管方面，媒体对各地推进举措予以报道。海南2月10日正式施行《海南省农产品质量安全信用信息评价管理办法》，对农产品质量安全信用信息的收集与分类、信用等级评定、信用评价结果公开与应用等方面进行了详细规定。广西3月印发《关于开展农产品质量安全信用体系建设试点遴选工作的通知》，在100家绿色优质农产品生产主体开展农产品质量安全采信、评信及示信试行工作。12月中旬，河南农产品质量安全信用管理平台上线，平台涵盖立信、评信、示信、用信四大功能，可对各类农产品经营主体进行结果评价和等级分类。媒体还关注了部分基层地市的举措。四川成都温江区推动"农安温江"建设，在四川省率先开展农产品质量安全信用监管试点，构建农产品质量安全信用管理平台，探索"网格化+信用分级分类监管"模式，建立"事前信用自我承诺、事中信用评价监管、事后信用综合运用"的农产品质量安全信用监管机制。舆论认为，这些创新和尝试为探索农业精细化监管提供了依据。

承诺达标合格证制度方面，农业农村部相关负责人在解读"四大行动"（即优质农产品生产基地建设行动、农产品品质提升行动、优质农产品消费促进行动和达标合格农产品亮证行动）最新落实方案时提出"推动承诺达

---

① 《聚焦优势产业产区，发挥示范基地带动作用 推动提升现代农业全产业链标准化水平》，《人民日报》2023年12月15日，第4版。

标合格证与信息化追溯相结合"①,引发舆论关注。福建、河南、陕西、甘肃等多省积极推行承诺达标合格证制度,取得较好成效。截至2023年8月,长三角三省一市已开具合格证1.7亿张,附带合格证上市的农产品超7800万吨。北京扎实构建以网格化管理为核心的"3.0版"首都农产品质量安全智慧监管新模式,山西以"六个必须"推进农产品质量安全工作,山东42394个农业投入品生产经营单位实现"一张图"监管,山东安丘探索构建的"一网一芯一链"智慧监管体系走出"数字农安"新路等,各地的创新方式均被媒体关注和报道。

### (三)农资打假保持高压态势,典型案例警示震慑作用明显

2023年,农资打假依然保持高压态势,"攻坚治理""专项执法检查""净网"② 等关键词凸显了相关部门的工作力度和决心,引发媒体大量关注。3月,农业农村部等七部门联合召开视频会议部署全国农资打假专项治理行动;4月,农业农村部农产品质量安全监管司举行全国放心农资下乡进村宣传周现场咨询活动;秋季,农业农村部与国家市场监管总局联合建立农作物种子认证制度,强调过程管理的标准化质量保证体系。各地积极响应,开展一系列活动,落实农资打假措施,被媒体积极报道。河北坚持属地管理、标本兼治、部门协同、检打联动,紧盯重点区域、重点品种、重点时节开展农资打假行动;内蒙古农资打假专项行动锁定种子、农药、肥料、兽药等七个重点,保障农牧民用上安全放心农资;青海开展农资下乡宣传活动,营造打假护农保春耕的良好社会氛围;宁夏严厉打击利用网络销售假劣农资行为,加大线下涉案企业联合查处力度;江苏苏州市探索跨区联合执法,实现执法与普法双轮驱动。对此,人民网评论称,农资的优劣,直接关系农民一年的收成,更关乎国家粮食安全、农产品质量安全和农村生态环境,开展全国农

---

① 《如何让农产品产得出、产得优、卖得好——农业农村部相关司局负责人解读"四大行动"最新落实方案》,《农民日报》2023年3月30日,第7版。
② 《农业农村部等七部门部署2023年全国农资打假专项治理行动》,中国政府网,https://www.gov.cn/xinwen/2023-03/17/content_5747122.htm。

资打假专项治理行动，保障春耕生产，是维护广大农民利益的必要之举。①舆论纷纷支持开展农资打假专项治理行动，并呼吁加大对假劣农资的处罚力度，称这样才能有效制止假劣农资的出现。同时也有网民建议治理行动应直击源头，加大对生产厂家及销售渠道的监管。

各部门和各省区市发布的农资打假典型案例也被舆论关注，"最高法发布三起'农资打假'典型案例""公安部公布7起农资打假典型案例""湖北公布农资打假十大典型案件"等信息被媒体置于标题中进行报道。有媒体梳理这些发布的案例后发现，种子、农药、化肥仍是造假重灾区，波及范围广，社会影响大。另外，媒体还对部分地区的假劣农资害农事件予以曝光。2023年3月，河南平舆县多位农户播种的花生出现高矮不齐、品种不一且品种杂的现象，疑似买到了假种子。9月，有媒体报道称江苏超2000亩稻田因问题农药受损。10月，又有江苏宿迁多位农户反映水稻秧苗大面积枯萎死亡，怀疑播撒的肥料有问题。云南大理州破获的周某某等网络销售伪劣化肥案中，制假方将购进的硫酸镁通过"翻包"替换成多个畅销品牌钾肥后在电商平台销售，现场查获伪劣化肥产品及原料300余吨，案值2100余万元。舆论肯定农资打假成果，认为这些典型案例有力震慑了该领域违法犯罪行为，同时希望能够加大处置力度，杜绝此类案件的重复发生。

（四）媒体曝光农产品质量安全问题引热议，多方合力阻断网络谣言

2023年，假冒泰国香米、活牛灌水、福州老农卖14元不合格芹菜被罚10万元等话题受到舆论高度关注。央视"3·15"晚会曝光企业非法添加香精制作假冒泰国香米问题后，相关部门连夜迅速处置，"泰国香米的香味来自香精勾兑""合肥官方通报香精大米事件 对所有大米及其他原料等现场封

---

① 《人民网评：农资打假护春耕，守护国家粮食安全》，人民网，http：//opinion. people. com. cn/n1/2023/0318/c223228-32646706. html。

存""涉香精大米企业主营鱼饵，不具备食品添加剂生产资质"等消息被大量传播。事件曝光后，媒体批评相关监管缺位，呼吁加大惩罚力度。随着相关处置工作及时有效推进，舆情热度从高位迅速滑落，并趋于平缓。3月、6月、9月，媒体曝光多起"活牛灌水"事件，分别涉及惠州、海口、东莞等地区，其中广东东莞"活牛灌水"事件传播范围最广，关注度最高，话题"活牛2分钟被强行灌水近50升"登上新浪微博热搜榜，阅读量达1.1亿次。事件曝光后，相关部门迅速反应，积极处理问题并进行通报。"活牛灌水5供应商被警方控制""东莞就活牛灌水事件进行通报"等成为热议话题，舆论对相关部门的行动速度表示肯定。6月中旬，福州老农卖14元不合格芹菜被罚10万元的消息成为网络热点，"福建老农卖菜获利14元却被罚10万"等微博话题阅读量达1913.1万次。此外，"彩虹星球"所售有机芒果被知名打假人王海检测出农药残留、部分沿海地区养蛏违规使用农药、一养鸡场给下蛋鸡非法使用兽药等消息也被关注，舆论纷纷呼吁加强监管，避免农兽药残留超标农产品进入市场。

2023年，互联网成为农产品质量安全科普辟谣主阵地，不少媒体与自媒体选择使用新媒体渠道对农产品质量安全谣言进行澄清，收效显著。针对"速生鸡是吃激素长大的""白色草莓是转基因""阳光玫瑰葡萄农残严重超标""生猪140天饲养周期内用34种抗生素"等错误言论，各媒体与自媒体积极转载相关辟谣信息，及时引导舆论方向，避免不必要的损失。网民也纷纷助力科普信息与辟谣信息的传播，并希望互联网上能出现更多科学权威的食品安全领域信息。有舆论认为造谣成本过低导致谣言的产生，呼吁加大处罚力度，改变"造谣一张嘴，辟谣跑断腿"的尴尬现状。

### （五）境外涉农产品质量安全事件多发，我政府部门加强贸易监管获肯定

2023年，境外农产品质量安全事件频发，引发网民对进口食品安全的担忧。由于日本方面坚持核污水排海，我国网民对相关水产品的安全问题高度关注，"福岛海域海鲈鱼放射性铯超标""日本福岛附近捕获一种鱼 放射

性元素超标 180 倍""英媒：福岛港湾发现 44 条鱼铯含量超标"等消息被大量传播。对此，有关部门迅速采取措施，海关总署 7 月宣布禁止进口日本福岛等 10 个县（都）食品。8 月，日本正式开启核污水排海，导致国内网民对日本水产品安全问题的关注程度空前高涨。大部分网民表示将放弃食用水产品，并且呼吁对日本的进口食品监测范围由水产品扩大至所有食用农产品，网民希望能切实提出措施和预案保护海洋渔业。其他国家农兽药残留超标、农药滥用、食品遭污染、动物疫病等问题，例如美国曝光草莓和菠菜农药问题严重，巴西农场主滥用氟虫腈致超 1 亿只蜜蜂死亡，巴黎大区警告 410 个城市勿食受污染鸡蛋，挪威西部三文鱼疾病暴发等，同样受到国内舆论关注。总体来看，由于国外食品安全问题频发、禽流感等动物疫病在国外多地区传播等，国内民众不再一味追捧进口食品，加之我国近年来监管力度不断增强，优质、安全农产品供给能力不断提升，国产食用农产品更受到青睐。舆论希望国内能够持续加强对农产品质量安全问题的监管和处置，为民众提供更安全可靠的农产品。

## 四 2024年舆情风险研判及应对建议

2024 年，新修订的《农产品质量安全法》宣贯落实将成为常态，保障农产品质量安全重任在肩，营造良好工作氛围意义重大。结合 2023 年舆情情况和当前发展态势综合分析研判，2024 年农产品质量安全舆情需重点关注以下三方面内容。

### （一）关注生猪、水产等养殖和流通环节的潜在风险

生猪等重要农产品的养殖和加工环节经常被曝出存在质量安全风险隐患，形成舆论关注热点的可能性较大。2023 年有地方媒体和自媒体不断爆料病死猪流入市场等消息，加之非洲猪瘟零散再现以及其他猪病的发生，加剧了大众对私屠滥宰、以次充好现象的担忧。此外，媒体和官方通报中常见批发市场、超市的海鲜档以及餐饮店售卖的海鲜存在较多违法用药问题。批

发零售环节为了卖相更好，使用甲醛等有毒化学防腐剂和孔雀石绿等违禁化学产品，为了保持产品的"鲜活"，使用违禁药物，这些信息加重了民众焦虑情绪，引发担忧、恐慌等。对此，需持续加强监测、监管，严厉打击违法违规行为，守护老百姓"舌尖上的安全"。

### （二）关注"流量为王"背景下的谣言、"伪科普"风险

农产品质量安全关乎百姓健康，天然自带流量。为了追求点击量，有些自媒体博主夸大其词、凭空捏造农产品质量安全问题。还有些自媒体，自行"检测"并"曝光"所谓的农产品质量安全问题，收割流量的同时也制造了食品安全焦虑。另有部分博主借科普之名，行伪科普之实。比如某科普大号发布"摘掉草莓蒂后再洗，农残和微生物会侵入草莓内部"的信息登上热搜榜，将草莓打上了农药残留超标的"负面标签"。对相关谣言、不实信息应及时处置，并加强权威科普，为特色产业健康发展保驾护航。

### （三）警惕农兽药残留超标引发热点舆情

2023年全国农产品监测总体合格率达97.8%，较2022年略有提升，禁用药物检出率呈下降趋势，显示出我国农产品质量安全监管工作成效。但是产地农兽药残留超标问题依然多发，毒死蜱、甲胺磷、氧乐果等禁用药物的检出情况也频繁被相关部门通报。另外，"有生鲜平台芹菜农残超标高达55倍""西安一幼儿园小青菜甲拌磷超标51倍"等消息，因关联生鲜平台、幼儿园等主体，也引起舆论关切。对此类舆情，应尽快通报对源头的查处情况，将事件影响范围降至最小，避免给公众造成"到处都是问题"的印象。

**参考文献**

靳开川：《新媒体视域下涉农网络舆情研究》，《传媒论坛》2023年第20期。

王辉：《短视频平台热点话题分析及引导建议》，《全媒体探索》2023 年第 5 期。

张伟、许建立：《乡村振兴语境下的"三农"信息网络传播》，《全媒体探索》2022 年第 8 期。

赵琳：《研判与把握：融合传播中新闻舆论引导思考——以"农"字头垂类新闻的舆情变奏为例》，《中国广播电视学刊》2022 年第 9 期。

# B.6
# 2023年农业农村信息化舆情报告

黄洪盛　钟永玲　种微微　郭志杰*

**摘　要：**　2023年农业农村信息化相关舆情量合计68.26万篇（条），客户端传播量占比近五成。我国数字乡村建设成效得到广泛肯定，"智慧农业"成为网络传播热词，乡村特色产业数字化转型成为全年常热话题，乡村建设、乡村治理等方面的数智图景引发积极期待。从传播特点看，数字技术和数字传播积极助力，"三农"内容流量向乡村发展增量加速转化；"三农"宣传服务搭上直播"快车"，实现经济效益和社会效益双丰收；农业农村信息化面临新机遇，激发"三农"数字新质生产力势在必行。

**关键词：**　农业农村信息化　数字乡村　智慧农业　智能农机　农村电商

2023年，我国农业农村信息化工作持续推进，全国现有行政村全面实现"村村通宽带"，农产品电商销售额超过7300亿元[1]，全国农民手机应用技能培训辐射超过2.2亿人次[2]，邮政快递业开展100个农村电商快递协同发展示范区创建工作。农业农村信息化宏观政策密集出台令舆论振奋，各地加快推进数字乡村、智慧农业、农村电商发展所采取的举措及取得的成果备受关注。

---

* 黄洪盛，农业农村部信息中心舆情调研处副处长，主要研究方向为涉农网络舆情；钟永玲，农业农村部信息中心舆情调研处处长，正高级工程师，主要研究方向为涉农网络舆情、农业农村信息化；种微微，北京农信通科技有限责任公司舆情分析师，主要研究方向为涉农网络舆情；郭志杰，北京农信通科技有限责任公司副总裁，主要研究方向为农业农村信息化。

[1] 高云才、郁静娴：《锚定建设农业强国目标 推进乡村全面振兴》，《人民日报》2024年2月8日，第10版。
[2] 郁静娴：《汇聚乡村全面振兴的人才底气》，《人民日报》2024年1月4日，第10版。

# 一 舆情总体概况

## （一）舆情走势

据监测，2023年与农业农村信息化相关的新闻报道量和社交媒体帖文量合计68.26万篇（条）。从全年舆情走势看，共出现3次舆情峰值。第一次舆情高峰出现在3月。《中国数字乡村发展报告（2022年）》发布、全国人大代表和政协委员在两会期间为农业农村信息化建言献策相关话题被舆论聚焦，各地抢抓农时利用数字化技术做好春耕备耕等信息被广泛传播，推动当月舆情量达到6.77万篇（条）。第二次舆情高峰出现在8月。商务部等九部门联合发布《县域商业三年行动计划（2023—2025年）》、各地利用智慧农业管理平台强化秋粮作物田间管理、2023年度全国农民手机应用技能培训周等信息受到舆论广泛关注，助推舆情热度走高，当月舆情量为6.65万篇（条）。第三次舆情高峰出现在11月。第二十届中国国际农产品交易会首次设立农业农村大数据应用展区、乌镇计划勾勒数字农业集聚区新版图、《河南省数字经济发展报告（2023）》发布等信息推动当月舆情达到全年最高峰，舆情量为7.87万篇（条）（见图1）。

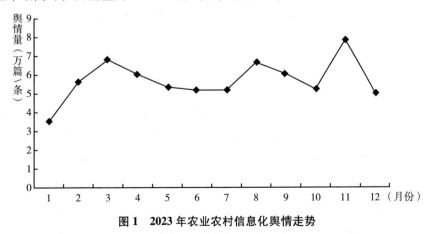

**图1 2023年农业农村信息化舆情走势**

资料来源：农业农村部"三农"舆情监测管理平台、新浪舆情通。下同。

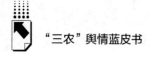

## （二）传播平台分布

从 2023 年农业农村信息化相关舆情在各媒体平台的分布情况看，客户端声量最大，相关信息达 33.34 万篇，占舆情总量的 48.84%；微信 13.06 万篇，占 19.13%；视频 9.71 万条，占 14.23%；新闻 6.47 万篇，占 9.47%；微博 4.49 万条，占 6.58%；互动论坛 1.19 万篇，占 1.75%（见图 2）。总体看，农业农村信息化相关信息移动化、可视化传播特征明显。

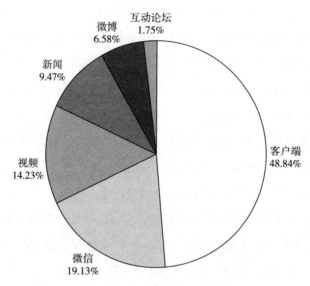

**图 2　2023 年农业农村信息化舆情传播平台分布**

## （三）热点事件排行

从 2023 年农业农村信息化热点事件 TOP20 看（见表 1），深入实施农业农村信息化相关政策和工作部署是舆论关注焦点，共计有 10 个事件进入榜单，并在榜单前 10 中占据 7 个席位。其中，国家网信办发布《数字中国发展报告（2022 年）》、2023 年中央一号文件提出深入实施数字乡村发展行动、中央网信办等五部门印发《2023 年数字乡村发展工作要点》、《中国数字乡村发展报告（2022 年）》发布分别居排行榜的第 1、2、3、5 位；国务院新闻办公室举行第六届数字中国建设峰会新闻发布会、商务部等九部门出台政策大力发展农村直播电商、《数字经济促进共同富裕实施方案》印发分别居第6、8、10位。中央和地方举办的推动农业农村信息化的相关活动也被舆论重点关注，共计有4个事件进入榜单，并在榜单前10中占据2个席位。其中，商务部会同相关单位共同指导举办2023年"网上年货节"、农业农村部主办的2023年全国农民手机应用技能培训周活动在京启动分别居第4、9位。此外，多地利用智慧农业系统保障早稻丰产丰收、第二十届农交会首次设立农业农村大数据应用展区、2023年上半年农业农村经济运行情况新闻发布会上介绍的"我国农村电商较快发展"等各地推动智慧农业发展的举措、农村电商成果相关情况也受到舆论广泛关注。

**表1　2023年农业农村信息化热点事件TOP 20**

| 排名 | 热点事件 | 首发媒体 | 月份 | 舆情热度 |
|---|---|---|---|---|
| 1 | 国家互联网信息办公室发布《数字中国发展报告（2022年）》 | 新华社客户端 | 4 | 24530 |
| 2 | 2023年中央一号文件提出深入实施数字乡村发展行动 | 新华社客户端 | 2 | 6672 |
| 3 | 中央网信办等五部门印发《2023年数字乡村发展工作要点》 | 中国网信网 | 4 | 5594 |
| 4 | 商务部会同相关单位共同指导举办2023年"网上年货节" | 央广网 | 1 | 4114 |
| 5 | 《中国数字乡村发展报告（2022年）》发布 | 央视网 | 3 | 2209 |
| 6 | 国新办举行第六届数字中国建设峰会新闻发布会 | 央视网 | 4 | 1967 |
| 7 | 全国两会代表委员建言农业农村信息化 | 央视网 | 3 | 1847 |
| 8 | 商务部等九部门出台政策：大力发展农村直播电商，继续支持绿色智能家电等下乡 | 商务部网站 | 8 | 1245 |
| 9 | 2023年全国农民手机应用技能培训周活动在京启动 | 农业农村部网站 | 7 | 558 |
| 10 | 《数字经济促进共同富裕实施方案》印发 | 新华社客户端 | 12 | 535 |
| 11 | 2023年全国数字乡村创新大赛决赛举办 | 《华西都市报》 | 10 | 461 |
| 12 | 各地利用智慧农业系统保障早稻丰产丰收 | 央视网 | 7 | 450 |

续表

| 排名 | 热点事件 | 首发媒体 | 月份 | 舆情热度 |
|---|---|---|---|---|
| 13 | 首届智慧农业博览会新闻发布会在济南举行 | 鲁网 | 4 | 330 |
| 14 | 全国智慧农业现场推进会在安徽芜湖召开 | 《安徽日报》 | 9 | 328 |
| 15 | 第二十届中国国际农产品交易会首次设立农业农村大数据应用展区 | 中国科技网 | 11 | 257 |
| 16 | 2023年上半年农业农村经济运行情况新闻发布会:我国农村电商较快发展 | 人民网 | 7 | 157 |
| 17 | 商务部召开实施县域商业三年行动助力农民增收和农村消费专题新闻发布会 | 商务部网站 | 8 | 147 |
| 18 | 农业农村部发布《关于申报2023年度农业农村信息化示范基地的通知》 | 农业农村部网站 | 2 | 131 |
| 19 | 2023年京津冀农业科技协同创新大会在石家庄召开 | 中国科技网 | 6 | 71 |
| 20 | 西藏印发数字农业建设实施方案 | 《西藏日报》 | 10 | 66 |

## 二 热点舆情回顾

### (一)数字乡村建设持续加码,显著成效受到肯定

2023年,我国数字乡村建设进一步迈向纵深,相关保障举措持续加码,引发积极舆论反响。其中,与数字乡村建设相关的顶层布局和工作方案成为热点议题。中央一号文件、《数字中国建设整体布局规划》接续强调"深入实施数字乡村发展行动",中央网信办、农业农村部、国家发展改革委等部门接连发布《2023年数字乡村发展工作要点》《数字经济促进共同富裕实施方案》《县域商业三年行动计划(2023—2025年)》等,"推进智慧农业发展""提升乡村治理数字化水平""大力发展农村直播电商"等针对性部署在各平台接力传播。乡村"数字蓝海""数字红利"成为舆论提及的高频词,各界纷纷看好数字乡村美好前景。舆论表示,一系列前后衔接的政策措施,将进一步加快中国数字乡村建设步伐,乡村振兴

"数字全景图"值得期待。同时，中央网信办、农业农村部与浙江省共建数字乡村引领区，广东省农垦总局和农业农村部信息中心共同发起"数字赋能乡村振兴伙伴计划"，国家水稻全产业链大数据平台、"全农码"平台、数字乡村共建共享平台等纷纷上线运行，农村5G网络覆盖、快递进村、农产品产地冷藏保鲜设施建设等重点工作进一步提速扩面。数字乡村建设展现的部省共建、部门协同、多方参与等显著特质也是全年报道热点。舆论表示，数字乡村建设走深走实，数字技术将为农业农村发展打开新的空间、创造新的可能。

数字乡村建设成效得到舆论广泛肯定。人民智库通过分析网络问卷样本，发布《我国公众对数字乡村建设的认知与期待调查（2023）》。其中显示，93.34%的受访公众关注我国数字乡村的实践探索，普遍认为我国数字乡村建设的价值意蕴丰富、战略意义和实践价值深远，对当前数字乡村建设满意度打分评价超过8分（10分制），超八成受访公众对以数字化赋能乡村发展有意愿、有信心。[①] 此外，"数字基础设施越来越完善""数字平台种类越来越丰富""数字办事效率越来越便捷"等表述也在互联网上不断出现。舆论评价数字乡村建设"进展迅速""成果喜人"，建议提高建设精准度，让数字乡村"新引擎"实现乡村振兴"加速度"。

## （二）数字技术为农业生产深度赋能，"智慧农业"成为网络热词

2023年，数字技术为农业生产深度赋能，物联网、智能装备、遥感监测、人工智能等贯穿农业生产各环节各领域，展现出强大实力和巨大潜力。"智慧农业"也由此成为网络传播热词，引发舆论浓厚兴趣。一年来，智慧农业典型示范受到全媒全景聚焦。各地的数字农田示范基地、高效节水智慧农业示范园、智慧畜牧业应用基地、"5G+智慧渔业"养殖示范区等，被以图文、视频形式全面呈现，引发大量矩阵传播和内容再生产。在微博平台，

---

① 贾晓芬：《我国公众对数字乡村建设的认知与期待调查（2023）》，《国家治理》2023年第17期。

"被无人机播种效率惊呆了""用北斗自动种地真的好酷""5G现实版云种菜有多牛"等微话题接连出现，阅读量共计超过亿次。在抖音、快手平台，"智慧农业"相关话题的视频播放量累计超过65亿次。

从关注情况看，智能农机装备成为吸睛焦点。在全年农业生产的各关键时节，各地高效推进收种衔接，耕种管收全流程机械化、数字化引发持续跟进报道。"北斗导航+无人驾驶"耕种、多光谱无人机飞播、山地轨道运输机运肥等农业生产场景在各平台热传，视频播放量达到数百万次。中央广播电视总台推出15集融媒体系列短视频《村里来了"钢铁侠"》，对智能农机展开集中宣传介绍。水稻直播机、智能插秧机、马铃薯收获机、采茶机器人等受到网民热烈围观，被称为"田野里上演的农机大片"。舆论表示，高效机械化作业已成为农业主角，也成为农业丰收的底气。同时，数字化智慧农业系统也广泛吸引舆论目光。智能虫情监测系统、数字农机综合服务平台、智能排灌系统等田间地头"黑科技"，越来越多地出现在媒体报道中。农业AR眼镜、农业AI对话机器人、智能饲喂器、5G数字渔船等"智慧基建"创新实践，成为新的关注亮点。从传播效果看，智慧农业"高质""高效"特征给舆论留下了深刻印象，"一人如何种好4400亩地""一人管理12亩温室大棚""一个人养1277头猪""一个人管理两万羽肉鸡"等表述频现标题。舆论表示，我国农业进入高质量发展新阶段，科技兴农加"数"前进，未来可期。

## （三）乡村数字经济蓬勃发展，新气象、新业态亮点纷呈

2023年，我国乡村数字经济蓬勃发展，全年农村和农产品网络零售额分别达2.49万亿元和0.59万亿元①，增速均快于网零总体。一年来，各地各部门多举措推动乡村特色产业数字化转型，农产品"产供销"全链路数字化展现的新气象、新业态成为全年常热话题。从生产端看，智能化、大数据助力农产品提质增效的地方实践受到广泛关注。各地的数字农业产业带、

---

① 孙红丽：《2023年我国网上零售额15.42万亿元 连续11年成全球第一大网络零售市场》，人民网，http://finance.people.com.cn/n1/2024/0119/c1004-40162555.html。

直采直销农业基地、荔枝产业大数据平台、酥梨产业互联网平台、杨梅全产业链数字化标准等，受到多家中央和地方新闻媒体集中宣传。优质特色农产品"带证上网""带码上线""带标上市""年产值为传统模式的 5 倍以上""每亩效益相当于普通露天栽植的 5 至 10 倍"等数据信息频现报道。从销售端看，电商平台、短视频平台助力农产品上行成绩亮眼。全年数商兴农活动密集举办，热烈氛围和显著成效引发持续跟进报道。拼多多等平台驱动的农产品"出村进城"的规模持续增长。头部主播、乡村网红、"银发直播团"等各显其能，原产地溯源直播、农产品认养慢直播、农特产元宇宙直播等风生水起，"农产品站上了电商'C 位'""农村电商成'双 11'黑马"等消息接连出现。舆论称，土特产乘"数"而上、借"数"热销，乡村"数字致富路"越走越宽广。

"乡村旅游+数字经济"发展新路径引发舆论积极评价，"乡村旅游乘上数字化快车""数字传播带火乡村旅游"等表达成为主流。一年来，短视频、直播对乡村游的宣传推广效果显著。贵州"村 BA""村超"赛事直播带动当地乡村旅游经济爆发式增长，江西婺源"油菜花""晒秋"等美景视频带来百万游客。抖音网友全年打卡全国 15 万余个乡村文旅景点，创作超过 6000 万条打卡短视频，通过抖音，乡村游客数量达 1990 万人次。同时，5G、人工智能、虚拟现实等技术进一步拓宽乡村游路径。四川、山东、贵州等地的"元宇宙+农文旅""元宇宙+非遗""数字科技+游戏"等创新模式频现网络。虚拟种养基地、元宇宙黄河市集、AR 实景乡村体验剧、混合现实眼镜"探秘""寻宝"等生动场景，受到各类媒体的积极推介。《中国青年报》发布调查数据称，乡村旅游不断提质升级，成为旅游新时尚，94.9%的受访者表示对乡村游感兴趣。①

## （四）和美乡村畅享智慧生活，宜居宜业数智愿景引发新期待

2023 年，信息进村入户工程深入推进，新一代高速网络向农村地区快

---

① 杜园春：《乡村旅游成新时尚 超九成受访者表示感兴趣》，今日头条"中国青年报"，https：//www.toutiao.com/article/7228958885003199028/。

速延伸,各地宜居宜业和美乡村大步迈向智慧生活,乡村建设、乡村治理、乡村信息普惠等方面的数智图景引发舆论积极期待。从关注情况看,浙江数字乡村引领区建设受到重点聚焦。垃圾分类"上门取件+智慧评价"、水面清洁"无人船"、智慧医疗"慢病配药不出村"、政务一体机"村民办事最多跑一趟"等生动场景频现网络。"一键启动""一屏掌握"带来的生活便利度和科技感获得大量点赞,"未来乡村"成为传播热词。同时,各地乡村治理数字化的典型示范也广泛吸引舆论目光。微博"@央视一套"报道了湖南油溪桥村数字化积分制激发的村庄活力,视频播放量超过300万次。微博"@央视新闻"对四川张河村、安徽磨滩村等"网红村"予以直播宣传,"互联网+共享村庄""5G+VR党建"等治理模式被集中呈现,直播观看量超过160万次。舆论称,数字赋能"千万工程",让田园生活有"智"感,让乡村治理变"智"理。此外,乡村文体建设中的数字化应用也频现亮点。乡村有声书房、乡村数字跑道、传统村落数字博物馆等建设工作受到广泛支持。"村晚""村BA""村超""龙舟赛"等乡村文体活动中,云直播、"子弹时间"AR特效等数字技术带来沉浸式体验,引发海量网民在线观看,助力乡村文化IP火爆出圈。

全国农民手机应用技能培训工作有力开展,各地的乡村主播培训、农民青年主播培训、新农人电商达人培训等密集举办,广大农民的数字化活力进一步释放,"乡村守护人"成为短视频平台中的闪光群体,在抖音中的话题播放量累计达到4935亿次。贵州小伙莫宙用短视频带动农产品销售,入选年度"十大网络人物";黑龙江小伙龙宣庆帮父亲拍摄乡村兽医工作日常,三个月涨粉300万;五常稻农通过视频求助被淹稻田的解决办法,引发10万网民献计献策,水稻专家、农技人员等专业人士纷纷在线支招。舆论表示,提升群众的幸福感、获得感、安全感是建设数字乡村的出发点和落脚点,数字赋能乡村振兴正当其时、正逢其势、正需其力。

# 三 启示与展望

## （一）数字技术和数字传播积极助力，"三农"内容流量向乡村发展增量加速转化

数字技术和数字传播积极助力"三农"发展，数据要素、数据流量在农业农村新业态、新模式中发挥着日益关键的作用。随着乡村振兴全面推进以及移动端新型媒介的迅速崛起，"三农"内容流量向农产品销量和乡村发展增量加速转化。2023年，抖音平台新增乡村内容视频超10亿条，播放量达2.4万亿次，"山里DOU是好风光"项目累计带动乡村文旅支付成交额超40亿元。[①] 2023年上半年，快手平台农资销售GMV（商品交易总额）较2022年同比增长50%，"三农"电商达人短视频GMV同比增长301%，"三农"创作者收入同比增长110%。[②] 上述数据呈现网络视听助力乡村振兴的生动图景，也在一定程度上反映了农村数字经济的巨大价值和潜力，给农业数据要素赋能实体经济带来积极启示。

## （二）"三农"宣传服务搭上直播"快车"，实现经济效益和社会效益双丰收

数字技术快速发展带来了全新的信息表现形式、信息传播渠道和人际交往方式，给"三农"宣传服务和营销推广提供了新手段、新选择。2023年，农业农村部联合各地各部门，通过直播形式推动农业生产和乡村经济社会发展，取得积极效果和良好反响。"村晚""春耕大师课""2023中国美丽乡村休闲旅游行（春季）推介活动""县乡长说唱移风易俗"等活动的直播观看量达到数百万甚至数千万次。贵州榕江县"村超"开赛期间，当地充分

---

① 《农业农村部农研中心联合抖音公益发布〈美好乡村案例集〉展示14种"美好乡村"新模式》，微信公众号"公益时报"，2023年12月27日。
② 《快手发起"快手三农红人计划"：未来3年投入10亿流量，培育10万乡村红人》，微信公众号"中国农业农村市场信息"，2023年10月26日。

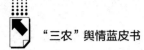

调动 1.2 万个新媒体账号和 2200 余个网络直播营销团队①，通过短视频对"村超"展开全方位宣传，新颖的视角吸引各大主流媒体的报道和转载，"人民办'村超''超经济'富人民"迎来经济效益和社会效益双丰收。

### （三）农业农村信息化面临新机遇，激发"三农"数字新质生产力势在必行

2024 年，我国农业农村信息化工作面临新机遇和新任务。从国内看，我国网络强国建设迎来十周年，加快建设数字中国、全面推进乡村振兴、加快建设农业强国等重大战略部署也将进一步落实落地，数字乡村、智慧农业必将成为其中的重要抓手。国家数据局、农业农村部等 17 部门联合印发《"数据要素×"三年行动计划（2024—2026 年）》，提出实施"数据要素×现代农业"行动，数据要素为农业全面赋能将被关注和期待。从国际看，继 ChatGPT 后，美国 OpenAI 公司发布了首个视频生成模型"Sora"，再次在全球范围内引发多个行业的强烈震动和热烈讨论，人工智能技术在农业农村领域更加丰富的应用场景也将成为舆论关注焦点。政府部门还须转变思维、把握机遇，让农业农村在数字化新质生产力的赋能下，迈向高质量发展的美好未来。

### 参考文献

胡冰川：《提高数字乡村建设精准度》，《人民日报》2023 年 11 月 15 日。

黄振华、张海超、肖文康：《为乡村振兴插上"数字翅膀"——来自数字乡村建设情况的调查与思考》，《光明日报》2023 年 9 月 21 日。

朱金宜：《数字传播带火乡村旅游》，《人民日报海外版》2024 年 1 月 4 日。

宋斌、石玮、蒋永美等：《基于短视频的智慧农业科普创新手段研究》，《天津农业科学》2021 年第 11 期。

---

① 许仕豪、李丽、罗羽等：《村赛火爆的"幕后人"——基层党员在乡村振兴中的创新实践》，新华网，http://sports.news.cn/c/2023-07/04/c_1129731825.htm。

# 专题报告

## B.7
## 2023年农业农村部网站对"三农"舆论引导的作用分析

冯嘉宇　姚月娇　郁跃伟　张燏　丛琳*

**摘　要：** 2023年，农业农村部政府门户网站以提高政务公开和政策解读水平、为公众提供更为便捷高效的"三农"政务信息服务和办事服务为宗旨，丰富信息资源，完善服务功能，增强政府信息透明度，网上农业农村部服务质量进一步提升。同时，通过用户访问行为分析，精准把握公众关注热点，提升"三农"舆论引导的前瞻性和针对性。

* 冯嘉宇，农业农村部信息中心网站运行处工程师，主要研究方向为农业农村信息化、农业农村政府网站智能问答系统建设；姚月娇，农业农村部信息中心网站运行处工程师，主要研究方向为农业农村电子政务、农业农村政府网站智能搜索系统建设；郁跃伟，农业农村部信息中心网站运行处处长，主要研究方向为农业农村信息化、农业农村政府网站及政务新媒体运营发展、农业农村电子政务；张燏，农业农村部信息中心网站运行处副处长，高级工程师，主要研究方向为农业农村应用系统建设、农业农村政府网站及新媒体运营发展、农业农村电子政务；丛琳，农业农村部信息中心网站运行处编辑，主要研究方向为农业农村政府网站运维、政务新媒体融合发展与应用。

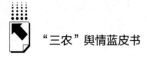

**关键词：** 农业农村部网站 "三农"舆论引导 政务信息公开 用户访问行为 智能搜索

农业农村部政府网站（以下简称"部网站"）是农业农村部对外政务公开、网上政务服务、政策发布解读、舆论引导、回应关切和便民服务、为"三农"提供综合信息服务和对外宣传我国农业农村经济发展成就的权威平台和窗口，在推动农业农村现代化发展和农业强国建设方面发挥着重要作用。农业农村部政府门户网站多年坚持不断与时俱进、创新发展的前进方向，以牢牢把握正确政治方向和服务"三农"为根本宗旨，坚持正确的舆论导向，围绕用户需求，不断强化资源整合、拓展服务功能、提升网站综合服务水平。

近年来，随着媒介传播技术快速迭代创新以及应用日益普及，各类涉农网络舆情事件明显增多。部网站通过强化重点工作宣传、推进媒体深度融合、及时准确更新政务信息和政策文件，守牢信息传播红线底线，扎实做好"三农"舆论有关工作，为构建良好的"三农"发展环境作出贡献。

# 一 2023年部网站信息发布和用户访问情况分析

## （一）部网站热搜词条分析

搜索是获取信息的有效途径，掌握并分析部网站用户的搜索行为，可以快速了解网站用户的关注点，厘清"三农"舆论传播的关键走向。2023年，在涉及部网站链接地址的百度搜索词条中，频次排名前40的词条如表1所示。其中，有关农业农村部及其网站名称的词条共计14项，占比35%；有关习近平总书记重要论述的词条共计11项，占比27.5%。另外，有关中央一号文件的有4项，有关粮食安全、小麦品种、农业综合行政执法的词条各有2项。以上结果表明，社会公众对农业农村部网站的服务需求有所提升，习近平总书记关于"三农"工作的重要论述逐步深入人心，确保国家粮食安全、推进种业振兴以及建强农业综合行政执法队伍等已成为社会共识。

表1　2023年农业农村部网站百度搜索词条排行 TOP 40

| 序号 | 百度搜索词条 | 序号 | 百度搜索词条 |
| --- | --- | --- | --- |
| 1 | 农业农村部官网 | 21 | 烟农 1212 小麦品种简介 |
| 2 | 农业农村部 | 22 | 习近平论"三农"工作 |
| 3 | 农业部官网 | 23 | 习近平关于"三农"工作的重要论述 |
| 4 | 攥紧中国种子 端稳中国饭碗 | 24 | 习近平总书记关于"三农"工作重要论述 |
| 5 | 农业部 | 25 | 中国农业部官网 |
| 6 | 中华人民共和国农业农村部 | 26 | 乡村振兴 |
| 7 | 农村农业部 | 27 | 郑麦 136 小麦品种介绍 |
| 8 | 农业农村部领导班子 | 28 | 2023 中央一号文件 |
| 9 | 中国农业农村部 | 29 | 抓好粮食和重要农产品稳产保供 |
| 10 | 习近平关于调查研究论述摘编 | 30 | 学习习近平新时代中国特色社会主义思想心得体会 |
| 11 | 乡村振兴包括哪五个方面的振兴 | 31 | 农管执法是干什么的工作 |
| 12 | 中央一号文件 | 32 | 中国农业部 |
| 13 | 国家农业农村部 | 33 | 农村宅基地新政策 |
| 14 | 习近平的七年知青岁月读后感 | 34 | 农管执法什么时候成立 |
| 15 | 习近平总书记关于"三农"工作的重要论述 | 35 | 习近平关于"三农"工作重要论述 |
| 16 | 习近平论"三农"工作和乡村振兴战略 | 36 | 农业农村部网站 |
| 17 | 2023 年中央一号文件 | 37 | 一号文件 |
| 18 | 农业农村局 | 38 | 农村宅基地新政策 2023 规定 |
| 19 | 习近平总书记五四重要回信精神 | 39 | 猪瘟有哪些症状 |
| 20 | 中国共产党章程 | 40 | 中国农业农村部官网 |

## （二）部网站政务信息公开情况分析

2023 年是全面贯彻党的二十大精神的开局之年，也是加快建设农业强国的开局之年。农业农村部坚持以人民为中心的发展理念，着力提升政务公开工作质量，深化重点领域信息公开，切实提升政务信息公开工作实效，为

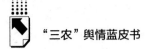

扎实推进乡村产业发展、乡村建设、乡村治理重点任务落实，助力全面推进乡村振兴、加快建设农业强国提供支撑。

按照《中华人民共和国政府信息公开条例》规定，2023 年通过部网站主动公开政策法规、建议提案答复、工作动态等各类信息 875 件，其中全国人大代表建议办理结果 161 件、全国政协委员提案办理结果 389 件。2023 年政府信息公开栏目总点击量 10.7 亿次，总浏览量 9.1 亿次，总访问者数量 3116 万。组织召开和参加新闻发布会 22 场，其中国新办新闻发布会 7 场。全年办理行政许可申请 157294 件，所有许可结果均按时公开。全年共收到公民、法人和其他组织的政府信息公开申请 487 件，较上年减少 23.7%，上年结转 2 件，办结（含结转）480 件，结转下年度继续办理 9 件，均严格按照《条例》有关规定进行办理和答复。从申请方式看，网络申请 477 件，占 97.6%；信函申请 10 件，占 2%；传真接收 2 件，占 0.4%。依申请公开事项集中在粮食生产、畜禽渔业生产、农业统计数据、高标准农田建设、农机安全生产、农村集体经济、土地确权等方面。

2023 年，农业农村部在推进政府信息公开工作中，对 2022 年度报告中提到的问题有针对性地进行改进。一是完善政务公开相关制度。贯彻执行新修订的相关法律法规，修订依申请公开答复的相关表述，更加规范准确。二是规范依申请公开的渠道，持续优化依申请公开信息系统。三是强化政策法规的宣传解读。在及时公开政策法规的基础上，充分利用新媒体优势，加大对"三农"政策法规的解读阐释、宣传引导。同时按照国办有关要求，持续升级完善农业农村部网站"政府信息公开"频道。完善"政府信息公开"频道"农业农村部规章"专栏内容，整理现行有效规章 145 部。

（三）部网站新闻信息访问情况分析

部网站通过新闻频道和公开频道发布"三农"领域的新闻动态、通知公告、政策法规等信息，是社会大众了解"三农"的重要渠道。网站用户根据自身信息需求选择浏览不同的信息内容，从而形成用户浏览数据，以此为切入点，可以挖掘"三农"舆论热点，预测其发展趋势。

2023 年部网站页面浏览量排名前 40 的信息如表 2 所示。其中，页面浏览量最高的信息是"农业农村部 2019 年度信息公开工作报告"，另外包含其余 14 份农业农村部年度信息公开工作报告，可见社会公众十分关注农业农村部信息公开工作。"我国收获小麦超过 1.2 亿亩 进度过四成""农业农村部开通热线电话""大豆主产区进入集中收获期""农业部关于征求将渔业捕捞辅助船纳入伏休管理意见的通知""农业部关于征求海洋捕捞最小网目尺寸制度和禁用渔具目录意见的通知""中华人民共和国农业部公告 第 2254 号（《农业部信息公开指南》）""农业部关于征求在辽宁等三省一市实行张网最小网目尺寸标准和禁用渔具意见的通知""今年的春耕备耕有何特点？今年春耕备耕 基础好 环境好 政策好""南方早稻收获有序推进"等信息页面浏览量均超过 150 万次，居访问量排行前 10，主题集中在粮食收获、渔业捕捞、春耕备耕等方面，可见社会公众最关切的仍是粮食安全，"端好中国饭碗"不仅仅是一句口号，更是人民的声音。

表 2    2023 年农业农村部网站信息访问量排行 TOP 40

| 序号 | 信息标题 | 页面浏览量(次)* |
|---|---|---|
| 1 | 农业农村部 2019 年度信息公开工作报告 | 3719350 |
| 2 | 我国收获小麦超过 1.2 亿亩 进度过四成 | 3336777 |
| 3 | 农业农村部开通热线电话 | 2445337 |
| 4 | 大豆主产区进入集中收获期 | 2260215 |
| 5 | 农业部关于征求将渔业捕捞辅助船纳入伏休管理意见的通知 | 2190453 |
| 6 | 农业部关于征求海洋捕捞最小网目尺寸制度和禁用渔具目录意见的通知 | 2189258 |
| 7 | 中华人民共和国农业部公告 第 2254 号（《农业部信息公开指南》） | 1973221 |
| 8 | 农业部关于征求在辽宁等三省一市实行张网最小网目尺寸标准和禁用渔具意见的通知 | 1945126 |
| 9 | 今年的春耕备耕有何特点？今年春耕备耕 基础好 环境好 政策好 | 1642079 |
| 10 | 南方早稻收获有序推进 | 1534437 |
| 11 | 农业农村部在京单位 2023 年度第二批公开招聘应届毕业生等人员公告 | 1450899 |
| 12 | 各地抢抓农时 扎实推进农业生产 | 1285721 |

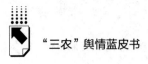

续表

| 序号 | 信息标题 | 页面浏览量(次)* |
|---|---|---|
| 13 | 中华人民共和国农业农村部公告第 645 号(《兽药质量监督抽查检验管理办法》) | 1200632 |
| 14 | 农业农村部办公厅关于利用全国农业农村远程教育平台开展 2023 年农业农村科技人员知识更新培训的通知 | 1061553 |
| 15 | 农业部关于公开征求《水产种质资源保护区管理办法》(征求意见稿)意见的通知 | 1048543 |
| 16 | 农业部 2016 年度信息公开工作报告 | 1011164 |
| 17 | 8 月份全国鸡蛋价格小幅上涨 | 991372 |
| 18 | 农业农村部 2018 年度信息公开工作报告 | 991138 |
| 19 | 农业部 2017 年度信息公开工作报告 | 984797 |
| 20 | 黑龙江实施种业振兴行动 种子选育持续进行 | 959467 |
| 21 | 农业部 2015 年度信息公开工作报告 | 941548 |
| 22 | 农业部 2013 年信息公开工作年度报告 | 936122 |
| 23 | 农业部 2009 年信息公开工作年度报告 | 935477 |
| 24 | 农业农村部 2020 年度信息公开工作报告 | 934974 |
| 25 | 农业部 2008 年信息公开工作年度报告 | 934708 |
| 26 | 农业农村部 2021 年度政府信息公开工作报告 | 934081 |
| 27 | 农业部 2011 年信息公开工作年度报告 | 929639 |
| 28 | 农业部 2012 年信息公开工作年度报告 | 913964 |
| 29 | 农业部 2010 年信息公开工作年度报告 | 910451 |
| 30 | 今年大豆玉米带状复合种植 1500 多万亩 | 900055 |
| 31 | 农业部 2014 年度信息公开工作报告 | 897486 |
| 32 | 农业农村部在京单位 2022 年度第一批公开招聘应届高校毕业生等人员公告 | 887409 |
| 33 | 农业农村部 2022 年度政府信息公开工作报告 | 883834 |
| 34 | 中华人民共和国农业农村部令 2023 年第 1 号(《农村土地承包合同管理办法》) | 867791 |
| 35 | 南方早稻陆续收获 夏粮收储加紧进行 | 835547 |
| 36 | 全国麦收过七成 | 749295 |
| 37 | 农业农村部 自然资源部 生态环境部 住房和城乡建设部 海关总署 国家林草局公告第 567 号(《重点管理外来入侵物种名录》) | 714642 |
| 38 | 农业农村部关于落实党中央国务院 2023 年全面推进乡村振兴重点工作部署的实施意见 | 635930 |

| 序号 | 信息标题 | 页面浏览量（次）* |
|---|---|---|
| 39 | 中华人民共和国农业农村部 自然资源部 生态环境部 海关总署令 2022 年 第 4 号（《外来入侵物种管理办法》） | 595611 |
| 40 | 全国早稻收获基本结束 | 595499 |

注：以上数据统计区间为 2023 年 1 月 1 日至 2023 年 12 月 31 日，以用户访问农业农村部网站发布信息的浏览量排行。

### （四）部网站公众互动交流情况分析

问计于民、采集民意有利于更好辅助政府部门制定政策。部网站设立互动频道，为社会公众网上建言献策、投诉建议提供了便捷渠道，同时及时公开发布"留言选登"和"留言回复"等互动信息，在正向引导社会舆论工作中发挥了积极作用。部网站 2023 年共收到互动留言 4675 条，比上年下降3.21%，其中，情况反映 1240 条，比上年减少 20.0%；政策咨询 837 条，比上年增加 12.80%；个人诉求 1454 条，比上年减少 16.44%；意见建议963 条，比上年增加 46.13%（见图 1）。可见社会公众通过部网站进行政策咨询、提出意见建议的互动需求呈明显上升趋势，部网站引导舆论的作用得到充分体现。

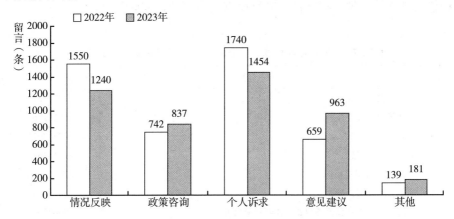

图 1  2022~2023 年农业农村部网站互动交流情况

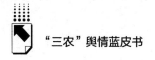

### （五）部网站专题专栏运维情况分析

为系统化展示"三农"重点工作，部网站设置了专题频道，利用图片、视频等多种呈现方式，持续跟进报道重大专项工作的最新进展，成功打造社会公众获取信息的"一站式平台"。2023年，部网站新建"学习贯彻习近平新时代中国特色社会主义思想主题教育""2023中央一号文件""2023年农业农村发展成就"等10个专题专栏，更新运维工作专题10个，访问量共计4.8亿次。

部网站访问量排名前16的专题专栏如表3所示。其中，专题"中国农民丰收节"的页面浏览量最高，达5177.79万次，同比增长9.8倍。中国农民丰收节是第一个在国家层面专门为农民设立的节日，节日时间为每年"秋分"。"中国农民丰收节"专题于2018年首个中国农民丰收节前夕上线，2019年8月改版，现设置新闻资讯、地方专题、丰收影像、节庆活动等10个主要栏目。社会公众对该专题的高度关注折射出了他们对亿万农民的尊重和关爱，对粮食丰收、安居乐业美好愿景的无限憧憬。

"转基因权威关注""央媒看'三农'""生猪产品信息""2023年春耕进行时""第三次全国土壤普查""大豆玉米带状复合种植夏粮小麦促弱转壮""农业农村信息化示范基地""稳产保供 守好'菜篮子'"等专题专栏依次排在第2位至第9位，其页面浏览量均超过800万次。

表3 2023年农业农村部网站专题专栏页面浏览量排行 TOP 16

| 名次 | 专题名称 | 页面浏览量（次） |
| --- | --- | --- |
| 1 | 中国农民丰收节 | 51777921 |
| 2 | 转基因权威关注 | 40921276 |
| 3 | 央媒看"三农" | 24246307 |
| 4 | 生猪产品信息 | 15194467 |
| 5 | 2023年春耕进行时 | 10840083 |
| 6 | 第三次全国土壤普查 | 9800316 |
| 7 | 大豆玉米带状复合种植夏粮小麦促弱转壮 | 9542500 |

续表

| 名次 | 专题名称 | 页面浏览量（次） |
|---|---|---|
| 8 | 农业农村信息化示范基地 | 8911767 |
| 9 | 稳产保供 守好"菜篮子" | 8760564 |
| 10 | 耕地质量保护与建设 | 7660285 |
| 11 | 学习贯彻习近平新时代中国特色社会主义思想主题教育 | 7304143 |
| 12 | 休闲农业旅游 | 5908093 |
| 13 | 聚焦2023中央一号文件 | 5550492 |
| 14 | 2022年三夏进行时 | 5388355 |
| 15 | 乡村产业振兴带头人培育"头雁"项目 | 5010514 |
| 16 | 农安信用专题 | 5007105 |

## （六）部网站宣传矩阵推广情况分析

2023年，在做好与传统媒体沟通协调的基础上，负责运维部网站的农业农村部信息中心充分发挥新媒体优势，不断拓宽信息传播渠道，2023年向中国政府网、"今日头条"、"企鹅号"、"百家号"等主流媒体和平台推送部网站重要信息近5000条，阅读和展现量达32.5亿次。部网站政务号自媒体平台的粉丝总量已达227万。信息中心抖音政务号创新形式，将"三农"重要动态信息、政策文件解读、重要数据等，制作成短视频进行传播，共发布短视频作品1994篇，播放量超过1.1亿次。每日坚持更新"中国农民丰收节"微信公众号，并持续运维"第三次全国土壤普查"微信公众号。对部系统17家机关司局和36家直属事业单位，以及30个省份农业农村（农牧）厅（局、委）的网站信息发布人员进行培训，基本实现了部省网站运维管理人员全覆盖。建立重大新闻和信息上下联动、高效协同、步调一致的发布机制，部省两级传播矩阵传播作用日益凸显。2023年，共组织部省两级新媒体共同传播重点信息14次，浏览量超过1000万次，组织各省级农业农村部门宣传"三农"领域重要资讯10.2万条，页面浏览量达5.5亿次。

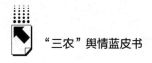

### （七）部网站智能搜索应用分析

智能搜索云服务的应用，即利用互联网信息采集技术，实现跨平台资源一网通查，聚合关键政务信息资源，提升政府网站服务功能。基于搜索大数据的实时监测与分析服务，可实时了解网民热搜词、热搜政策、热搜场景、搜索来源等搜索数据，实时反映搜索服务趋势，实时洞察网民需求与关注焦点，为部机关提供科学有效的数据支撑。2023年，部网站站内搜索总量为847.7万次，用户数277.7万人。网民搜索关键词较多的是"中央一号文件"（搜索8.4万次）、"转基因"（搜索5.7万次）、"乡村振兴"（搜索3.16万次）、"生猪"（搜索3.0万次）。本年度攀升热词为"农安信用"（搜索1.19万次）。

## 二 部网站引导"三农"舆论工作分析

### （一）维护"三农"信息发布权威性，营造"三农"舆论清朗环境

部网站作为农业农村部的政府门户网站，通过政务公开、信息服务等，为广大农民、农业从业者和研究人员等提供了准确、及时的"三农"政策、市场动态、农业科技、农产品质量安全等方面的信息，增强农民对政策的理解和信任，也助力引导公众正确认知"三农"问题。同时，部网站使用错情监测系统对网站发布的内容实时监测，发现错别字、错敏词、暗链等问题及时提醒修改，有效降低了官网信息的错误率，提升了部网站对社会公众的服务质量，保障了"三农"舆论宣传的权威性，为"三农"事业的健康发展提供了有力的信息支持和舆论环境。

### （二）增强"三农"信息传播正向性，形成"三农"舆论反馈机制

部网站作为农业农村部官方信息的重要发布渠道，能够及时为公众提供准确且全面的"三农"信息，有效防止因信息不对或误解而导致的舆论偏

差。同时提供互动交流平台，开通"部长信箱"和"网上信访"等公众反映问题的线上渠道，让公众能够直接参与到"三农"公共事务的讨论中，提出意见和建议。这种双向的沟通机制进一步强化了网站在舆论传播中的主导作用，更好地满足了公众的信息需求。2023年，部网站共接收到互动留言信息4675条，与上年基本持平，社会公众通过部网站进行政策咨询、提出意见建议的互动需求呈明显上升趋势，部网站引导舆论的作用日益增强。

### （三）提升"三农"信息传播覆盖面，构建立体化宣传引导矩阵

部网站通过创新方式手段，推动构建部新闻宣传矩阵，提升部新闻宣传整体传播力、引导力。以技术驱动为重点，拓宽渠道、丰富手段、聚拢用户，形成适应互联网发展的农业农村系统全媒体发展布局。以内容建设为根本，加快流程再造，创新传播方式，提升舆论引导能力，逐步形成适应互联网传播的内容生产体系。依托部网站，强化新媒体多平台的移动传播，与部内司局单位和各省份建立起无缝对接供稿渠道，拓展"三农"舆论引导的新手段、新方法。

## 三 持续提升部网站传播力和舆论引导力

2024年，部网站要进一步立足自身职责使命，守正创新，高质量完成好各项工作任务，持续提升传播力和舆论正向引导力。一是强化使命担当，做好部重大新闻宣传推广工作。自觉承担起"举旗帜、聚民心、育新人、兴文化、展形象"的使命任务，把握好时度效，提升部网站和政务新媒体的信息传播广度强度，讲好"三农"故事，特别是要与我国优秀传统农耕文化相结合，培育和营造具有中国特色的"三农"网络文化氛围。二是抓牢政治安全这个根本，确保部网站安全运行。始终坚持把政治建设放在部网站和政务新媒体工作的首要位置，健全日常监管，完善常态化通报机制，强化质量管控，坚决避免政治性差错。进一步完善系统监测功能，及时扫描监测，并予以提醒和通报。三是建立不良信息的预警机制。利用大数据分析技

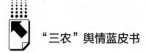

术，对网站用户行为数据进行深度挖掘，分析网站用户需求和行为习惯，识别关键行为信息和情感倾向，更有效地研判、阻断不良舆情事件。持续提升部网站公信力，加强政务网站信息服务的人性化、智能化程度，提高社会公众对"三农"工作的认同度、参与度，引导"三农"舆论朝着积极、健康的方向发展，为"三农"工作的顺利开展提供有力保障。

**参考文献**

黄孝金：《官方新媒体在网络舆情中的功能及应对探究》，《新闻研究导刊》2024 年第 1 期。

靳开川：《新媒体视域下涉农网络舆情研究》，《传媒论坛》2023 年第 20 期。

姜平、肖诗荣、李茜：《湖北省人民政府门户网站提升政务传播能力的探索与思考》，《新闻前哨》2023 年第 21 期。

农业农村部信息中心研创《中国三农网络舆情报告（2023）》，社会科学文献出版社，2023。

# B.8
# 2023年涉农短视频舆情分析

## ——以抖音、快手为例

李想 任颖 黄洪盛 张咪*

**摘 要:** 2023年,涉农短视频数量整体呈平稳增长走势,短视频内容涵盖了农村生活、农业生产、农民群体权益等多方面,展示形式丰富多元,且大多具有积极导向。涉农头部账号通过多维度的内容传播和正能量的情感表达,在"三农"领域的舆论引导中发挥了重要作用。建议加强对涉农内容的深度挖掘、与头部账号强强联合、优化平台监管机制等,为公众呈现更具吸引力和影响力的中国"三农"好故事,推动涉农舆论生态良性发展。

**关键词:** 涉农短视频 抖音 快手 头部账号

近年来,以抖音、快手等为代表的短视频平台在国内迅速普及应用。短视频以其直观、简洁、生动、易传播的特点,日益成为人们获取和分享信息的重要途径,也成为"三农"信息和知识传播的重要渠道。本研究以抖音、快手平台上涉农信息为监测对象,分析短视频涉农舆论倾向、舆论热点、传播特点等,为有关部门进一步利用短视频提升"三农"政策、技术、信息服务水平以及传播"三农"好声音提出建议。

---

* 李想,农业农村部信息中心舆情监测处处长,管理学博士,正高级工程师,主要研究方向为涉农网络舆情、农产品市场与政策;任颖,农业农村部信息中心舆情调研处舆情分析师,主要研究方向为涉农网络舆情;黄洪盛,农业农村部信息中心舆情调研处副处长,主要研究方向为涉农网络舆情;张咪,北京清博智能科技有限公司舆情分析师,主要研究方向为网络舆情。

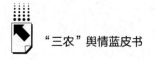

# 一 涉农短视频舆情概述

## （一）总体传播情况

据监测，2023年抖音和快手平台涉农舆情数据分别为2695.97万条和826.08万条，合计3522.05万条，月度舆情量均呈现稳步增长的态势（见图1）。

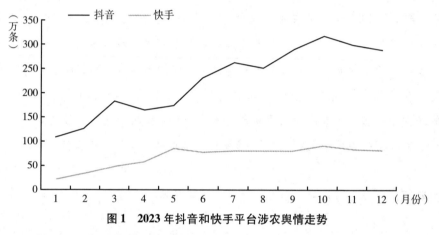

**图1 2023年抖音和快手平台涉农舆情走势**

资料来源：清博智能舆情监测系统。下同。

受用户基数、内容推荐算法以及平台扶持等因素影响，抖音平台的涉农信息量增长幅度较大，并分别在3月、7月和10月出现峰值。具体来看，3月全国各地相继进入春耕，带动涉农话题信息量高涨。7月，正值水稻"双抢"的农忙时节，有关水稻播种、农民增收等信息量持续上升。同时，福建漳平蛙农养殖的虎纹蛙被当作牛蛙消杀、辽宁沈阳城管拔瓜农广告旗等信息引发社会大量关注，带动当月信息量上升至又一个峰值。8月之后，随着各地禁渔期的结束和秋收季节的开启，"三农"领域自媒体创作积极性明显上涨，在此期间带动了"三农"类短视频信息量的上升，并于10月上升至年内最高值。快手平台的信息增长幅度相对平缓，涉农信息量在5月形成第一个传播峰值，主要源于当月河南出现罕见"烂场雨"，影响当地小麦的正常成熟收获，引发主流媒体和网民的广泛关注，夏粮归仓、粮食晾晒、农民损失理赔等话题成为关注焦点。10月是收获季节，作物收获短视频大量涌现，个别地区农田里出现哄抢玉米、花生等现象引发聚焦关注，此外，日本于10月启动第二轮核污水排海对水产品安全的影响也受到广泛关切，共同推动当月舆情达到最高值。

（二）情感分析

从情感分布来看，中性和正面情绪在短视频平台上占据主导。其中，抖音平台中性情绪占比88.20%，正面情绪占比9.63%，负面情绪占比2.17%；快手平台中性情绪占比92.84%，正面情绪占比6.19%，负面情绪占比0.97%。合计来看，两个平台中性和正面情绪占比98.11%，负面情绪占比1.89%。[1]

## 二 传播热点分析

抖音、快手平台呈现了丰富多样的涉农内容，囊括农业生产、农村生活、农民群体等方方面面，不仅展示了农村的日常劳作和点滴琐事，还通过情感化叙事和生活化基调引发了观众的共鸣。同时，相关内容具有积极的导向性，支持农业农村发展，反映了公众对农村事务和农民权益的关注与诉求。

（一）抖音平台热门视频以自媒体作者创作居多

表1 抖音平台涉农热门视频 TOP 10

| 序号 | 账号 | 标题 | 点赞量 |
|---|---|---|---|
| 1 | 杜蒙牛郎 | 跟上节奏，一起来吧#我的乡村生活 #农村生活 #乡村守护人 三农 农村 | 7730894 |
| 2 | 疆域阿力木 | #记录三农 | 4482630 |

---

[1] 资料来源：清博智能舆情监测系统语义分析模型自动制定。

续表

| 序号 | 账号 | 标题 | 点赞量 |
|---|---|---|---|
| 3 | 农民日报 | 习近平的两会三农关切 习近平:城乡要良性互动 | 1407142 |
| 4 | 渔夫探海洋 | 渔民海底捕鱼日常生活 实拍渔民日常#三农 | 1391053 |
| 5 | 趣农百科 | 独头蒜是怎么形成的#独头蒜 三农 #新农人 #乡村守护人 | 1316775 |
| 6 | 农民日报 | 习近平的两会三农关切 习近平:中国的饭碗一定要端在自己手里 | 1223835 |
| 7 | 央视新闻 | 一次插秧可收十茬,中国科学家研究出神奇的多年生水稻。科技造福人类 @ 主播说三农 | 1158929 |
| 8 | 东北跑山猪 | 改善伙食 东北年猪的幸福生活#三农流量扶持计划 #新农人计划2023 | 1015725 |
| 9 | 农村的涛 | 花开的时候你就来看我,等你来摘最美的那一朵 #我的乡村生活 三农 新农人计划2023 | 985980 |
| 10 | 趣农百科 | 吃菠萝的时候菠萝也在吃你#新农人 三农 #乡村守护人 | 962412 |

作为当下最火热的短视频平台之一,抖音平台聚集众多涉农内容创作者,产出大量形式新颖、内容丰富的涉农短视频,以轻松的方式普及农业知识,推动正能量传播,极大拓宽了"三农"内容的受众面,提升了传播效果,对展现乡村文化、促进乡村振兴起到了重要作用。具体来看,有以下传播特点。

一是农业农村多方面内容集中呈现,主题涵盖面广泛。从抖音平台热门视频可以看出,涉农内容丰富多样,涵盖农业生产、农村生活、农民群体等多个方面,如展示种植技术的"独头蒜是怎么形成的",记录村民生活的"柴米油盐"等。不仅有介绍农业生产技术的科普视频,也有反映村民日常生活点滴的生活实拍,全方位展示了农业农村的方方面面。

二是日常琐事构成生活化基调,情感化叙事引发舆论共鸣。在社交媒体时代,故事性和情感化的内容更容易触及观众的内心,从而获得更高的关注度。如"给牛放水""挖萝卜"等涉农琐事,生动反映农村生活百态,以日常细节构成生活化的基调,易触发视听者的情感共鸣。通过对平凡生活片段的描述,带出农民群体内心的喜怒哀乐,使人感受到农村生活的脉动。

三是积极导向明显,宣传属性较强。抖音涉农短视频中频繁出现"新农人计划"①"乡村守护人"②"乡村振兴"等正面宣传话题和主题,或者是添加"支持三农发展"等标签,带有较强的政策宣传和导向性属性。内容积极正面,传递支持农业农村发展的主旋律,如"习近平的两会三农关切"等内容表明了中央层面对"三农"的重视。这类内容的高热传播表明社会公众对国家农业政策以及政策对农村发展和农民生活影响的高度关注,同时也显示了社交媒体在传播政策信息、引导公众讨论方面的作用。

### （二）快手平台热门视频以媒体机构创作为主

**表2　快手平台涉农热门视频 TOP 10**

| 序号 | 账号 | 标题 | 点赞量 |
|---|---|---|---|
| 1 | 中国三农发布 | #三农快评 巡视前承诺给农民"说法",巡视后装聋作哑,人民的住建局长怎么能跟人民耍无赖? | 1216609 |
| 2 | 人民日报 | 习近平:建设农业强国,必须把乡村振兴抓好 | 1151062 |
| 3 | 央视新闻 | 一次插秧可收十茬,中国科学家研究出神奇的多年生水稻。科技造福人类 @ 主播说三农 | 1091901 |
| 4 | 央视新闻 | 河南小麦现在咋样了? 总台记者河南邓州实地探访 | 1006785 |
| 5 | 视听新时代 | 总书记的三农情怀 | 950932 |
| 6 | 中国三农发布 | #三农快评 指"虎"为"牛"伤蛙农 6问福建漳平芦芝镇政府 | 947432 |
| 7 | 视听中国 | 总书记的三农情怀 | 941961 |
| 8 | 吉林生态农业 | 粮食安全分析 #粮食 #农业 #丰收 | 922497 |
| 9 | 视听中国 | 3个人就能养一万头猪 智慧农业让农村更有奔头 | 912867 |
| 10 | 视听新时代 | 全面推进乡村振兴 加快建设农业强国 | 911856 |

快手平台涉农内容广泛多样,涵盖农业农村领域的多个方面。如农业政策宣传、农村日常生活、农业科技进步等。丰富的内容形式吸引年轻观众,新颖的表现手法提高传播效果。快手以其独特优势,在传播涉农内容上起到了积极的推动作用。具体来看,有以下传播特点。

---

① 抖音 2023 年推出"新农人计划 2023",扶持平台"三农"内容创作。
② 抖音推出的专注于乡村发展的公益项目,以"人"为基础,连接社会各界力量建立资源平台。

一是展示农民劳作全过程的视频广受欢迎。快手平台上直接记录农民在田间地头辛勤劳作、采摘收获等过程的视频较为受欢迎。如视频《一份辛苦一份收获　这就是农民真实生活》直观记录了农民在田间辛勤劳作的场景；《今天给树屋设计了旋转楼梯》展示了农民的手工劳作全过程。这类视频直观反映了农民朴实而不易的劳动，展示出农业生产的全过程，容易产生共鸣。公众通过这类视频可以深入了解农业生产情况，尤其是体力劳动的辛勤，从而更加尊重农民、支持农业发展。

二是记录乡村生活点滴的视频给人诗意感受。记录乡村儿童嬉戏、家常菜制作、村民休闲等日常生活点滴的视频也较为吸睛。如《跟着初七在海边收获了很多皮皮虾》记录了村民与家人一起在海边捕虾、制作美食的场景。这类视频往往采用近距离拍摄的方式，配上悠扬的乡村音乐，带出浓浓的家乡气息和乡土味道，给人一种诗意般的宁静感受。

三是生动的农业科普视频极大满足求知欲。以轻松幽默的方式讲解农业科普知识的短视频极大吸引观众眼球，尤其是运用新颖的短视频拍摄手法制作的科普视频更受欢迎。这类视频用简单生动的方式讲解农业知识，如植物结构、养殖技巧等，满足观众的求知欲。新颖的表现形式也使观众在获取知识的同时收获乐趣。如《狗子请牛犊吃饭，结果食物中毒命悬一线》以轻松幽默方式讲解动物饲养知识，避免中毒事故，启发用户学习养殖知识。

四是关注农民权益，反映社会公众诉求。部分热门内容关注农业领域的问题，如视频《巡视前承诺给农民"说法"，巡视后装聋作哑》[①] 表达了对部分地方政府不作为的不满，反映了社会对农民权益的关心；视频《任丘千亩农田变深坑，多道防线是如何失守的?》[②] 揭示农田保护存在漏洞，表达对土地资源公平利用的诉求。还有部分视频呼吁社会各界关注当前农村及

---

① 《巡视前承诺给农民"说法"，巡视后装聋作哑》，中国三农发布，https：//www. kuaishou. com/short-video/3xuidnrc245h652。

② 《任丘千亩农田变深坑，多道防线是如何失守的?》，中国三农发布，https：//www. kuaishou. com/short-video/3x8aum7qfacv386。

弱势群体在医疗、养老等方面的权益保障，如视频《农业学大寨的那批农民老了，怎么养老?》提出了农村养老保障问题，呼吁关注这一弱势群体。

此外，从抖音和快手两个平台看，也有一些反映基层执法争议、涉农腐败、农村基层治理问题等方面的信息，还有一些歪曲事实甚至无中生有、张冠李戴、胡乱拼接的谣言信息。相关事件应予以重视，加强农村基层治理和法治建设，规范农业执法行为，确保农民权益得到保障，营造农村地区稳定发展的有利环境。

## 三 头部账号分析

头部账号，是指拥有较高粉丝量、能够对特定群体产生较大影响力且在数字时代具有代表性的互联网账号，其不仅是个人社交工具，而且具有媒体属性和一定的社会动员功能。[①] 本报告中的头部账号选择 2023 年抖音、快手平台上在"三农"领域有大量创作且粉丝量达到 50 万、传播影响力指数[②]超 1000 的账号为研究对象，其中，抖音 904 个、快手 711 个。对两个平台涉农头部账号初步画像，抖音账号主体类型分布广泛，既有纯粹从事农业种植的农民个人，也有利用平台营销农产品的电商账号，以及企业机构账号等，账号设置风格简洁且具有明显特点，在账号标签中多数带有"乡村""农村"等字样，在账号认证上也有"乡村守护人""新农人计划"等资格认证标签，还有些头部账号采用个人化运营模式，将账号直接命名为姓名或绰号。总的来说，抖音涉农头部账号形成了一个多地区、多类型、个人化与专业化运营并重的格局，在内容生产方面具有很强的综合实力；快手平台的下沉用户居多，生活、农村、草根等方面的内容占据相当比重，其中涉农头

---

① 《"头部账号"更要胸怀社会责任感》，中国网，http://zjnews.china.com.cn/yuanchuan/2021-12-16/318297.html。

② 抖音传播力指数，通过对抖音账号发布的短视频在数量、互动状况、覆盖用户程度来综合体现抖音账号在短视频平台的传播影响力。快手传播力指数，通过对快手账号发布的短视频在数量、传播情况、互动状况、覆盖用户程度来综合体现快手账号在短视频平台的传播影响力。

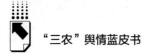

部账号展现了多元化的内容，涵盖了生活记录、农业资讯、励志故事等多个领域，呈现了农村多样性的生活和主题，这些账号来自不同的区域，反映了不同地区农村的文化和生活差异，展示了地域分布的广泛性，账号的粉丝数量都在百万级别，表明其具有广泛的受众基础和相当的影响力。

综合分析抖音和快手两个平台涉农头部账号的视频内容，有以下几个特点。

### （一）内容展示丰富多元，引发受众广泛兴趣

大多数头部账号主要创作与乡村生活相关的内容，其中包括乡村街拍、美食制作、剧情演绎等主题。尽管主题各不相同，但总体上还是在相似的叙事框架下展开创作，如"农村家庭日常""农村邻里日常""农村老人日常"等。此外也包括一些特别主题，如"乡村特色美食""水果种植""动物养殖""乡村非遗传承"等。如快手账号"尚海林夫妇很努力"通过记录生活、寻亲经历等多主题展示丰富内容；账号"喵妹妹"既分享了酿酒技艺，也表达了对生活的感悟；账号"铁人凡哥"则发布农民工日常生活内容。各类视频形成内容的多层次性，满足受众多样化需求。

### （二）语言风格简练幽默，贴近生活

不少头部账号在视频中使用地方方言和口头语言，增加了亲切感，使观众更容易产生共鸣。这种语言风格有助于拉近制作者与观众之间的距离，增加互动性，使内容更加有趣。有的创作者采用幽默标签、青春用语等，如抖音平台上的"菇里菇气""面包蹄"，吸引年轻用户。有的运用比较夸张的语言增加了趣味性，通俗易懂，有利于传播。同时，头部账号注重传递积极情感，通过标签如"正能量""搞笑视频"吸引观众关注。这种情感和搞笑元素提供愉悦体验，增加视频分享欲望。如快手账号"阿生哥"的视频中巧妙融入幽默元素，营造轻松愉快氛围，吸引更多关注，并在社交平台上引发广泛讨论。

### （三）多角度场景建构，打造沉浸式互动体验

优秀的"三农"短视频善于运用多角度拍摄手段。高清镜头充分还原青山绿水等自然场景；近景配合特写，细致呈现农事劳作和生活点滴。这些手法既塑造人物，也描绘人与自然和谐。如抖音账号"川味小夫妻"的视频，除展示美食制作，还拍摄家人欢聚和做菜画面。另有创作者通过拍摄富有特色的民俗体验来表达对乡村的真挚情感，用画面构建出质朴的农村场景，营造"沉浸式"乡村体验。

### （四）突出传递家庭温暖，引发情感共鸣

视频强调家庭情感、父母之爱、夫妻和睦、孝道等主题，通过情感共鸣传递温暖。快手账号"无臂崔峰和媳妇的日常"分享自己与妻子的日常生活，展现出温馨甜蜜、自强不息的生活态度，收获大量点赞和支持。此类视频以不同视角编织温馨亲情故事，增强观众代入感，使情感表达和人物刻画更丰富立体。个别账号也触及当前农村的一些现实问题，如"婆媳关系""父子关系"等家庭矛盾，反映出农村生活的完整面貌。这种情感共鸣也使观众更容易与视频建立联系，加大了视频在平台上传播的力度。

## 四　短视频舆论引导建议

### （一）深入挖掘涉农内容价值，多角度讲述中国"三农"好故事

"三农"短视频内容涉及面广，进入门槛低，众多创作者蜂拥而至，故而内容同质化现象严重。对此，相关部门可组织媒体创作一系列具有深度价值的报道，引导更多短视频创作者不仅关注展示农村新变化和农民生活新风貌，还要深入中华传统文化中的积极价值观元素，如互助合作、勤劳守信等，并将其有机融入内容创作中。同时，要深入挖掘符合当代价值观的传统农业文化符号，如二十四节气等，将其融入现代语境，增强传播亲和力。此

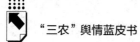

外,也可组织策划"乡土中国""乡村振兴""科技兴农"等系列主题内容,讲述蕴含正能量的中国故事和中国智慧。还可依托高校、科研院所以及相关企业,构建新媒体内容生产基地,发挥产学研用联动作用,持续提供优质内容。多方位挖掘正面价值观的内容,以积极的价值观认同感和情感共鸣感讲好中国"三农"故事,传播正能量。

### (二)与头部账号合作,合力推动"三农"舆论生态良性发展

涉农头部账号类型多样,受众广泛,具有强大的传播能力。相关部门可采取积极举措,充分发挥头部账号的作用,聚合各方力量,推动新媒体涉农舆论生态的良性发展。首先,依托各地资源优势和产业特色,引导区域性头部涉农账号围绕本地特色农业产业和农产品展开专题式创作,传播相关的种植技术、品牌推广等信息内容。也可以本地独特的乡土文化、民俗风情为主题,进行非物质文化遗产的传播。其次,构建区域性或全国性的涉农头部账号联盟,开展账号之间的经验交流、内容合作、流量支持等活动,形成良性互动局面。最后,开展形式多样的涉农短视频创作活动,激发广大创作者对乡村题材的创作兴趣,鼓励其创新内容生产形式,丰富传播内容。

### (三)优化平台监管机制体系,科学规避传播风险

"三农"短视频是能够有效引起广大受众关注农村的"发酵池"。一些负能量或有害内容在广泛传播背后潜藏各种风险,需要平台优化审核监管机制。一方面,平台应提供正确的传播观念约束,要求"三农"短视频创作者自我评估和把关发布的内容,避免传播不良信息。另一方面,平台可借助算法对视频内容进行监管,对谣言类信息加以限制,同时依靠用户举报等制度来加强内容识别和监管。若发现传播低俗或虚假等内容,对相关账号应及时进行教育和适当处罚,净化网络空间,营造良好传播氛围。

**参考文献**

石仪琳、张维刚：《"三农"短视频创作提升策略研究》,《传媒论坛》2023 年第 20 期。

杨丹：《"三农"自媒体短视频内容特色与传播策略研究》,《新闻爱好者》2023 年第 12 期。

武文颖、森巴提·叶冉：《数字乡村背景下"新农人"短视频传播价值、问题反思及优化路径》,《新闻世界》2023 年第 12 期。

林恩：《乡村文化类短视频传播存在问题及对策分析》,《新闻研究导刊》2023 年第 19 期。

张芃：《三农短视频赋能乡村文旅发展》,《农民日报》2023 年 9 月 9 日。

# B.9
# 2023年"一带一路"国内涉农舆情分析

张珊 李鸣 张咪 刘诗洋*

**摘 要：** "一带一路"倡议实施十年来，中国与共建国家推动了农业优势互补、共同发展，为构建人类命运共同体作出了重要贡献。国内媒体积极全面报道、多渠道传播和情感化叙事，营造了中国持续扩大农业对外开放、与共建国家走出一条繁荣致富进阶之路的良好舆论氛围。展望未来，共建"一带一路"倡议仍将持续深入推进，涉农领域议题传播需更好发挥主动性和创造性，为进一步扩大沿线朋友圈、推动全球农业现代化和可持续发展贡献中国智慧和力量。

**关键词：** "一带一路" 农业合作 农产品贸易 粮食安全

2023年是贯彻落实党的二十大精神的开局之年，也是习近平主席提出共建"一带一路"倡议十周年。十年来，中国已与150多个国家、30多个国际组织签署了200多份共建"一带一路"合作文件，共同推进了3000多个合作项目，拉动近万亿美元投资规模。① 农业正日益成为中国与沿线国家合作的亮点和重要增长点，相关合作领域不断拓宽、合作规模不断扩大，为各国农业发展、构建人类命运共同体作出了重要贡献，备受舆论关注。本研

---

* 张珊，农业农村部信息中心舆情监测处舆情分析师，主要研究方向为涉农网络舆情；李鸣，北京清博智能科技有限公司舆情分析师，主要研究方向为网络舆情；张咪，北京清博智能科技有限公司舆情分析师，主要研究方向为网络舆情；刘诗洋，北京清博智能科技有限公司舆情分析师，主要研究方向为网络舆情。
① 《10年来，共建"一带一路"形成3000多个合作项目》，中宏网，https：//www.zhonghongwang.com/show-255-293696-1.html。

究采集国内网络媒体和社交媒体关于"一带一路"涉农议题的舆情进行分析，为继续做好相关领域议题传播提出建议。

# 一　舆情概述

## （一）舆情走势

2023年监测有关"一带一路"涉农信息共计273.5万条。从舆情走势看，整体呈现波动上升趋势，其中在3月、5月、7月和10月出现了四次小高峰，10月报道量达到了全年的最高峰。具体来看，3月，习近平主席分别会见白俄罗斯总统卢卡申科和马来西亚总理安瓦尔，大力推动包括农业在内的多领域合作；杂交水稻、小麦、花椰菜等优良品种大量出口到巴基斯坦等共建"一带一路"国家和地区；中国与哥斯达黎加、汤加合作创新农业育种技术，促进当地农业生产力提升等引发舆论关注，带动当月舆情热度高涨。5月，中国—中亚峰会在陕西省西安市举办，《人民日报》、新华社、《环球时报》等众多主流媒体宣传报道，国家领导人参会动态以及中国与中亚五国峰会期间在农业方面达成一系列合作共识成本月话题焦点。7月，2023"一带一路"美丽乡村国际论坛在甘肃陇南召开，新华网、央广网等中央媒体，中国甘肃网、中国兰州网等地方媒体聚焦宣传报道，农文旅深度融合，区域乡村产业发展加快，受到舆论关注。10月，国务院新闻办发布《共建"一带一路"：构建人类命运共同体的重大实践》白皮书，第三届"一带一路"国际合作高峰论坛举行，习近平主席与多国领导人就深化农产品贸易、技术交流、产业合作等达成共识，展现出共建更高水平合作伙伴关系的诚意与决心。同时"一带一路"农业合作所带来的积极影响，特别是"中国方案"在缓解全球饥饿与贫困、保障全球粮食安全、改善全球营养状况等方面作出了巨大贡献，并为实现联合国2030年可持续发展目标提供了坚实支撑。舆论予以高度关注，助力10月舆情热度达到年度最高峰（见图1）。

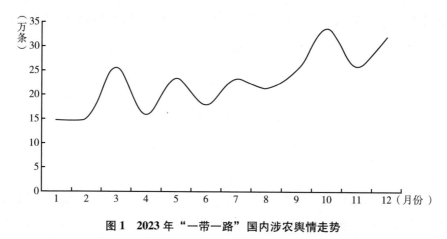

**图1  2023年"一带一路"国内涉农舆情走势**

资料来源：农业农村部"三农"舆情监测管理平台、清博智能舆情监测系统。下同。

## （二）舆情传播平台分布

监测时段内，微信平台以38.10%的占比成为信息传播的主要渠道，这得益于其强大的社交功能和庞大的用户基础。微信通过公众号、朋友圈、小程序等多种形式，充分运用文字、图片、音频、视频、H5等呈现更丰富立体的内容，为"一带一路"涉农信息的广泛传播提供了便捷、高效的途径。农民、农业企业等不同主体可以快速获取和分享相关资讯，形成紧密的社区联系。而且微信的强互动性和个性化推荐算法使得信息更加精准地触达目标受众，也有助于形成口碑效应。位于第二梯队的是新闻网站（网页）和客户端平台，分别占比28.55%和23.40%，主要源于新华社、央视新闻、中国新闻网、《经济日报》等主流媒体在发布权威信息、提供深度内容、进行专业讨论方面具有独特优势，对于需要深入了解"一带一路"涉农信息的用户来说，是重要的信息来源。微博、报刊、论坛和视频平台的占比相对较低，分别为3.86%、2.84%、2.14%和1.11%，但也有其独特的优势，如微博平台具有快速传播和高互动性的特点，在热点事件和话题讨论中发挥着重要作用，能够迅速形成舆论热点，在"一带一路"涉农舆论的公众认知和舆论导向方面有一定影响力；报刊平台在提供深度报道和专业分析方面具有不可替代的价值；视频内容以其直观、生动的特点吸引观众（见图2）。

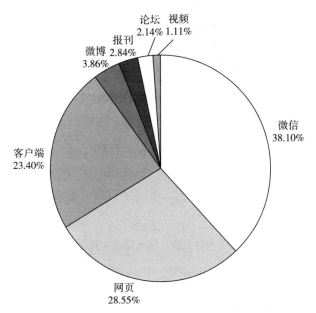

图2　2023年"一带一路"国内涉农舆情传播平台分布

（三）舆情信源分布

从"一带一路"涉农报道及信息首发来源看，新闻媒体具有显著影响力，其占比高达34.85%，居首位。新闻媒体通过报道、分析及评论等方式，向公众传递关于"一带一路"农业项目的最新进展与发展趋势，凸显了新闻媒体在塑造公众对农业合作认知方面的重要作用。其次是个人首发信息，占比26.21%，包括普通公民、农民、学者或其他个人在社交媒体、论坛等平台上分享的个人看法、经验和观点，大众广泛参与彰显了社会各界对"一带一路"涉农议题的广泛关注和殷切期望。政府首发信息占比18.63%，主要涉及政策发布、项目支持、国际合作等方面，反映政府部门在推动和引导农业合作方面发挥了关键作用，为整个领域的发展提供了基础支持。资讯媒体、企业和组织的信息占比较低，分别为10.73%、4.82%和4.76%（见图3）。

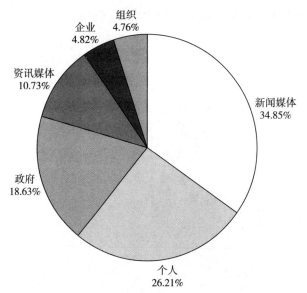

图3 2023年"一带一路"国内涉农舆情信源类型分布

## （四）媒体报道热点分析

　　媒体报道热点榜单凸显了中国在"一带一路"倡议下对农业领域合作的顶层设计与推动。报道中，习近平主席在多个场合的讲话及实地考察中，明确指出中国对农业国际合作的高度重视，并将"一带一路"倡议作为深化农业对外开放、促进区域发展的重要抓手。如在广西考察时强调发挥广西林果蔬畜糖等特色资源丰富的优势和积极服务建设中国—东盟命运共同体的重要性，打造国内国际双循环市场经营便利地，深度融入共建"一带一路"；在江西考察时强调江西联通东西、承接南北、通江达海的战略地位，应发挥生态优势和传统农业优势，打造区域性优质农副产品生产和供应基地，并深度参与共建"一带一路"，拓展农业对外合作新空间；在中国—中亚峰会期间强调以共建"一带一路"合作十周年为新起点，加快发展战略对接，推动贸易自由化便利化，扩大产业与投资合作，鼓励高新技术合作，保障地区粮食安全，共同打造深度互补、高度共赢的合作新格局。这些信息广泛传播，有助于塑造中国在国际舞台上的正面形象，同时为共建"一带一路"国家提供合作的范例,增强其参与合作的信心。

同时,相关报道热点也体现了中国在推动农业现代化和高质量发展方面的坚定决心,多篇报道中强调解放思想、开拓进取以及扬长补短等。舆论肯定了这种农业发展模式的价值,认为其不仅有助于提升国内农业产值,也为国际社会提供了可借鉴的经验。如与刚果(金)的合作涉及农业、基础设施、加工制造等多个层面,也派遣了农业技术专家组;与越南的农业合作则包括投资、贸易、农技和农业政策交流、农产品种植加工等,均展现了中国在合作解决农业问题上的积极姿态。通过这些多维度的合作,中国为全球农业发展提供了综合性的解决方案,旨在实现全球可持续发展目标,同时推动各国经济共同繁荣(见表1)。

表1  2023年"一带一路"国内媒体报道热点 TOP 10

| 排名 | 媒体 | 标题 | 相似文章数(条) |
|---|---|---|---|
| 1 | 《人民日报》 | 习近平同越共中央总书记阮富仲举行会谈 | 18145 |
| 2 | 中国青年网 | 习近平在广西考察时强调:解放思想、创新求变、向海图强、开放发展,奋力谱写中国式现代化广西篇章 | 16561 |
| 3 | 新华社 | 习近平在江西考察时强调:解放思想、开拓进取、扬长补短、固本兴新,奋力谱写中国式现代化江西篇章 | 9779 |
| 4 | 新华社 | 习近平在中国—中亚峰会上的主旨讲话(全文) | 6851 |
| 5 | 央视新闻 | 习近平同中亚五国元首共同会见记者 | 2402 |
| 6 | 央视新闻 | 习近平同刚果(金)总统齐塞克迪举行会谈 | 2310 |
| 7 | 央视新闻 | 习近平同赞比亚总统希奇莱马会谈 | 2009 |
| 8 | 新华网 | 元首外交\|擘画新时代中哥关系蓝图 | 739 |
| 9 | 《人民日报》 | 中企"出海"亮点纷呈 | 362 |
| 10 | 新华社 | 通讯:中巴农业科技合作助力高质量共建"一带一路" | 325 |

整体而言,媒体报道不仅反映了中国在全球农业合作中的主动姿态与战略定位,更深度展现了各省区市在"一带一路"倡议下的独特角色和功能,它们根据自身资源禀赋与区位优势,开展有针对性的农产品进出口业务,形成了多元互补的农业国际合作格局。通过相关报道,公众得以更直观理解国家如何借助"一带一路"倡议来推进农业现代化进程,

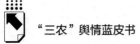

促进国内外农业市场的深度融合，以及在全球范围内携手共建繁荣共享的农业合作体系。

## 二 热点话题分析

### （一）农业国际投资与合作

在共建“一带一路”倡议中，农业是最受关注的领域之一，特别是在农业国际投资与合作方面。十年来，中国对共建“一带一路”国家农业投资稳步增长，投资存量超140亿美元，涵盖农、林、牧、渔等行业，涉及生产、加工、仓储、物流、科研及品牌等环节。目前中国已与80多个共建国家和国际组织签署农渔业合作协议，开展农业投资合作项目650余个。①“一带一路”农业合作的成果惠及各方百姓，为保障世界粮食安全作出重大贡献，获得媒体的持续关注。同时，在共建“一带一路”过程中，中国与相关国家积极推进产业园区建设，如中国西安爱菊集团在北哈萨克斯坦州建立农产品物流加工园区、金骆驼集团图尔克斯坦州奶粉厂建成投产、中粮集团在黑海和中亚地区投资粮食仓储物流设施建设等，不仅提升了当地农业的生产能力，还增强了中国与沿线国家之间的友好关系。目前，农业农村部已在塔吉克斯坦、莫桑比克等国认定了首批境外农业合作示范区建设试点，其推动了企业抱团出海，促进了境外农业产业聚集，成为中国对共建“一带一路”国家农业投资的重要平台，也成为国际社会观察“一带一路”倡议成效的重要窗口。

### （二）农产品贸易

随着全球经济逐步复苏和国际合作不断深化，农产品贸易成为连接不同

---

① 宫宇坤：《从“大写意”步入“工笔画”——共建“一带一路”农业国际合作成就综述》，《农民日报》2023年10月10日，第1版。

国家和地区、促进共同繁荣的关键纽带。中国作为世界上最大的农产品生产国和消费国之一，在"一带一路"框架下的农产品贸易活动尤为引人注目。2013~2022年，中国与共建"一带一路"国家农产品贸易额、进口额和出口额的年均增速分别达到8.7%、10.2%和6.0%，显示出比总体农产品贸易增速更快的增长势头。2022年，中国与沿线国家的贸易额达到1394亿美元的新高，占中国农产品贸易总额的42%，出口额也达到451亿美元的历史新高。① 贸易结构不断优化、贸易联通水平不断提升，中国成功地将水果、蔬菜、水产品等特色高品质产品出口到共建"一带一路"国家，并积极扩大了对这些国家的农产品进口，实现了互利共赢。2022年，中国向共建"一带一路"国家水果、蔬菜和水产品的出口额合计占向共建"一带一路"国家农产品总出口额的50%，其中水产品出口额最大，为96.3亿美元，占21.1%。② 茶叶、中药材、花卉等特色农产品也在国际市场上受到青睐。同时，有专家通过媒体平台发声，就"大而不强"的农业对外贸易现状提出建议，认为农产品贸易多元化是未来中国建设农业强国、培育农业国际合作竞争新优势、增强农产品贸易可靠性和韧性的重要增长点，应当结合"一带一路"倡议，拓展合作机制和农业贸易便利渠道，进一步推进农产品进出口市场多元化。③ 此外，中国还积极参与国际农产品标准制定，推动农产品贸易的规范化和安全化，为全球农产品贸易的健康发展贡献力量。

## （三）农业科技合作与创新

在全球信息技术迅猛发展的背景下，数字技术正成为推动农业现代化的关键力量。在"一带一路"倡议的推动下，中国与共建"一带一路"国家在智慧农业、农业大数据、精准农业等领域的合作日益深化，有效提升了农

---

① 刘博、王晓丽：《"一带一路"倡议十周年，我国与共建国家农产品贸易发展状况如何？》，中国农业外经外贸信息网，http://www.mczx.agri.cn/mybw/202312/t20231208_8135452.htm。

② 商务部国际贸易经济合作研究院：《绘就"一带一路"农业合作新画卷》，《经济日报》2023年5月17日，第11版。

③ 《打好农产品对外贸易这张牌》，《经济日报》2023年3月2日，第11版。

业生产效率、降低了生产成本，并显著增强了农产品的市场竞争力，为农业现代化贡献了重要力量。媒体广泛报道数字技术在农业中的创新应用，如卫星遥感技术的应用使得作物生长监测更加精确、大数据分析助力种植结构优化、电子商务平台为农产品销售提供了新渠道等，展示了数字技术对共建"一带一路"国家和地区传统农业面貌的改变。同时，中国通过建立联合实验室、开展联合农业科学研究等方式，积极推动与共建"一带一路"国家在科技研发、技术推广、人才培训等方面的合作，共享先进的农业技术和管理经验，并促进科技成果的转化和应用，助力推动当地农业生产力的提升和农业结构的优化。目前，东非地区最好的分子生物学实验室是我国在肯尼亚援建的中肯作物分子生物学联合实验室，带领当地从传统育种转向分子育种；中国—新西兰猕猴桃"一带一路"联合实验室，不仅是全球最大的红肉猕猴桃种质资源库，还将自主培育品种授权许可意大利、智利等 11 个国家，种植面积达到 3500 余公顷。随着我国数字技术广泛应用于农业农村领域，生产更加智能化、治理更加智慧化，一定程度上展示了中国在农业科技创新方面的领先地位，也为共建"一带一路"国家之间的合作与交流注入了新活力，共同推动了全球农业现代化进程。

## （四）农业文化交流互鉴

在"一带一路"倡议下，农业领域的合作不仅在经济层面取得了显著成果，也在文化交流方面发挥着重要作用。通过举办农业展览会、文化节和研讨会等多种形式的活动，各国不仅展示了的农业技术和文化遗产，还加深了对彼此农业实践的理解。这些交流平台不仅促进了农业知识的共享，还加深了共建"一带一路"国家间的文化互鉴和友好关系。例如，在陕西渭南举办的 2023 年首批中亚五国职业农民培训班上，20 名中亚职业农民与农业专家一起，学习交流温室大棚技术、无土栽培的操作、畜牧场隔离区域设置等内容，学员们领略了中国农业发展的速度，老师们也借鉴收获了不少管用的"土办法"。此外，农业文化交流还体现在对当地农业传统的尊重和保护上，如支持共建"一带一路"国家的农业文化遗产保护项目，依托共建"一带一路"国家农业文化遗产管理与保护研修班，来自莱索托、蒙古国、缅甸、尼泊尔、乌兹别克斯坦等 5 国的 20 名学员实地探访了"福州茉莉花与茶文化系统""尤溪联合梯田""安溪铁观音茶文化系统"3 个全球重要农业文化遗产，详细了解其丰富内涵、保护和发展路径。乌兹别克斯坦农业部的有关专家直言，此次学习为本国申请全球重要农业文化遗产系统提供了帮助。这些文化互动不仅丰富了"一带一路"倡议的人文内涵，也为农业合作注入了新的活力，有助于构建长期稳定的国际农业合作伙伴关系。舆论点赞，中国展现了其在全球农业可持续发展中的积极角色，同时也推动了多元文化的交流与融合。

## 三　舆情传播特点

### （一）主流媒体引领舆论，带动多元媒体参与传播

在 2023 年"一带一路"涉农舆情传播过程中，以《人民日报》、新华社、中央广播电视总台等为代表的中央权威媒体发挥了引领作用，利用其丰富的新闻资源、专业的新闻采编实力、较高的公信力和可信度，通过深度报道、专题策划、评论分析等手段，向公众全方位展示"一带一路"倡议下农业合作的战略意义、实际成效以及面临的机遇与挑战。如在"一带一路"农业合作十周年之际推出系列报道，生动诠释了中国在推动农业技术输出、产能合作等方面的积极作用，助力树立中国在农业国际合作中的良好形象。同时地方媒体、行业媒体等积极参与，构建起涉农内容多元化的传播矩阵。地方媒体多立足本土，聚焦本地在"一带一路"农业合作中的具体实践和贡献，如海南省媒体通过报道中非农业合作论坛、冬交会以及热带农业领域的合作与交流等，彰显地方在农业国际化进程中的创新模式与合作共赢理念。而行业媒体如《农民日报》等以其专业视角，深入挖掘"一带一路"倡议下农业科研合作、新品种引进、标准化生产等方面的具体成果，凸显专业媒体对纵深内容的独特传播优势。社交媒体平台则凭借其实时更新、互动性强的特性，迅速转载权威媒体热点新闻和案例，扩大了"一带一路"农

业合作的影响面。新华社推出了中英双语和创意插画短视频《一颗种子的希望之旅》，讲述中国杂交水稻对"一带一路"建设的突出贡献，在微博引发了亿次级的微话题阅读量。"中国杂交水稻在非洲加快推广""河南棉花风靡塔吉克斯坦""中国科研团队助力哈萨克斯坦小麦产量翻番""中国热科院在共建'一带一路'国家累计推广一千万亩木薯新品种"等消息引发热烈反响。舆论称，种下的是种子，播撒的是友谊，"一带一路"大道同行，一起端牢世界粮食"饭碗"。社交媒体的互动性和即时性，行业媒体的专业性和深度，地方媒体的地域性和贴近性，共同构成了一个立体、多维的信息传播网络。这种多元化的媒体生态有助于形成更加开放和包容的舆论环境，使得"一带一路"涉农合作的成果和挑战能够被更广泛地认知和讨论，为政策制定和公众参与提供了更加坚实的信息基础。

## （二）领导人活动成传播重点，助力增强涉农倡议认同感

"一带一路"沿线相关国家领导人参与的各项活动成为2023年"一带一路"涉农舆情中的关注焦点之一。媒体对领导人出席的高端对话、实地考察及签约仪式等活动进行全面、详细的报道，有效传递国家层面对"一带一路"倡议的高度重视，并借助领导人的视野，生动勾勒出倡议在农业国际合作领域广阔的战略前景。报道对一地一事的深度呈现，也展示了中国的执行力度，如中国助力菲律宾打造农技中心品牌项目，开展育种、生产、加工、储藏全产业链合作，加快推进菌草合作；江西十年来在加强农业对外合作机制平台建设、农业援外、南南合作、经贸科技往来等方面取得明显成效；中巴经济走廊农业合作项目首批出口中国干辣椒启运等。一方面，展现了领导人深入基层、了解民情的行动，以及倡议在地方层面的具体实施情况，让公众对倡议的认知和理解更加具象化；另一方面，也着重突出了"一带一路"倡议在农业国际合作与发展中的关键地位及其在推动农业现代化、保障粮食安全、促进全球经济一体化等方面发挥的重要作用。媒体成功地将领导人的活动转化为推动"一带一路"涉农倡议深入民心的强大引擎，进一步提升了倡议在国内外的吸引力和影响力。

### （三）情感化叙事加强共鸣，凸显农业合作的人文价值

在"一带一路"涉农舆情传播过程中，国际合作与文化传播紧密交织。随着"一带一路"倡议的不断推进，农业领域的国际合作项目日益增多，媒体在开展相关报道宣传时，除从整体上介绍农业投资合作规模、农产品贸易成果外，还通过深度报道和故事讲述，展现项目背后的传统农业智慧、文化价值以及减贫惠农成效。如媒体报道中国热带农业科学院的 6 名专家在巴拿马卡皮拉市进行为期一个月的热带果树种植与加工技术海外培训、一批来自非洲国家的农业官员和企业家前往福建农林大学国家菌草工程技术研究中心学习菌草技术、中国—苏丹棉花合作种植项目帮助当地农民解决了就业和脱贫致富问题、陕西渭南计划用三年时间通过举办现代农业技术研学班和农业专业技术（种植、养殖）人员培训班为中亚五国培训 300 名职业农民等具体实践，凸显合作项目对当地农业现代化和可持续发展的推动作用。特别是在传播中，注重将合作项目与文化交融结合，如通过报道中国与哈萨克斯坦等国举办的文化节、农业展览等人文交流活动，讲述跨越国界的农业合作故事，塑造了深入人心的"一带一路"农业合作品牌形象。舆论称赞，"一带一路"倡议不仅在经济上实现了互利共赢，更在文化层面上促进了民心相通，为构建人类命运共同体贡献了中国智慧和中国方案。

### （四）网民群体参与度不高，互动层次有待深化

2023 年是"一带一路"倡议提出十周年，涉农相关信息随之呈现井喷态势，其中媒体尤其是权威主流媒体对农业技术交流、农产品贸易、基础设施建设等多维度合作进行了详尽而深入的报道。然而，从社交媒体平台及网络论坛的反馈来看，尽管相关信息得到广泛转发和扩散，但普通网民群体的自发性讨论和互动相对有限，网民更多地扮演了信息传递者的角色，以转载官方或主流媒体内容为主，围绕"一带一路"农业议题展开个性化评论、讨论的还不多。这一现象揭示了当前"一带一路"涉农议题在网络舆论场中的传播模式仍以官方信息的单向传递为主，尚未形成丰富的多向互动交流

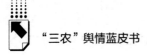

态势。这或许与"一带一路"涉农话题的专业性和复杂性不无关系，加之生动的故事情节或感人的案例相对较少，缺乏对公众广泛参与的吸引力。对此需要进一步创新宣传方式，强化线上线下联动，提高公众参与度，形成更活跃、多元的网络舆论氛围。

# 四 展望与建议

展望未来，随着"一带一路"倡议的持续深入推进，沿线国家农业领域的互动与合作将愈加紧密，国家领导人的积极推动和高层互访不断为农业合作注入新的活力，持续吸引舆论目光；农业国际投资与合作、农产品贸易、农业科技合作与创新等结出新的硕果会继续引发关注；国家间农业交流互鉴持续增强，涉及的鲜活事例与感人故事，将成为媒体报道的亮点。但在全球经济缓慢复苏的背景下，还需谨防敌对势力和民族主义者对国际合作的歪曲甚至污蔑，做好"一带一路"涉农舆论传播显得尤为重要。它不仅有助于促进信息共享，加强国际合作，还能提升公众对"一带一路"倡议的认知度，增强参与感和认同感，同时，也将进一步塑造积极的国际形象，传播中国智慧和中国方案，为扩大共建"一带一路"国家朋友圈、推动全球农业合作与可持续发展贡献中国力量。

基于当前舆情传播特点和未来"一带一路"整体舆论环境，本报告就进一步做好涉农议题传播提出如下几点建议。一是建立信息共享与协同机制，强化正面传播。加强与沿线国家政府部门的沟通协调，建立双边或多边的信息共享机制，与国际组织、非政府组织等建立合作伙伴关系，共同推动涉农舆情的正面传播。二是采用多维叙事策略，提升故事吸引力。采用人物驱动的叙事策略，聚焦在农业合作中扮演关键角色的个体或团队，通过他们的亲身经历和感受来展现"一带一路"倡议的实际成效，让故事更有人情味，增强共鸣。运用视觉叙事，通过纪录片、图片故事、短视频等形式，直观展示农业合作项目的现场情况和成果，增强观众的认同感。三是创新内容呈现，深度挖掘涉农合作内涵。通过深入研究和报道沿线国家农业合作的历史背景和文化价值，将这些元素与现代"一带一路"倡议下的合作项目相结合，展现历史与现代的对话，揭示文化传承与创新的连续性。强调农业合作在促进当地可持续发展方面的作用，报道生态农业、绿色能源等环保实践、智慧农业等信息技术应用，以及这些实践如何改善生态环境、提高农业生产效率和提升居民生活质量，不仅展示合作的经济成果，还传递出对环境和社会责任的重视。四是多渠道融合传播，扩大全球影响力边界。进一步强化传统媒体与新媒体融合传播；积极参与国际合作平台活动，携手国际媒体伙伴，共同策划与推广涉农合作故事，利用其全球分布的优势提升国际曝光度。五是激发公众参与热情，增强涉农故事互动体验。如可在新闻报道中嵌入互动环节增加即时互动性，充分利用社交媒体平台举办主题摄影挑战、问卷调查或竞赛等活动，引导用户以个性化视角分享自己的"一带一路"涉农故事，借助话题标签扩大传播范围，也增强公众的参与感。

## 参考文献

贺永祥、王小杨：《转型与重构："一带一路"精准传播的新范式》，《对外传播》2023年第11期。

马龙、杨莉莉：《乡村振兴背景下中国乡村形象建构与国际传播路径》，《西北农林科技大学学报》（社会科学版）2023年第5期。

张春岩：《"一带一路"与乡村振兴耦合发展的基本逻辑与路径分析》，《公关世界》2024年第5期。

顾晶姝：《外媒舆情中的中国形象构建研究——以〈产经新闻〉"一带一路"涉华报道为例》，《哈尔滨学院学报》2019年第7期。

陈佳贺、丁春福：《"一带一路"倡议10周年：战略价值新思考》，《中国商论》2023年第23期。

李青、易爱娜、邹嘉龄：《"一带一路"数字合作：成就、挑战与展望》，《战略决策研究》2023年第6期。

崔艳、李祎、康宇立等：《新媒体视域下中国农业科技传播发展现状与对策》，《农业展望》2023年第12期。

# 热点篇

# B.10
# 贵州"村超"火爆出圈的舆情分析

任　颖　邹德姣　杨晓津　金　鑫*

**摘　要：**　2023 年 5 月 13 日贵州榕江县和美乡村足球超级联赛（"村超"）开赛以来，随着媒体纪实直播、短视频报道以及知名人士参与传播等，加之精彩赛事持续吸引舆论目光，"村超"迅速火爆全网，并从文体活动一跃成为带火当地旅游、餐饮、住宿、农特产品的新引擎，成为榕江县乃至整个贵州省的一张亮眼名片。舆论积极肯定"村超"为乡村文化振兴提供的新思路、为当地乡村产业转型升级提供的新契机。

**关键词：**　榕江县　"村超"　足球比赛　乡村体育　文化振兴

---

* 任颖，农业农村部信息中心舆情调研处舆情分析师，主要研究方向为涉农网络舆情；邹德姣，北京世纪营讯网络科技有限公司舆情分析师，主要研究方向为涉农网络舆情；杨晓津，北京世纪营讯网络科技有限公司舆情分析师，主要研究方向为涉农网络舆情；金鑫，北京世纪营讯网络科技有限公司舆情分析师，主要研究方向为涉农网络舆情。

# 一　舆情总体情况

2023年，贵州省黔东南苗族侗族自治州榕江县因举办由20支村队发起的乡村足球比赛"村超"而火遍大江南北，甚至火出国门，成为乡村现象级"嘉年华"，引发舆论极大关注。据监测，自5月13日榕江县和美乡村足球超级联赛正式开幕至12月31日，相关舆情总量281.38万篇（条）。其中，视频139.23万条，客户端74.55万篇，分别占舆情总量的49.48%、26.49%，两者合计占舆情总量的超七成；微博帖文42.10万条，新闻网站18.52万篇，微信6.02万篇，论坛、博客9593篇（见图1）。赛事全网浏览量超580亿次，全网在线直播观看人数超60亿次，累计吸引游客超765.85万人次。① 多家媒体持续报道、突出宣传，为赛事提供有力舆论支持。"人民日报"

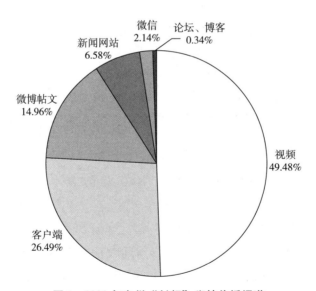

**图1　2023年贵州"村超"舆情传播渠道**

资料来源：农业农村部"三农"舆情监测管理平台、新浪舆情通。下同。

---

①　《"村超"火的第2年，我们迎来了非洲"村超"代表队》，芒果TV，https://mp.weixin.qq.com/s/7hDAta7KkSSatqJyfEyhjQ。

官方微博多次对“村超”进行现场直播，央视新闻连续推出《“县”在出发》特别报道，盛赞“村超”是“文体两开花，乡土也时尚”①。话题“村超现场有多燃”“感受乡村足球的纯粹和快乐”“贵州村超联赛”“贵州‘村超’乡村足球之夜来啦！”“专家：‘村超’‘村BA’爆火的启示”“贵州‘村超’吸引近5万人观赛”“贵州村超现场有多燃”“韩乔生来贵州村超谈中国足球”分别登上新浪微博、抖音、百度、今日头条热搜榜。

从舆情走势看，该事件舆情整体呈现持续时间长、起伏频次多、波动幅度大等特点，主要有以下几个发展阶段（见图2）。

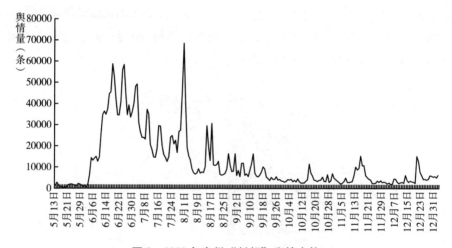

图2　2023年贵州“村超”舆情走势

第一阶段是舆情发酵期，时间为5月13日至6月2日。这一时期，“村超”舆情低位运行，赛事相关精彩瞬间在社交媒体广泛传播，推动舆情逐渐走高。据“天眼新闻”报道，贵州榕江和美乡村足球超级联赛于5月13日18时正式开幕，赛事至8月结束，“村超”共有20支球队参赛，队员由榕江县各乡镇政府、各村委会、各民间团体、学校和村民组成，是

---

① 《激情燃烧的“村超”贵州榕江“文体两开花”乡土也时尚》，央视网，https：//tv.cctv.cn/2023/06/05/VIDENDkYgnfHfZl4YtcyrOqv230605.shtml。

一场纯粹的农民群众赛事。① 当日，微博"天眼新闻"全程直播，抖音账号"榕江发布"同步推出短视频，称"榕江'村超'足球比赛，冠军一头牛，亚军一头猪"。此后，舆论场频现各种宣传"村超"赛事的视频。5月20日，村超队员伍楚国在比赛中踢出40米开外的"世界波"，精彩瞬间迅速引发短视频平台广泛传播，榕江县委宣传部官微"@榕江在线"等转发相关视频，网民纷纷表示"这个村超有点水平""差点以为是C罗""试问这样的村超谁不爱呢"。6月1日，世界球星迈克尔·欧文发来视频，恭喜贵州"村超"取得成功，抖音账号"榕江发布"转发并点评村超"火出国际范"。

第二阶段是舆情爆发期，时间为6月3日至7月28日。这一阶段，社会知名人士、意见领袖、主流媒体的加入让"村超"流量进一步扩大，舆情波动起伏明显。6月3日，央视前名嘴韩乔生亲临现场解说，金句频出，"'村超'的收视率已经超过中超"②"从奥运会到世界杯，这么热闹的场面还是第一次""贵州'村超'太接地气"等语句备受社交媒体和网民青睐。6月5日，时任外交部发言人华春莹在国外社交平台推特上盛赞"村超"是"伟大的激情、伟大的比赛"，引发我国多家驻外大使馆账号转发。6月17日，新华社报道《乡村体育火爆：是乐子，更是路子》，《长江日报》专访贵州榕江县足协相关负责人，微博大V"季若颜"发帖"前有淄博烧烤，后有贵州村超"，引发"'村超'为何火过中超"等讨论。6月23日，九派新闻报道，前国脚范志毅率青海果洛联队抵达现场打比赛，现场球迷热情高涨，工作人员称"场内7万人场外10万人"。"B太"等网络大V发布实地探访贵州榕江的视频，揭示村超火爆原因，称赞"这踢的是足球吗？这踢的是政通人和"。7月，随着赛事推进，"村超"的影响力持续扩大，歌手组合水木年华、体育评论员黄健翔等文体界人士来到现场为

① 《"村超"来了！榕江（三宝侗寨）和美乡村足球超级联赛开幕》，天眼新闻，http://jgz. app. todayguizhou. com/news/news-news_detail-news_id-11515116154324. html。

② 《韩乔生：这收视率都超过中超了》，抖音账号"很贵州"，https://www.douyin.com/video/7240467339530095906。

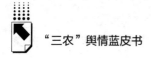

球员加油。

第三阶段是舆情高潮期，时间为7月29~31日。7月29日，"村超"决赛直播，舆情走势于30日攀至顶点。"@央视新闻"报道"历经三个月、98场比赛，贵州'村超'决出冠军"，称赞贵州"村超"踢出了过年的气氛。①新华社刊发《追"球"向未来——写在贵州"村超"总决赛之际》回顾了"村超"赛事从举办到结束的全过程，称"'村超'决赛落幕，体育热潮在榕江仍在升温"。"@小象八卦""@网恋"等众多自媒体用"'村超'到处人人人人""贵州'村超'现场人从众"展示"村超"决赛的热烈氛围。

第四阶段为舆情回落期，时间为8月1日至12月31日。8月1日以后，舆情从高点逐渐回落，但随着"村超"溢出效应的显现，舆情走势仍有起伏。8月13日，"贵州'村超'胜地·全国美食足球友谊赛"开幕，由"村超"开启和播撒的"足球星火"慢慢形成燎原之势。9月2日，"村超"与"英超"签署战略合作协议，考虑筹办社会足球友谊赛，《中国日报》刊发相关消息。10月17日，榕江县受邀参加2023年"一带一路"国际智库合作委员会全体大会，贵州"村超"首次亮相"一带一路"舞台，县领导分享了"村超"的故事。12月4日，《咬文嚼字》编辑部公布了"2023年十大流行语"②，"村超"入选。12月16日，2023年中国公共关系发展大会首次举办年度公共关系优秀案例展示，贵州"村超""淄博烧烤"等案例入选。③12月31日，国家主席习近平2024年新年贺词点赞贵州"村超"活力四射。图3为2023年贵州"村超"舆情关键词云图。

---

① 《贵州村超踢出了过年的气氛》，微博账号"央视新闻"，https：//weibo.com/2656274875/NceT420il。

② 《2023年十大流行语发布》，正观新闻，https：//wap.zhengguannews.cn/html/news/340853.html。

③ 《2023年中国公共关系发展大会：贵州"村超"、"淄博烧烤"等入选年度优秀案例》，红星新闻，https：//static.cdsb.com/micropub/Articles/202312/4b9b5923f7850b0e31a57b500ab6d94b.html。

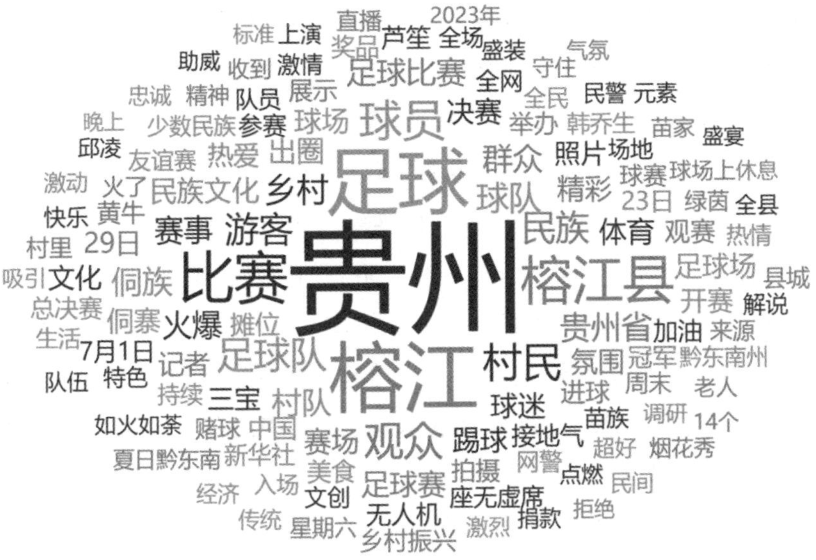

**图 3　2023 年贵州"村超"舆情关键词词云图**

## 二　舆论主要议题

### （一）分析"村超"火爆出圈背后的原因

天眼新闻评论称，"村超"为什么火？因为这是人民群众对追逐人生梦想、追求美好生活的强烈愿望，因为这里能看到中国式现代化乡村的幸福模样。数英网指出，从 2021 年以来，榕江先后策划了 5 次城市 IP 塑造活动，结果都不尽如人意。但与其说是一夜走红，贵州"村超"的出圈倒不如说是榕江县这座不起眼小县城的厚积薄发。贵州财经大学公共管理学院教授张领表示，"村 BA""村超"等乡村赛事"出圈"，一方面是因为随着物质生活水平的提高，农民群众对精神文化的需求越来越强烈，也有时间和条件参与组织大型文体活动；另一方面这些爆火的项目是民间孕育的产物，群众基础深厚，是传统文化内生出新的文化样式。① 上海大学教授刘寅斌表示，作

---

① 《贵州村超何以火出圈》，《浙江日报》2024 年 6 月 14 日，第 3 版。

为全国脱贫攻坚的最后一批脱贫县之一,榕江是贵州"千年之变"的一个缩影。国家东中西部区域协调发展战略的稳步实施、脱贫攻坚的巨大成果,为"村超"的成功打下了扎实的物质基础。新华社指出,贵州,一个西部欠发达省份,台江和榕江,在贵州也算不上富裕县。为何这里的乡土体育却能屡屡"破圈",引领全国潮流?一是热爱,可抵岁月漫长。二是政府因势利导。榕江县"村超"坚持开放办赛,不收门票,不拉赞助,村民自己当办赛主体,与当地相关组织携手,分工协作。三是以"文"育"体",以"体"兴"旅"。立足本地文化,让"村超"充满乡土味、乡情味、乡愁味。四是回归体育本质。当我们不再只焦虑于金牌的多少,而把目光聚焦于人的全面发展和全民健身、健康中国上,这既是体育本质的回归,也是加快建设体育强国的应有之义。[①] 荆楚网评论称,贵州"村超"的成功离不开历史积淀的篮球、足球文化,更有多彩的少数民族文化加持。网民"链殊娜"说,乡土风情和生活的乐趣,人们心中独一无二的热爱才使"村超"活力满满。网民"爱家乡爱祖国爱世界"说,真正接地气的足球,生机勃勃让人喜爱。

## (二)探究"村超"为乡村文化振兴提供的新思路

红网刊发报道《"村超"出圈启示:用文化为乡村振兴筑基铺路》称,榕江县"村超"为我们展示了依托当地文化特色,顺应中国式现代化潮流,大胆探索、积极创新从而获得成功的例子。乡村振兴必须以文化振兴为基石。加强农村精神文明建设,构建充满活力、健康向上的乡村文化,并将其与群众喜闻乐见的体育活动相结合,无疑是一条振兴乡村的新路。武汉大学中国乡村治理研究中心副教授王德福表示,"村BA""村超"等为全国乡村文化年和乡村体育发展提供了新启发、新思路。有关工作不能变成标准化的任务指标,以致脱离群众需求和地方实际,加重基层负担;要防止变成政府

---

[①] 《这件事,"火"得有道理!》,新华社百家号,https://baijiahao.baidu.com/s?id=1768492088832532005&wfr=spider&for=pc。

"一头热"和少数人受益，真正将农民自我组织和广泛参与落到实处；要在节庆赛事等集中活动之外，探索更多日常化、生活化的文体活动形式；更要跳出年度时间限制和狭义文化视野，久久为功地推动农民休闲生活的整体性高质量提升。中国经济网评论称，最是文化能致远，眼下，不只贵州，在甘肃、广西、福建等地，类似以村为单位的体育赛事还有很多。乡土民间平凡普通人昂扬的精神世界，正被越来越多的人看到，也感染着很多人。这启示我们：要做好文体资源的利用转化，"以文塑旅、以旅彰文"，促使文旅深度融合，不断开拓乡村消费新空间。网民"此去经年"说，贵州领导真棒！以体育凝聚群众民心士气，以体育促进经济腾飞，以体育打造区域品牌，以体育弘扬贵州文化，一根针串起了万条线，串起了贵州的精神建设和经济发展，串起了百姓的家国认同，串起了人民对美好生活向往的希望！太感动了。网民"shally"说，"村BA"展现了乡村的活力，因地制宜，也是文化创新的方式，增强了文化自信。

### （三）肯定"村超"促进了乡村产业结构转型升级

《中国纪检监察报》报道《"村超"出圈带动"村经济"》称，此次"村超"比赛期间，当地政府在赛场周边合理规划夜间经济聚集街，鼓励广大经营主体通过流动摊位、后备箱集市等形式入驻，提供餐饮美食、农特产品、赛事周边销售等服务，打造"月亮山+"品牌，带动县城及周边产业、餐饮、住宿、旅游等行业发展，拓宽当地群众增收渠道，实现"村超"带动"村经济"。人民网报道称，榕江县将借助"村超"之势，打造"超好吃""超好玩""超好住"等"超品牌"。"体育+旅游"带动地方餐饮、住宿、旅游等行业发展，也带动地方特色产业发展。海报新闻指出，在"村超"赛事期间，榕江县也为当地群众在体育场周边规划了320个免费摊位，为观赛群众提供餐饮美食、农特产品、赛事周边销售等服务，推动榕江城镇夜间经济发展。榕江特色美食、农特产品及蜡染、刺绣等非遗产品也走进观众席。新湖南客户端称，榕江"村超"带动榕江县旅游收入超12亿元。微博账号"奇瑞汽车"表示，奇瑞集团牵手贵州"村超"，达成战略（公益）

合作，成为首家合作车企。双方将在赛事举办、"村超"体育文化、公益助学助农、乡村振兴"超"经济等方面深入合作，助力"村超"及中国产品走向全球。网民"姚"说，村超既是一种娱乐，吸引外地的人关注，也同时把自己推介出去，既带动经济，也搞好文化的传承，值得借鉴。网民"天狼星之猛龙过江"说，在国家推动建设美丽乡村的大美蓝图下，"村BA""村超"，不仅给台江、榕江两地建设美丽乡村注入了活力，同时也展现两县的地方特色、展示了两县少数民族文化的魅力。台江、榕江无疑为各地建设美丽乡村、开展特色乡村旅游提供了很好的示范效应。让我们一起为"村BA""村超"加油，为建设美丽乡村摇旗呐喊。网民"凤传奇438"说，"村超"等"村味赛事"带火乡村旅游，激发消费市场活力，体育多元化功能助力中国乡村振兴。

### （四）建议因地制宜让更多的村字号IP"长红"

新京报网刊发《希望看到更多活力四射的"村BA"和"村超"》报道称，从"村BA"到"村超"，"村"字号赛事火了。这已经不只是一两个现象级的体育赛事，更是乡村精气神的一个典型代表，说明乡土文化本身就具有强大动能和个性特色。每个地方都有自己的文化火种，农民也有自己的文体特长和爱好。只要能够因地制宜，充分挖掘当地优秀传统文化，吸引广大农民参与进来，就有可能看到更多的"村"字号现象涌现。央视新闻刊发《"村超"如何打开乡村"超链接"》报道称，烟火气里的"村超"，"村"味为何这么香？承载的是乡情与乡愁，引发的是人们的情感共鸣和传统价值认同。"村+"类IP正在各地的乡村涌现，发掘培育自身特色、久久为功，外在塑形、内在铸魂，才是从"网红"变"长红"的关键。鲁网评论称，打造乡村特色文化，一方面，要挖掘较全国其他省份而言当地乡村旅游的明显比较优势，依托本地产业经济基础、挖掘传统文化资源，打造具有本地特色的内容产品；另一方面，可深挖垂直领域，精耕细作打造地方精品内容。坚持创造性转化、创新性发展，以艺术赋能乡村，围绕几个坐标做大、做强、做精文化产品。网民"用户

6564095008398"说，中国有中国特色，各地有各地方的特色，不能一切照搬，只能因地制宜。

## 三　舆情启示

"村超"的火爆，吸引了社会各界的热情关注，媒体、学界、业界、网民等对赛事促进乡村振兴、产业融合发展、社会治理效能提升等多个方面的积极作用有诸多讨论，从舆情角度，可以总结出以下几点启示。

### （一）立足乡村特色资源禀赋，成功打造地域品牌

足球在榕江当地已有 80 多年的发展历史，在春节期间举办的村与村之间的小型足球比赛也已断断续续有 30 年。当地群众对足球的喜爱、普通村民球员、猪牛羊鸡等比赛奖品、中场表演村民自排文艺节目等呈现了其与生俱来的"乡土味""趣味性""纯粹性"，是独具魅力的人文景观，也是舆论传播的"亮点""爆点"。独特的资源禀赋和人文历史，当地深挖其中特色并予以生动呈现，是"村超"成功的基础。榕江县有关领导曾在采访中坦言，"村超"之前，他们尝试过五次文体旅融合县域 IP 打造，但都没有出圈。[1] 所以，立足自身特色资源禀赋，加上突破性的包装和推介，"村超"逐步成为推动地方经济社会发展的新引擎，彰显体育与文化融合所迸发出的极大价值，成功塑造了"村超"这一地域品牌。

### （二）借力新媒体传播矩阵，带动热度破圈

贵州"村超"的火爆出圈，离不开社交媒体、网络直播的巨大传播力量。新媒体互动性强、鲜活接地气的表达方式迅速引发全国观众的共情和关注。据了解，早在 2021 年，榕江县就组建新媒体工作专班，发展短视频、

---

[1]　杨旸、林剑、赵萌：《我们早就准备好了！——贵州"村超"系列调研之二》，《中国体育报》2024 年 4 月 24 日，第 1 版。

电商直播等新业态，曾提出"村村有网红、寨寨有主播"目标，两年来，已累计培育了 1.28 万个村寨新媒体账号和 2200 余个本地网络直播营销团队，本土新媒体矩阵是"村超"火爆出圈的基础力量，是"村超"故事最好的代言人和放大器。贵州"村超"传播策划方介绍，贵州"村超"从国内走向国际的关键在于对短视频平台的有效利用。自"村超"的概念提出以来，其在抖音等短视频平台打造了贵州"村超"矩阵账号，生产了超 1000 条优质内容。后经权威媒体、各类网红等关注传播，让赛事热度成功"出圈"。

## （三）邀请知名 KOL[①] 参与传播，扩大品牌影响力

从"村超"舆情传播看，社会有影响力的公众人物点赞、解说或参与传播，均将赛事的热度推上高点。比如时任外交部发言人华春莹在国外社交平台推特上点赞，英国著名球星迈克尔·欧文、西班牙传奇球星伊涅斯塔均发来祝贺。在业界有较高知名度的央视前名嘴韩乔生、著名足球评论员黄健翔、职业足球运动员范志毅等人先后来到"村 BA""村超"现场，著名演员陈百祥携手黄日华等人喊话"村超"来参赛，都让"村超"流量飙升，进一步扩大了"村超"品牌的知名度和影响力。

"村超"入选 2023 年十大流行语、2023 年度公共关系优秀案例，与国际知名品牌的合作等都说明，贵州"村超"已经成为立体、全面展示中国、讲好中国故事的经典范例。

**参考文献**

杨宇涛：《自媒体短视频在区域形象建构与传播中的作用探析——以贵州"村超"为例》，《新闻世界》2024 年第 2 期。

马立明、袁嘉婧：《作为"人民足球"的"村超"：本土媒介景观的塑造路径及其

① KOL 一般指关键意见领袖。

启示》，《对外传播》2024 年第 4 期。

王海燕、王晓蒙：《贵州"村超"出圈的传播策略及启示》，《新闻世界》2024 年第 4 期。

许峰、黄春云：《"村 BA""村超"现象级传播中的"狂欢"要素分析》，《媒体融合新观察》2023 年第 4 期。

# **B**.11
# 云梦泽垂钓冲突事件的舆情分析

李婷婷　张文静　种微微　赵娟　李冬冬*

**摘　要：**　2023年10月，安徽宿松云梦泽公司粗暴驱赶钓鱼者、使用地笼捕捞等问题被集中曝出，引发舆论关注。事件舆情呈现持续时间长、起伏次数多、波动幅度大等特点。舆论指出，渔业经营管理不能损害公众利益，渔业资源开发应合法合规，渔业作业不能破坏生态环境。事件中，当地官方虽多次回应，但时效性、专业性不足等导致舆论反馈效果不佳。从事件后续风险看，舆情反弹升温的可能性依然存在。

**关键词：**　云梦泽　渔业　捕捞　地笼　垂钓

2023年1月以来，垂钓领域博主在抖音等社交平台发布零星视频，反映安徽云梦泽生态综合开发有限公司（以下简称"云梦泽"）以承包经营宿松县大湖（由龙感湖、黄湖、大官湖和泊湖组成）为由，粗暴驱赶钓鱼者、使用"绝户网"捕捞等问题。10月开始，云梦泽上述问题遭到更多垂钓博主的集中、连续爆料，并引发了多个衍生舆情，成为2023年网络热点事件。

---

\* 李婷婷，农业农村部信息中心舆情监测处分析师，主要研究方向为涉农网络舆情；张文静，北京乐享天华信息咨询中心舆情分析师，主要研究方向为涉农网络舆情；种微微，北京农信通科技有限责任公司舆情分析师，主要研究方向为涉农网络舆情；赵娟，北京农信通科技有限责任公司舆情分析师，主要研究方向为涉农网络舆情；李冬冬，北京农信通科技有限责任公司舆情分析师，主要研究方向为涉农网络舆情。

# 一　舆情总体情况

从 2023 年 10 月以来集中出现的相关舆情看，安徽宿松云梦泽垂钓冲突事件整体呈现持续时间长、起伏次数多、波动幅度大等特点（见图 1）。从引发舆情发生发展的主要因素看，事件主要经历了以下几个阶段。

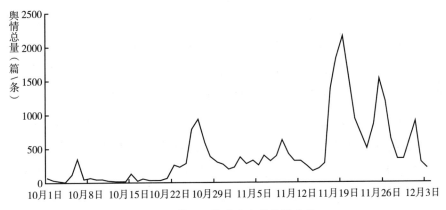

**图 1　云梦泽垂钓冲突事件舆情走势**

资料来源：农业农村部"三农"舆情监测管理平台、新浪舆情通。下同。

2023 年 10 月 1 日至 11 月 5 日，钓鱼人与云梦泽公司之间的权益之争成为关注焦点，事件舆情经历了长达一个多月的发酵期，整体热度波动上扬。从关涉主体看，事件首先由钓鱼者通过社交媒体主张权利引发，由于涉事公司和当地有关部门一直未发声，垂钓博主掌控主场，"云梦泽"逐步陷入舆论漩涡。具体看，10 月 1 日，抖音垂钓博主"炸条路"发布了钓鱼时被"云梦泽"工作人员驱赶的视频，视频文字强调"河、海都是国家的"。该条视频的关注度有限，点赞量和评论量均在数百次。10 月 5 日，抖音垂钓博主"汇入江湖"发布了钓鱼者面对"云梦泽"工作人员进行维权争辩的视频，"你们有什么权利""自然水域为什么不让钓"等发问受到网民广泛认同，视频点赞量快速突破万次，当日事件舆情热度明显上涨。随后，"钓界驴大嘴""王大苗小仙女""喂鱼人邓炮"等垂钓博主纷纷声援，事件传播渠道也由抖音向西瓜视频、今日头条、微博、百家号等平台进一步扩展。10月16日，安徽宿松县大湖年度起捕活动正式启动，"云梦泽"是主要组织参与公司，由此引发了舆论关注度的再次上涨，至10月26日出现首个舆情高峰。对"云梦泽"侵占公共资源的质疑仍是舆论热点议题，"在天然河道甚至是小水岔中钓鱼也被驱赶、没收鱼竿"等更多情况被垂钓博主曝出，"'云梦泽'的鱼游到哪里，哪里就是'云梦泽'吗"等发问不断，相关视频消息引发了数百万次的点赞量和播放量。此外，大量渔船在宿松大湖捕捞作业，相关图片视频成为新的关注点，"容许万米渔网，却容不下一支鱼竿"等评论开始出现。舆论关注视角也开始转向"云梦泽"公司的"县属国有企业"身份，"云梦泽县"等网络调侃在社交平台中传播。

11月6~14日，新闻媒体介入报道，事件舆情出现新进展，宿松县有关部门通过媒体作出回应，引发舆情热度出现两次小幅递增。11月6日，苏州广电旗下媒体账号"小鱼新闻"发布采访录音，宿松县委宣传部工作人员回应了与事件相关的热点问题，凤凰网安徽频道、荔枝新闻、河南之声、华商报等地方媒体纷纷转发。其中回应的"'云梦泽'公司没有执法权""网络上流传的视频可能是去年的视频""目前大湖禁止休闲垂钓，未来将开设集中收费垂钓点""将宿松叫云梦泽县是网暴"等内容成为传播重点。11月9日，央广网发布文字报道《五问"安徽宿松云梦泽"事件，当地独家回应》。针对"云梦泽"经营管理是否合法合规合理、当地群众的"垂钓自由"如何实现等问题，专访了宿松县湖泊管理服务中心及"云梦泽"公司负责人。其中回应的"巡护人员整体文化程度不高""确实存在管理行为不规范、不文明等问题""抓紧完善拟设立垂钓区水域的道路交通、停车场地、应急服务等相关基础条件"[1] 等信息广受关注。"央广网五问'云梦泽'"引发舆情热度明显升温，相关消息在抖音等社交媒体中的点赞量达到数十万次，网民发出了"且看如何处理""拭目以待"等评论。但在报道

---

① 徐鹏：《央广网五问"安徽宿松云梦泽"事件，当地独家回应》，央广网，https://www.cnr.cn/ah/news/20231109/t20231109_526480868.shtml。

发出的随后几天，仍有垂钓博主继续爆料"云梦泽"工作人员通过"搅窝子"的方式驱赶钓鱼者，"五问'云梦泽'未果"等舆论表达也由此出现。

11月15~22日，"云梦泽"地笼捕捞问题成为爆点话题，垂钓博主实名举报引发舆情热度直线上涨，宿松县官方回应推动舆情热度接续攀至最高点。11月15~17日，抖音垂钓博主"大熊测饵"连续发布4期视频，展示了无人机拍摄的"云梦泽"大规模使用地笼捕捞的作业现场，点赞量共计超过百万次。随后，"咸鱼湫X""朱凯FDY""钓界驴大嘴"等垂钓博主围绕视频内容进行二次创作，在B站、今日头条、西瓜视频等平台进一步传播，"毁灭性捕捞""大小通杀一网打尽""只许县属国企'绝户'捕捞，不许百姓单钩钓鱼"等表述纷纷出现，相关视频播放量共计超过千万次。18日，宿松县农业农村局针对举报情况发布调查说明，宿松县渔政站工作人员就地笼捕捞问题接受极目新闻采访，"官方通报黄湖区域大规模使用地笼捕捞"推动舆情走势于19日达到最高点。从央广网、中青在线、澎湃新闻等媒体报道情况看，上述官方回应中的"举报所述放地笼捕捞的位置不属于禁捕水域"[1]"当地没有规定地笼是禁用渔具"[2]成为传播重点，"非禁捕区域""非限制水域""未违反规定""没规定禁用地笼"等表述频现新闻标题。从网民关注情况看，官方回应的"主要起捕生活史周期相对较短，寿命只有一至两年，自然死亡会对水质造成一定影响的小型鱼虾等水生动物"，[3]受到质疑和追问。有网民调侃，"还好有'云梦泽'，不然长江的水都臭了"。

11月23~29日，垂钓博主"大熊测饵""王大苗小仙女"相继爆料被跟踪、被抢手机、被删视频等经历，舆情热度再次上涨，25日达到次高点。在抖音、微博等社交平台，上述视频被网民热烈围观，共计引发了超过百万次的点赞量和数十万次评论量。凤凰网、极目新闻、新浪视频、今日头条等媒

---

[1] 徐鹏：《安徽宿松回应大湖"放地笼捕捞"事件：非禁捕区域，未违反规定》，央广网，https://www.cnr.cn/ah/news/20231119/t20231119_526491516.shtml。

[2] 杜光然：《安徽宿松云梦泽公司粗暴驱离垂钓者，却有渔船在湖里放地笼捕捞？当地回应》，极目新闻，http://www.ctdsb.net/s427_202311/1069046.html。

[3] 《关于"黄湖区域大规模使用地笼捕捞"举报情况的说明》，微信公众号"宿松融媒"，2023年11月18日。

体也对事件跟进报道,"安徽宿松警方已介入"等情况被设置在新闻标题中。

11月30日至12月2日,安徽宿松县政府发布《关于云梦泽公司经营管理有关情况的通报》,引发舆情走势新一轮起伏,12月1日达到此轮峰值。11月30日,宿松县政府发布通报,针对"与垂钓爱好者发生争执""休闲垂钓区开放""大水面承包""使用地笼起捕"四方面情况作出回应。对此,人民网安徽频道、环球网、中安在线、《合肥晚报》等新闻媒体予以原文转载,"安徽宿松致歉""存在巡护管理不规范、不文明现象""已约谈公司""将开放垂钓区"等信息被重点设置在新闻标题中。垂钓博主也对上述通报予以积极传播,并表示将继续关注开放垂钓区、停止使用地笼等情况的后续进展,相关视频在抖音平台的点赞量共计达到百万次。12月2日开始,事件舆情热度快速下降,此后舆情走势处于低位震荡,至2023年12月31日未现反弹。

据监测,2023年10月1日至12月3日,云梦泽垂钓冲突事件的舆情总量为2.63万篇(条)。其中,视频1.78万条,占舆情总量的67.68%;客户端5103篇,占19.42%;微博2308条,占8.79%;新闻报道587篇,微信355篇,互动论坛帖文138篇,合计占4.11%(见图2)。

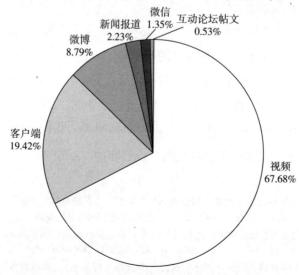

**图2 云梦泽垂钓冲突事件各类媒体话题量占比**

## 二　舆论主要议题

从云梦泽垂钓冲突事件媒体和网民评论关键词看（见图3），"云梦泽""垂钓""捕捞"三个关键词提及频率最高，一定程度上说明舆论讨论视角主要围绕涉事主体行为展开。

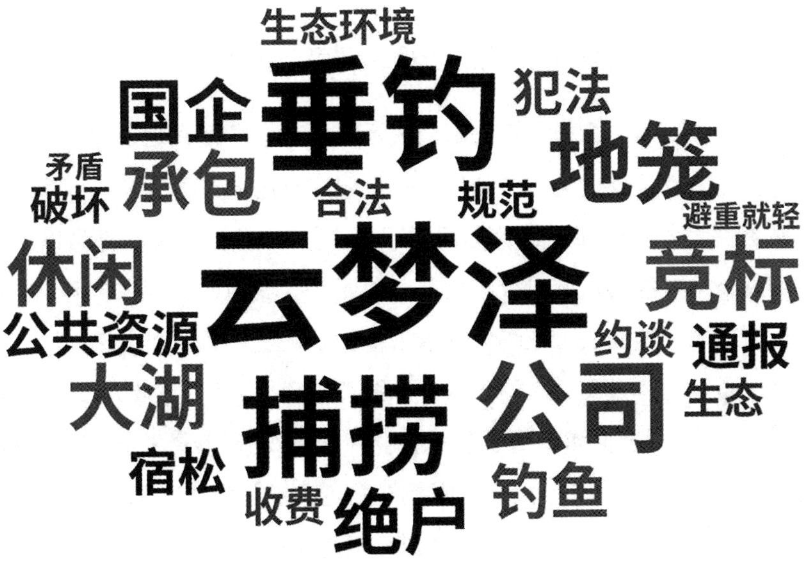

**图3　云梦泽垂钓冲突事件评论关键词**

在"公共资源""国企""承包"等关键词反映出的事件具象背景下，"云梦泽"的捕捞行为与钓鱼者的垂钓行为二者之间产生冲突，由此出现的问题成为舆论焦点。具体议题主要集中在以下三个方面。

### （一）渔业经营管理不能损害公众利益，粗暴禁钓折射权力任性

贵州广播电视台《零度时评》发问，不准钓友垂钓，为什么允许国企放地笼捕捞？生态是大家的，天然水域不是独家生意，国企也好，钓友也

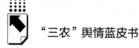

好，管理上不能搞双标。① 北京卫视《首都晚间报道》指出，渔业开发要周全，更要公正，粗暴驱离垂钓者背后是权力的任性，无异于"只许州官放火，不许百姓点灯"，专横底气来自当地政府的庇护。② 有网民说，宿松大湖水太深，万米大网能自由捕捞，却容不下一支几米长的小鱼竿。还有网民说，"云梦泽"把宿松大湖及周边的水域资源都垄断了，二月放鱼十月捞，放时只有二两多，捞时已有半人高，还大言不惭"云梦泽的鱼所到之处，皆归其管理"，这波操作欺人太甚，应该查清谁在背后撑腰。

### （二）渔业资源开发应合法合规，切忌公权滥用

极目新闻指出，宿松县有关部门表示，由于水域面积划分的复杂性，确实存在管理上有争议的地方。如果一家公司连自己的经营管理范围都弄不清楚，那还谈什么依法依规经营。而"云梦泽"公司管理人员正是以此为理由，认为公司在经营水域投放了鱼苗，因此与水域相连的河沟、河汊都需要一并管理起来。这有法可依吗？谁给了他们扩大经营面积的权利？③ 正观新闻指出，属于全体人民的大湖水域资源能否被竞标？作为当地县政府全资成立的国有企业，"云梦泽"的承包是否合理合法？"云梦泽"最终竞标成功，难免给人一种"左手招标，右手中标"的感觉。④ 搜狐新闻内容平台"弧度"指出，"云梦泽"公司属于宿松县政府全资控股的县属国企，看似是企业行为，却让人怀疑，是否代表政府意志，是否存在滥用权力独占资源的情形。当权力在为企业的自利性背书的时候，难免会出现奇葩的操作，舆论的

---

① 《零度时评：官方通报云梦泽公司粗暴驱离垂钓者 对双标说不》，微博"@零度时评"，https：//weibo.com/2676828957/Nv7FTmngz。

② 《渔业开发要周全 更要公正》，北京时间客户端，https：//m.btime.com/item/router？gid=22ps4156dee2hmjben202cb51dc。

③ 《460万粉丝女网红称被抢手机删视频，抢没抢？谁在抢？为啥抢？》，微信公众号"极目新闻"，2023年11月26日。

④ 《宿松再次回应云梦泽事件，是否有诚意公众说了才算》，百家号"正观新闻"，https：//baijiahao.baidu.com/s？id=1784064891792749130&wfr=spider&for=pc。

质疑也正在于此。① 有网民说，国家禁渔是为了保护渔业资源、恢复水生生物多样性，而一些地方国资却借机入场，大肆进行所谓合法捕捞、保护水生态，绝不能让禁渔成为地方瓜分渔业资源的幌子。还有网民说，"云梦泽"的最终控股人是宿松县政府，承包费用和经营收益最终都交给了宿松县政府，宿松县政府"左兜换右兜"，一分钱都不用掏，白得一个大湖的渔业资源，最终获益者是谁还未可知。

## （三）渔业作业不能破坏生态环境，地笼捕捞应停止

红星新闻指出，捕捞是一种经济利用，利用的程度要合适，持续高强度大范围地使用地笼，会对水域内物种带来非常大的影响；在水生动物繁殖季节，大量捕捞鱼的幼体对自然生态造成的损害也是非常大的；地笼在一定程度上被定义为有害渔具，如果网径不达标，就涉嫌违法捕鱼。② 澎湃新闻指出，地笼网细孔密，被称为绝户网，不仅威胁水生生物资源的多样性，还会导致各类水草、垃圾等杂物堆积，堵塞污染河道，大大降低水流速度，严重破坏水域生态环境，很多地方都严禁地笼入水。③ 有网民说，"云梦泽"应立刻停止使用地笼捕捞作业，一网打尽、大小通杀，不仅违背道德伦常，还严重破坏生态环境。还有网民说，"云梦泽"作业的水域和黄湖的中华绒螯蟹保护区、龙感湖的国家自然保护区紧密相连，而且都是开放水域，灭绝性的捕捞必然会对生态造成影响，请"云梦泽"停止挖保护区的"墙角"。

---

① 龙之朱：《赶走垂钓者自己放地笼捕鱼，县国企这一手"双标"玩得够溜》，搜狐新闻客户端，https：//3g.k.sohu.com/t/n742244674。
② 《安徽宿松回应"黄湖大规模使用地笼捕捞"争议：禁止涉事公司使用影响渔业资源保护的渔具渔法》，腾讯号"成都商报红星新闻"，https：//new.qq.com/rain/a/20231202 A0751400。
③ 吕新文：《只许国企放地笼不许钓友垂钓？安徽宿松致歉：已约谈公司，将开放垂钓区》，澎湃新闻，https：//www.thepaper.cn/newsDetail_forward_25484212。

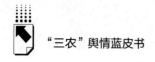

# 三 事件启示

## （一）事件舆情发生发展原因分析：公平焦虑未能得到有效舒缓

云梦泽垂钓冲突事件最初由垂钓者与"云梦泽"公司之间的权益之争引发。从涉事双方的主体身份可以看出，一方是普通民众身份的垂钓群体，一方是县属国企身份的渔业经营管理者，二者存在着明显的权利不对等关系。在这样的前提条件下，维护公平公正的民意表达成为主流。但随着涉事各方的陆续登场，官民两个舆论场各说各话，互联网上的公平焦虑情绪未能得到及时有效地舒缓，事件舆情也因此处于长时间焦灼。

事发伊始，垂钓者屡遭驱赶、权益诉求不被重视等问题频频曝出，"凭什么""为什么""有什么权利"等网络发问持续叠加，舆论不满情绪不断蓄积，"不公平"的主观印象初步形成。随后，"云梦泽"渔船作业、"万米渔网"、"地笼捕捞"等视频影像在网络热传，"只许国企放地笼，不许钓友垂钓""万米大网能自由捕捞，却容不下一支几米长的小鱼竿"等对比性表述集中出现，舆论的对立情绪进一步增强，"不公平"的主观印象再次加深。最后，宿松官方针对事件回应的"未违反规定""非禁捕区域"等遭到质疑和追问，舆论的无奈情绪也通过跟帖评论等方式宣泄释放，"不公平"的主观印象没有改观。总体看，安徽宿松"云梦泽"事件反映出舆论监督对渔业资源和生态环境保护的倒逼作用，也体现了大众对公平正义的追求和渴望。事件提醒各地相关部门，对自然水域资源管理和开发要公开公平公正，保障好各方主体的合法权益。

## （二）宿松县政府部门舆情回应处置评估：官方言行与公众期待存在差距

在整个事件过程中，宿松县政府部门多次通过新闻媒体和官方平台作出回应，舆情走势因此出现多次起伏。事件舆情热度的最高点，也是在当地有关部门作出回应后迅速出现的。由此看，当地政府部门对事件的回应处置，被舆论报以正向期待。"开放垂钓区""不得使用影响渔业资源保护的渔具渔法"等回应，在引导舆情平稳回落方面也发挥了积极作用。但从宿松县政府部门在此次事件中的整体应对看，官方言行与公众期待还存在一定差距，主要有以下几方面。

一是回应不及时，导致话语权旁落。此次事件的零星舆情在2023年初就已经出现，但一直未得到有效反馈。直至10月份事件相关舆情集中暴发，官方声音依然缺席一个月之久。在此期间，有着数十万甚至数百万粉丝量的垂钓博主占据主场，舆论对"云梦泽"的主观印象已经形成，官方的持续失语进一步增强了舆论的固有印象，为此后的舆情引导不畅埋下隐患。

二是回应缺乏专业性，减损可信度。此次事件中，宿松县农业农村局、渔政监督管理站等职能部门均有发声，一些具体的回应内容却遭到了"不专业""缺乏常识"等质疑。如，"举报所述放地笼捕捞的位置不属于禁捕水域"，有舆论认为公布竞标水域的图绘数据更有说服力，还有舆论发问"怎么能保证禁捕区的鱼游不到地笼水域""当地没有规定地笼是禁用渔具"，网民在跟帖中发布网页截图，展示了宿松县执法部门此前查处的使用地笼捕捞违法案例；"主要起捕生活史周期相对较短，寿命只有一至两年，自然死亡会对水质造成一定影响的小型鱼虾等水生动物"，网民追问"地笼是怎么识别鱼群类别的""地笼是如何放过寿命更长的小鱼的"。

三是回应之后的落实效果不佳，降低期望值。针对垂钓者遭驱赶、开放休闲垂钓区、"云梦泽"使用地笼捕捞等舆论关注的热点问题，宿松县相关政府部门多次表态。但之后的落实效果与舆论期望落差较大，"搅窝子"驱赶钓鱼人、开放的休闲垂钓区路程不便、地笼捕捞仍在使用等问题继续曝出。舆论认为当地政府部门"既当运动员又当裁判员"，问责"高举轻放"令人失望。

四是舆情回应处置方式方法不当，增加沟通阻力。在官方回应过程中，"将宿松叫云梦泽县是网暴""网上东西不可信"等个人主观随意的言论，给官民舆论场顺畅沟通带来阻力。

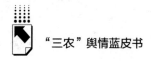

### （三）事件后续风险预判：舆情反弹升温的可能性依然存在

从 2024 年事件相关的后续情况看，舆情反弹升温的可能性依然存在，事件长尾效应不能忽视。2024 年 1 月，多位钓鱼爱好者就"云梦泽"地笼捕捞问题提起公益诉讼；3 月，垂钓博主爆料"云梦泽"工作人员往龙感湖倾倒大量死鱼。由此看，事件关涉的渔业资源和生态环境保护问题，将继续受到舆论的广泛关注。当地有关部门还需切实加强湖泊渔业资源和水域生态环境保护，对禁捕水域和禁用渔具细化标准、充分宣传，严格规范非禁捕水域的大水面增殖渔业管理，进一步畅通舆论监督举报渠道，通过官民合力推进、多元共建共治，汇聚全民守护渔业生态环境的共识与合力。

此外，"云梦泽"公司与垂钓者的争执，在互联网上已经形成了固化印象。社交媒体中，"云梦泽"在一定程度上成为粗暴驱赶垂钓者行为的代名词。当地政府部门还需直面问题，借助短视频加强与公众的沟通交流，继续完善休闲垂钓基础设施建设，为垂钓者提供真正便利的服务，挽回口碑的同时，也为当地休闲渔业产业发展拓宽路径。

**参考文献**

刘涛、陈静宇：《微传播时代地方政府突发事件回应效能提升路径研究》，《新闻研究导刊》2023 年第 14 期。

郭淼、檀晓涓：《秩序的共建：短视频平台中环境共意动员路径》，《新闻爱好者》2023 年第 8 期。

姜艳：《公众使用社交媒体、政府透明度与政府信任——基于网民社会意识调查的实证研究》，《社会科学家》2023 年第 7 期。

张琼、李汶佳：《国有企业如何做好舆情管理》，《企业观察报》2024 年 3 月 27 日。

# B.12
# "农机跨区机收通行受阻"
# 事件的舆情分析

张珊　李冬冬　刘佳　李静*

**摘　要：**　2023 年 5 月 26 日起，河南唐河收费站"上百辆收割机被扣高速""上百辆收割机 5 天无法下高速"等短视频和信息被大量传播，引发多方关注。29 日，事件舆情热度攀至顶点。30 日，河南交通投资集团南阳分公司发布情况通报，证实网传信息为谣言。31 日以后，事件舆情热度快速回落并趋于平息。从舆情应对看，有关部门舆情风险意识有待增强，响应速度还需提升，避免落入后真相时代的舆论漩涡。

**关键词：**　农机跨区机收　通行受阻　短视频

2023 年 5 月下旬，华北平原冬小麦进入收获期，陆续有自媒体反映河南有收割机因超高超宽无法正常经由高速路通行。5 月 26 日，一段配文"上百辆收割机被扣高速"的短视频被大量传播，视频显示河南南阳高速唐河收费站下站路口数十辆联合收割机滞留，5 月 27 日，"上百辆收割机 5 天无法下高速"的消息冲上热搜，引发多方关注，由此成为网络热点议题。但后经河南交通投资集团南阳分公司核查，证明上述网传信息为谣言，舆情随之迅速回落并逐步趋于平息。

---

* 张珊，农业农村部信息中心舆情监测处舆情分析师，主要研究方向为涉农网络舆情；李冬冬，北京农信通科技有限责任公司舆情分析师，主要研究方向为涉农网络舆情；刘佳，北京农信通科技有限责任公司舆情分析师，主要研究方向为涉农网络舆情；李静，北京农信通科技有限责任公司舆情分析师，主要研究方向为涉农网络舆情。

# 一 舆情总体情况

据监测，2023年5月19日至6月10日，"农机跨区机收通行受阻"事件舆情总量12.46万篇（条）。其中，客户端7.66万篇，占舆情总量的61.48%；视频2.51万条，占20.17%；微博1.71万条，占13.68%；新闻2758篇、微信2712条、互动论坛354条，合计占4.67%（见图1）。

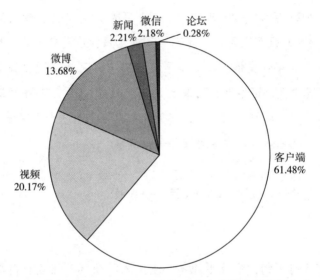

**图1 "农机跨区机收通行受阻"事件各类媒体话题量占比**

资料来源：农业农村部"三农"舆情监测管理平台、新浪舆情通。下同。

## （一）舆情走势

从舆情走势看，5月19~21日，事件舆情处于潜伏阶段，舆情热度低位波动，网络上有少量反映收割机通行不畅的情况。具体看，相关消息出现在百家号、今日头条、抖音、微博等平台，自媒体号是发声主体，反映农机跨区机收因证件不齐、超高超宽等高速路通行遇阻，关于受阻情况发生的时间、地点等具体信息相对模糊，单条信息的关注度不高。从图文和短视频内容看,"小麦已经成熟""急等收割""收割机被扣""政策突变""不准下高速路"等成为主要传播内容,网民质疑和批评收费政策的声音较为集中,传递出对小麦收获的担忧情绪。

5月22日,开始有自媒体账号发布消息称,在中原某地有上百辆收割机全部被扣,配图显示收割机运输车在高速公路口排长队的情况,舆论质疑和担忧情绪有所加剧。24日,交通运输部、农业农村部联合发声,明确"切实做好农机跨区作业通行服务保障工作,确保不误农时",提出可以"优化大件运输许可办理",也要求加强对"超限超载违规行为"的科普和对"不符合免费通行政策的运输车辆"的解释工作,消息一出即引发媒体关注。

5月25日,今日头条号"李香报猪事"发布视频,博主站在一片金黄的麦田里,声称成片的小麦已经成熟需要收割,外来收割机在高速路口被扣押,若没有跨区作业证和收割驾驶证,还要被罚款,视频定位在河南济源市。该视频一经发布,迅速引发关注和热议,同情、愤怒、质疑、不解等情绪表达充斥评论区,视频浏览量达到了364.5万次,点赞15.6万次,评论7.4万条。一些自媒体迅速转发该视频,并配文"河南济源收割机被扣押",今日头条、抖音等平台中的传播声量明显增加,否定态度居多。

5月26日,自媒体首发的一段配文"上百辆收割机被扣高速"的短视频被大量传播,视频使用多张现场图片拼接,显示河南南阳高速唐河收费站下站路口有数十辆联合收割机滞留。当日,山东省属媒体大众报业集团在其海报新闻客户端、大众网等平台发布跟进采访的视频显示,村民证实了网友爆料河南部分地区运输农机的货车无法下高速的情况的确存在,南阳市农业农村局官方回应称"目前该问题已经解决,农机作业车辆均畅通无阻"。相关微话题"官方回应收割机因超宽超高无法下高速"迅速登上微博热搜榜,阅读量达243.2万次。除了转发回应外,舆论的焦点集中在"农机跨区作业免费变收费""农机跨区作业该不该收高速费""收割机滞留对麦收造成的影响"等方面,舆论表达出了对延误麦收的不满情绪,质疑收费规定实际执行过程中相关人员的行为。

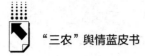

5月27~28日，大量自媒体涌入，争相转发"上百辆收割机被扣高速"相关消息。以今日头条号"默于爱""加油明月""勇往直前的溪水AK"等为代表的自媒体不断增添新信息点，"上百辆收割机5天无法下高速""五百台收割机被堵""小麦已错失抢收时机""农民损失上亿"等表达推动舆论愤怒情绪快速上涨，谴责之声占据主流。更多博主参与到对事件的评论中来，他们大多以前述消息为依据，站在"正义"的立场上，表达对农民的同情、对粮食安全的关切、对规定执行者的批判，获得广大粉丝的认同。同时，事件吸引了主流媒体参与到报道。28日，央广网发布了对南阳市农业农村局党组成员的采访报道，主要信息点包括"南阳市的高速通行政策并未发生大的变化""一些机手因之前没有办理大件运输手续，在高速收费站遇到了通行问题""唐河等部分收费站采取签署告知书的方式与跨区机手达成共识后放行"。相关微话题"南阳回应上百台收割机无法下高速"阅读量达4615.7万次，其中不乏批评和解析收费事件的内容。同日，大河网等媒体发布消息称，河南省交通运输厅会同省农业农村厅进一步优化跨区机收服务保障措施，"三夏"生产农机运输车辆大件运输许可实行网上即接即办即批，提供各公路收费站增加机收运输车辆绿色通道等服务。官方的解释回应和服务保障举措，均传递出推动跨区机收车辆运输更便捷高效的态度。评论中也开始出现更多不同声音，有的说"为什么不能提前研究、解决呢"，认为管理部门应该提前谋划、服务前置；也有的说"有人带节奏说是收割机下不了高速"，质疑原本天气原因导致的麦收不利被人炒作，虽有理智辩证的观点，但表达不满仍是舆论主要情绪。

5月29日，自媒体继续渲染演绎，更多新闻媒体介入报道和评论，两方面因素推动事件舆情走势攀至顶点，舆论态度趋于分化多元。自媒体方面，微博、今日头条、抖音是较为活跃的传播平台。在传播量较大的观点中，无论是痛心麦收损失、强调粮食安全，还是质疑回应、要求问责，都反映了民间舆论场内同情弱势群体的情绪和不信任基层管理部门的态度。商业媒体和地方媒体也积极参与讨论，相关评论文章集中发布，其中既有支持对超限车辆按规定收费，也有质疑解决农机运输受阻效率低，更多的是对

"如何让农机跨区作业更顺畅不误农时"的延展性思考。专业媒体的加入为舆论场增添了更多客观、理性的声音，网民的态度也从最初被煽动性表达裹挟"一边倒式"的愤怒质疑趋于冷静。

　　5月30日，事件有了新的进展。唐河收费站的管理单位河南交通投资集团南阳分公司通过官方微信公众号发布通报回应称，经调阅相关视频资料核实，5月22日当天从唐河收费站下站的收割机运输车共计159辆，高峰时段为1时22分至3时2分，其间有24辆收割机运输车集中下站并出现缓慢通行情况，原因是部分收割机运输车未办理《超限运输车辆通行证》，导致查验效率不高，其余135辆运输车均有序顺畅通行。当日，"河南否认收割机高速拥堵5天损失上亿""河南回应收割机上高速被收费""郑州对误入市区收割机一律不处罚"等多个话题登上今日头条、百度、抖音、微博等各大网络平台热搜榜。官方回应让自媒体博主汹涌的谴责成了无根之木，更多理性分析和批判信息不准确、不实的声音进一步增多。部分博主开始以"辟谣""真相大白""假新闻""反转"等为题发布解析视频，多条视频的播放量均超10万次，评论区内"被带节奏了""营销号蹭热度""被蒙蔽了"等声音逐渐成为主流，哔哩哔哩是主要传播平台。同日，河南济源网信也发布辟谣信息称，5月25日，发帖"河南济源收割机被扣押"5个抖音账号为河南某生物科技有限公司济源分部的工作账号，是公司员工为蹭热度吸引流量，遂修改制作，杜撰文案，策划拍摄，相关责任人依法被行政拘留7日和4日。两则官方回应，向公众讲明了事件具体细节，还原了事件真相，被广泛转载传播，谣言信息失去传播空间，事件舆情热度也开始回落。

　　5月31日至6月10日，事件舆情热度快速回落并趋于平息。未现事件相关新的动向和议题，围绕谣言的围观和争论热度消退。农业农村部再次部署安排"三夏"生产工作，指导应对持续阴雨天气及时抓好小麦抢收烘干晾晒，新华社、人民网、光明网等主流媒体转发报道。河南省政府多次发布消息，部署安排"三夏"生产工作，调度农机打赢夏收工作攻坚战，紧急下拨2亿元资金专项用于小麦烘干，尽最大可能降低粮食因灾损失。央视《主播说三农》5月31日发布实地采访视频，称豫南地区5月下旬以来出现了多年罕见的"烂场雨"导致小麦发芽霉变，同时"烂场雨"造成农田泥泞、农机无法下田作业，澄清"小麦遭雨发芽霉变"与"农机跨区机收通行受阻"无关，网民留言评论中普遍表示认可。官方对于后续工作的部署安排以及媒体的科普解读，对消解网民负面情绪起到了积极作用，事件舆情趋于平息（见图2）。

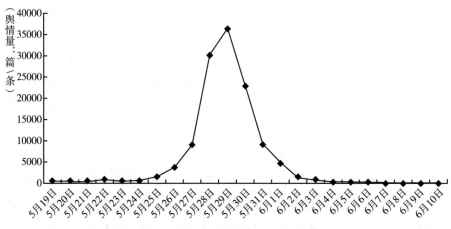

图2 "农机跨区机收通行受阻"事件舆情走势

## （二）词频分析

本研究抽取全网12万余条信息所包含的文本内容进行关键词词频分析。从"收割机""高速收费站""超限运输""通行费""滞留""跨区"等高频词看出，在此次事件中，收割机跨区作业"该不该因超限缴纳通行费"是争议焦点，因核验收缴通行费导致收割机高速收费站拥堵情况是舆情燃点。其中，"损失""麦收""粮食安全"等词，是事件详情公布前，对于收割机受阻影响麦收的担忧和不满情绪的集中表达。"自媒体""造谣""杜撰""虚假""蹭热度""公共秩序"等词，反映出事件完整情况公布后，舆论对于自媒体造谣以盲目追求热度和流量的遣责。"相关部门""多个环节""畅通无阻""保障"等词，体现了网民对相关部门提前谋划部署协调以保障农机跨区作业通畅的期盼（见图3）。

图3 "农机跨区机收通行受阻"事件高频词

## 二 舆论主要议题

### （一）媒体观点摘要

#### 1.跨区机收能否畅行无阻，关乎粮食安全

《经济日报》指出，农机跨区作业关系粮食能否"丰收到手"，兹事体大，耽误不得。它发端于20世纪90年代，是农机社会化服务的成功实践。每到收获时节，几十万台联合收割机南征北战，开展跨区作业，大幅提高了收割效率，为全年粮食丰收打下坚实基础。交通运输安全很重要，粮食安全也很重要，在二者发生矛盾时，有关部门可以采取更加柔性的方法解决问题，应当建立部门协调工作机制，切实做好服务保障工作，确保不误农时。[①] 央广网客户端指出，"悠悠万事，吃饭为大"。麦收即将在北方地区大范围展开。积极应对气象灾害等各种不确定因素是前提，杜绝粮食因"人为因素"减产也是现实面临的重大考题。各地各部门务必牢记"国之大

---

① 刘慧：《农机跨区作业关系粮食安全》，《经济日报》2023年6月1日。

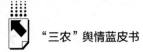

者",全力守护粮食安全底线。由此及彼,要紧盯生产一线需求,做到提前研判布局,及时消除隐患、保证粮食和农产品从田间地头到市场的全链条畅通。①

2. 打通跨区作业的"肠梗阻",让农机手通往麦田的路更顺畅

新京报网指出,"夜来南风起,小麦覆陇黄。"跨区机手路上是否顺畅,能否真正享受到"绿色通道"的便利,直接影响夏收进度,关系农民收成。2024年麦收,全国将投入联合收割机60多万台,其中跨区作业超25万台,哪怕仅有小部分机手未及时办证,也不容小觑。避免类似南阳这起案例中"现场沟通"导致的行程迟滞,涉及政府部门间横向沟通机制的建立和顺畅运行、信息共享渠道的畅通,也是关系政务服务质效提升、"放管服"改革周全到位的大命题。小麦农机手跨区梗阻的机制化破除,更具有普遍意义和示范效应。让跨区机手们路上的"烦恼"少一些,才能让更多农民由"丰收在田"转为"丰收到手"。②齐鲁壹点客户端指出,在舆论和社会各界的关注下,数百辆运输收割机成功通行,固然能解决当地农民的燃眉之急,但更应明确并解决跨区收割作业"肠梗阻"的根源,避免类似问题再发生。对于存在超限情况的运输车辆,政策也留出了免费办理通行证的"活口子";国务院物流保通保畅工作领导小组办公室印发通知要求,为运输联合收割机(插秧机)的超限车辆优先办理审批,对发生收费争议的情况一事一协调。各地要用足用活国家既有制度安排,打通跨区收割作业的"肠梗阻";跨区作业机械运输车辆的司乘人员也应把交通安全法律法规记在心上,确保跨区作业安全、平稳、高效。③

3. 麦收不等人,网民共情背后是民生的期盼

极目新闻客户端指出,网友为何要吐槽"收割机无法下高速",实是民

———————————

① 伍里川:《让收割机顺畅抵达田间 确保夏收颗粒归仓》,央广网客户端,https://apicnrapp. cnr. cn/html/share. html? id=28575017。

② 迟道华:《让农机手通往麦田的路更顺畅》,新京报网,https://www.bjnews.com.cn/detail/1685356432168940. html。

③ 吴睿鸫:《上百台收割机无法下高速,急需打通跨区作业"肠梗阻"》,齐鲁壹点客户端,https://www.ql1d.com/general/21401149. html。

生之重容不得半点怠慢与轻忽。抢收又是为了抢种，环环相扣，贻误不得。如果收割机在高速上通行受阻，耽误的就是麦收，不可能不急。一些网友拿这个说事，实则是表达对相关人员处理事情的方式方法的不满，以及对可能存在的高高在上的官僚主义作风感到厌恶。问题已获得解决，并未影响麦收，却成了网络热点，只因这事寄托了民众对农民利益应得到重视的期盼。希望在事关农民利益的问题上，多些服务意识，多些急人之所急，而非强人所难、人为添堵。[①] 澎湃新闻网指出，网友们的共情可以理解。从镰刀到拖拉机驱动的小型收割机，再到自动化的联合收割机，技术在进步，抢收的重要性是不变的。正是因为我们知道，才会对农民朋友的焦急心情感同身受。在麦收时节，任何一个"耽搁"的细节，都很容易引发大众的情绪。网友们以这样的方式参与"农忙"，既是出于最基本的同理心，也是出于对农业常识的捍卫。农民的焦急和难过，网友们的关心和吐槽，必须正视，然后疏解。[②]

4. 莫让浮云遮住盼望丰收的眼，民生堵点痛点不是流量的噱头

顶端新闻客户端指出，在本次事件的舆论场内，自媒体造谣造成了很大的误导。我们乐见展示中国农民辛劳朴实的一面，但拒绝毫无底线地蹭热度。粮食问题是严肃的话题，而非儿戏和段子。自媒体具有发声传播功能，网红们倘若真的关心粮食问题，应该理性探讨，不是给农忙添乱。希望加大监管力度，提升网络平台的自我约束机制，网友的公众监督机制要建起来，但网红自身时刻保持敬畏之心是最根本的。[③] 微信公众号"北京日报"指出，粮食丰收关乎国人饭碗，一直是全民关注的焦点。值此中原地区抢收的当口，一些人却嗅到了流量，故意将个别现象渲染为普遍情况，添油加醋、

---

① 徐汉雄：《小麦淋雨受损和收割机事件虽无关联，也当读懂背后的民生期盼》，极目新闻客户端，https：//jms. ctdsb. net/jmythshare/#/news _ detail？ contentType = 5&contentId = 1772065&cId = 0。

② 与归：《麦收不等人，哪个环节都不要拖后腿》，澎湃新闻网，https：//www. thepaper. cn/newsDetail_forward_23268342。

③ 张恒、程时培、翟健林：《网红扎堆到麦地直播割麦，农民的苦难不是流量的噱头》，顶端新闻客户端，https：//www. dingxinwen. cn/detail/4359598。

虚构情节,最后衍生出一场舆情危机,不仅严重干扰了网络秩序,也给当地"三农"工作带来巨大内耗。复盘此次舆论风波,一些自媒体难辞其咎,它们时时关注、日日加更,连篇累牍发布相关评论,情绪拉满,言辞犀利,不断推高话题热度,赚足了流量收益。遇有社会热点、争议,大家畅所欲言、各抒己见是好事,但舆论场并非生意场,民生痛点更不是流量密码。"后真相时代",有图有视频未必有真相更为普遍。每个人都要擦亮眼睛、理性思考,遇事多等等权威信息再下定论。①

## (二)网民观点摘要

### 1. 担忧小麦成熟无法及时收割

从最初有自媒体零星反映收割机通行不畅的情况,到"上百辆收割机被扣高速"的消息走热,再到"上百台收割机被困高速5天""五百台收割机被堵"等谣言被大肆传播,网民中更多关心的还是小麦收割是否被耽搁。有的网民根据掌握的农业常识,担忧道"小麦成熟后适收期一般也就3到5天,如果农机跨区通行耽误1到2天,很可能错过适收期,农时误不得、误不起"。有的网民直接发问"庄稼收割时间就这几天,如果下雨更急,收割机下不了地,不是白白浪费粮食吗?逼着农民不要种地?还是准备闹粮荒?"还有的网民表达了急切愤怒的情绪,直言"跨区作业的收割机,被扣在半道上,在那儿休息,而地里成熟的麦子,却在那儿像'嗷嗷待哺'的孩子一样!到底想干什么?"有网民从粮食安全角度考虑,认为会影响国家安全。有的说,任何阻碍粮食收割的行为等于犯罪;有的说,巨大的损失令人痛心,伤农毁农危害粮食安全,其心可诛;有的说,目前已是国之命脉的事了,在阻挠干扰夏收这点上,就得上纲上线。

### 2. 讨论收割机跨区运输超限收费的合理性

此次部分农机运输车辆是因超载、超限而导致高速通行缓慢,根据我国

---

① 雨馨:《"收割机被扣押"骗翻全网!谁是幕后的流量操盘手?》,微信公众号"北京日报",https://mp.weixin.qq.com/s?__biz=MjM5NTE1OTQyMQ==&mid=2651274914&idx=2&sn=86b8cd3cf4b9d2afd31660ecbe91c52b&scene=0&。

现行的交通管理规定，需要专门办理运输证或者缴纳通行费，运输者对此存有异议。一些网民也对此质疑，有的说，往年都是免费通行，今年怎么开始收费了；有的说，既然超了，怎么上高速的时候没人管；有的说，农机不只跨区到河南，其他地方怎么没收费；有的说，既然收费合理合法，为何又对违规运输车签署告知书即放行。一些网友表示超限、超载确实不安全，加强管理是合理合法的，直言"高速上，旁边有辆严重超限、超载的运输农机的货车，都不敢在它旁边开车"；还有的说，"农机运输背后都是企业的生意，当然要能省则省，但没了安全何谈挣钱"。

3. 批评高速站口对超限运输车辆的处置行为，要求追责

部分网民发出了"权力任性""抢钱""犯罪"等评论，对此次事件中高速站口对超限运输车辆的处置表示否定和批评。网民批评之声主要集中在三个方面。一是认为即使运输车辆确实超高超宽手续不全，"执法一定是有法规依据的，但具体事情还要具体分析"，认为有关部门和工作人员"存在官僚主义，教条主义"，呼吁增强服务意识，协助完成快速通行。有网民认为"时间不等人，抢收小麦是在跟时间赛跑。收割机早一天下田，农民就多一份收成、少一份损失""老天爷可不会等你办好手续再下雨"，不认同机械执行规定的行为。二是"打劫敛财""乱收费""罚款"等词在短视频平台的评论区出现频率较高，谴责高速收费行为是变相敛财，是不应该的。三是呼吁"严肃查处""追究责任""给大家一个交代"等，认为对收割机收费是权力滥用，已经造成不可估量的损失，需要严厉查处以切实保护农民的根本利益。

4. 质疑河南地方部门的几次回应

26~28 日，南阳市农业农村局、河南省交通运输厅等部门几次发声，回应已解决问题，农机顺畅通行，并表态将优化跨区机收服务保障措施。由于距农机遇阻一事发生的 22 日已过去了几天，有网友表示，"收割机放行了，雨也下了，麦子也发芽了，老百姓心也碎了"，"进度这么缓慢，是谁之过，是谁之错""看看回应的这些话，到现在有关部门还没认识到问题的严重性"，指责地方部门处置回应迟缓，感叹"终究还是一定程度上耽搁了

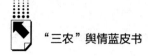

抢收时间"。30日，河南交通投资集团南阳分公司发布了事发时段的详细情况，明确了"被堵5天"是谣言后，仍旧有网民对回应内容不信任，甚至要求"调取事发时段的卫星监控"以证明回应属实。

5. 谴责部分自媒体流量炒作、恶意造谣

从官方首次回应以来，陆续有网民基于参与农事活动的经验，对农机遇阻导致小麦收割不利的说法表示质疑。有网民说，"下雨之前不熟，下雨了没法收，就算收割机下了高速，我们也不会让它下地收割，收了也没地方晒，村里的人都没网上的人急"，而且视频中展示的小麦长在地里就已经发霉、长芽，至少在成熟后一周，本地也有收割机能干活。也有南阳的网友现身说法，直言"我老家就南阳的，属于河南南部地区，我们那儿真的是因为天气的原因，为啥热搜都在说收割机的事？""坐标河南南阳，现在一直在下雨，我们几台收割机一周都没活儿""我是唐河的，收割机不缺，先熟的乡镇都收完了，后熟的赶上阴雨天导致小麦出芽"。到官方还原事发时段全部情况、揭露谣言之后，更多的网友站出来批评自媒体带节奏，认为它们是在"故意混淆视听""博眼球赚流量""黑河南抖机灵"，故意带偏舆论，刻意制造"人祸"矛盾，不能助长这种"谁拍视频谁有理"的风气！网络不是法外之地，造谣带来了严重的负面影响，务必严惩。也有网友客观指出，不是小麦主产区的人，可能不了解具体情况，就容易被挑拨，感叹道："以前还是开局一张图全程都靠编的看图写话，现在只要一个题目就能写命题作文，自媒体真能无法无天吗？"

# 三　事件启示

粮食丰收与否关乎国人饭碗安稳，尤其是在当前国际形势复杂多变的背景下，粮食安全领域的任何风吹草动都牵动着广大民众的心，"农机跨区机收通行受阻"事件的热议再次证明了这一点。复盘事件不难发现，不论是舆论对高速收费及其行为人的谴责，还是对官方前期回应的颇多质疑，都一定程度反映出全媒体场域内公众对于政府管理部门及相关人员的不信任态度。同时，前期广泛传播的谣言视频中，高速公路收费站滞留的农机运输车辆，被配以"上百辆""滞留5天""小麦无法收割"等增强冲突性的文字，让受众先入为主地形成判断，视频制作者再用强烈质疑阻碍者、同情农民等言语进行解说，进一步激发网民的同情心，共情预设的"弱者"，从而达成了舆论"一边倒"式的谴责。这是当下互联网"后真相时代"的集中展现，大众被"加工过"的短视频热点事件吸引，评判的言论和态度便极易被创作者引导。政府要在多元参与的网络舆情中扮演好主导管理角色，还需更加深入了解舆情规律，及时、妥善予以应对。

聚焦此次舆情事件的应对，至少还有三方面待改进。一是响应速度还需提升。关于农机跨区作业通行不畅的情况，过去几年在个别地方也有发生，理应成为交通运输和农业农村部门在"三夏"生产期间的重点防控事项。此次事件中，收割机通行受阻后，各级部门缺乏预案，5月26日南阳"上百辆收割机被扣高速"消息已被大量传播，直至30日当地的详细回应才在各种追问之下姗姗来迟，其间大量不实消息和质疑谴责已占领网络舆论场，有关部门失去了话语主动权。二是回应态度还需更有温度。官方对此次事件的几次回应，从最初的简单表示问题已解决，到后来的解释政策无大变化、对涉及车辆当场签告知书放行，再到最终承认存在查验效率不高的情况，有关部门的回应更多是陈述结果，忽视了舆论传递出的担忧和谴责情绪，无法引起大众共情。这种情况下，应先表达出对公众的关切和对事件影响的重视。三是回应内容还需更具针对性。此次事件中，因为恰逢河南小麦遭遇"烂场雨"，农机跨区遇阻被关联炒作，公众最担心的是小麦收割进展及其背后的粮食安全，在各次回应中需要讲清楚，不仅让公众放心，还能以有效信息减少谣言存活的空间。同时，也需要让公众听得懂回应。尤其在行业专业领域，有关部门在通报信息时要多从听众角度考虑，用翔实的论据和清晰的逻辑支撑论点。此外，发声主体可以更加多元。官方详细回应后，有自媒体账号"老梁不郁闷"发布了《上百收割机被困五天？运输车超限收费？全都是谣言！》的视频进行详细解说和辟谣，在各平台累计播放超56万次，评论区也相对理性，一个重要原因就是该视频创作者是自媒体内容生产者，

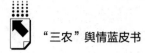

他与涉事各方均无关联,凭借第三方的身份更容易获取受众信任,为整个分析解说奠定良好基础。政府部门在回应时也可以更多借助多元主体的力量,取得更好的传播效果。

参考文献

《收割机无法下高速引热议 农机跨区作业堵点在哪儿》,《南方农村报》2023 年 6 月 1 日。

何飞、汪宴卿:《后真相时代热点舆情事件中短视频的情感传播研究》,《当代传播》2023 年第 4 期。

任洁、赖洁淼:《多元参与视角下网络舆情的传播机制及政府应对策略》,《新闻前哨》2024 年第 2 期。

史波:《公共危机事件网络舆情内在演变机理研究》,《情报杂志》2010 年第 4 期。

# B.13
# 凉山一村发布人居环境罚款
# 标准事件的舆情分析

李婷婷 刘佳 赵娟 李鸣*

**摘 要：** 2023 年 11 月 14 日上午，有网民在抖音平台发布了四川省凉山州普格县普基镇一份加盖了村委会公章的《新农村美丽乡村行动人居环境罚款标准》截图，引发舆论争议。当日，普格县、普基镇相关部门以及新农村村委会均作出回应，推动事件舆情迅速升温后又快速回落。18 日起，事件舆情趋于平息。舆论重点讨论《罚款标准》制定实施的合法性以及合理性，呼吁在法治框架下因地制宜推进移风易俗，以奖励表彰等方式培育文明乡风。

**关键词：** 移风易俗 乡村治理 村规民约

2023 年 11 月 14 日上午，抖音账号"有心 AI"发布了一份四川省凉山彝族自治州普格县普基镇新农村加盖村委会公章的《新农村美丽乡村行动人居环境罚款标准》，将碗筷不洗、蹲地用餐等多种行为纳入罚款事项，这种以罚款方式治理乡村风俗的行为引发舆论争议。

---

\* 李婷婷，农业农村部信息中心舆情监测处分析师，主要研究方向为涉农网络舆情；刘佳，北京农信通科技有限责任公司舆情分析师，主要研究方向为涉农网络舆情；赵娟，北京农信通科技有限责任公司舆情分析师，主要研究方向为涉农网络舆情；李鸣，北京清博智能科技有限公司舆情分析师，主要研究方向为网络舆情。

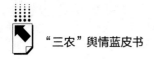

# 一 舆情总体情况

据监测，2023 年 11 月 14~20 日，四川凉山一村发布人居环境罚款标准事件的舆情总量为 3.33 万篇（条）。其中，微博 1.46 万条，占舆情总量的43.95%；客户端 8594 篇，占 25.80%；视频 6131 条，占 18.40%；互动论坛 1598 条、新闻报道 1203 篇、微信 1148 篇，合计占 11.85%（见图 1）。"四川一乡镇发通知不叠被子罚 10 元""四川凉山一村规定蹲地用餐罚 20元""村干部：不洗碗筷罚款 10 元暂未实施""不叠被子罚 10 元是谁给的权力？""媒体：不洗碗筷就罚款是懒政思维"等话题登上新浪微博、今日头条、百度热搜榜。全网可统计的互动声量为 4146.65 万。

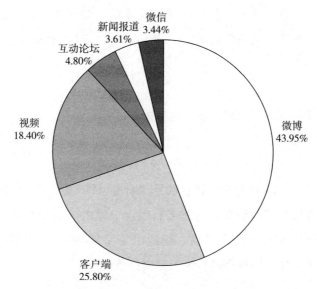

**图 1 凉山一村发布人居环境罚款标准事件各类媒体话题量占比**

资料来源：农业农村部"三农"舆情监测管理平台、清博智能舆情监测系统。下同。

从舆情走势看，事件在一天时间内经历了从曝光到回应的舆情发生发展过程，关注热度涨落迅速，未出现频繁波动（见图 2）。

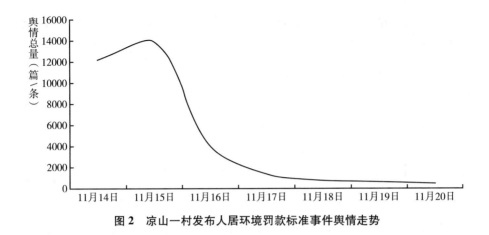

**图 2   凉山一村发布人居环境罚款标准事件舆情走势**

　　2023 年 11 月 14 日，事件舆情处于发酵期，自媒体曝光引发舆情走势快速攀升，涉事地方相关部门回应推动舆情热度进一步走高。11 月 14 日上午，抖音账号"有心 AI"发布了四川省凉山州普格县普基镇新农村加盖村委会公章的《新农村美丽乡村行动人居环境罚款标准》（以下简称《罚款标准》）截图，引发舆论关注。该《罚款标准》主要规范厨房、卫生间、客厅、卧室、院坝、入户路，共涉 6 项 14 条。碗筷不洗、蹲地用餐、被子未叠放等多种行为被列为罚款条目，罚款金额 3~20 元。当日，澎湃新闻、百家号"大河报"、《新京报》等媒体转发了上述截图，并分别报道了普格县、普基镇相关部门以及新农村村委会有关负责人的回应。14 日 13 时 07 分，澎湃新闻报道称，普基镇一位分管人居工程的负责人称，新农村是普基镇下面的一个村，镇里并没有统一这样要求。普格县委宣传部一工作人员表示，当地正在进行人居环境整治行动，但每个地方的政策不一样，这种罚款标准宣传部也不知情。普格县文明办一位工作人员则表示，这应该是当地村规民约的相关约定，对此《罚款标准》的具体情况不清楚。[①] 14 日 13 时 44 分，百家号"大河报"报道称，普格县人民政府办公室一工作人员表示，该通知确实存在，系乡镇下发。当地有些地方人居环境差，收取的费用会由乡镇

---

[①]　旮辉：《四川凉山一村发布 14 条人居环境罚款标准：蹲地用餐，罚 20 元》，澎湃新闻网，https：//www.thepaper.cn/newsDetail_forward_25290186。

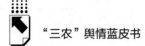

统筹，给居民建一些垃圾池等来改善居住环境。① 14 日 17 时 30 分，极目新闻报道称，新农村村委会一负责人表示，《罚款标准》只是一份草案，目前还在村民讨论阶段。如果最终不能获得村民同意，准备采取奖励的措施促进移风易俗工作。② 14 日 20 时 30 分，新京报网报道称，新农村党支部书记称，该标准是为了纠正懒散村民的行为，并未正式实施，仍在宣传阶段。③光明网、中国网、环球网、界面新闻等媒体对官方回应进行转载传播。新浪网"@新浪新闻"还发起"你认为村庄规定蹲地用餐罚 20 元合理吗？"的网民态度投票，并设置了微话题"四川一村庄规定蹲地用餐罚 20 元""一村庄发布 14 条人居环境罚款标准"，均引发网民关注。上述微话题的阅读量共计 276 万次，有 1200 余位网民参与投票表达观点，其中有 1084 位网民对"蹲地用餐罚 20 元"投出反对票，认为"不合理"。在当地官方接连对事件作出表态的同时，澎湃新闻、极目新闻、中国青年报客户端等媒体聚焦移风易俗中的"法治"底线，发出评论文章，"罚款于法无据""侵犯村民权利隐私"等成为核心表达。新浪微博出现了"四川一地规定不叠被子罚10 元""凉山一村被子不叠碗筷不洗要罚款""官方回应村民不洗碗筷将被罚款 10 元"等微话题，阅读量共计 2.72 亿次。

11 月 15 日，事件舆情处于高潮期，普格县各方的回应继续成为关注热点，媒体评论大量出现，推动舆情走势攀至顶点。当日，中国新闻网、中工网、东方网、正观新闻等媒体纷纷转载官方回应相关报道，央广网、光明网、红网、财新网等媒体评论文章集中发布，其中既讨论《罚款标准》的合法性、合理性，也将关注视角转向对推进移风易俗工作提出建议，如加强

① 陈甜甜：《四川一乡镇发通知碗筷不洗罚 10 元蹲地用餐罚 20 元？当地回应：确实存在》，百家号"大河报"，https：//baijiahao.baidu.com/s? id = 1782521062978797977&wfr = spider&for = pc。
② 刘毅：《村干部回应四川凉山一村"碗筷不洗罚 10 元"：该罚款标准还未实施，村民若不同意就改为奖励》，极目新闻客户端，https：//jms.ctdsb.net/jmythshare/#/news_detail? contentType = 5&contentId = 1953567&cId = 0。
③ 彭镜陶：《四川凉山一村发布人居环境罚款标准惹争议，村支书：未正式实施》，新京报客户端，https：//m.bjnews.com.cn/detail/1699965005169703.html。

宣传教育、以奖代罚等。同时，也有评论文章指出，《罚款标准》所治理的"蹲地用餐"是否属于陋习，至今仍存争议，强行制止有待商榷。涉事方回应、媒体评论叠加，共同将舆情热度推至最高点。

11月16~20日，事件舆情快速回落并趋于平息。由于后续没有新发爆料信息，舆论关注热度于16日快速下降，事件反映出的"于法无据""权力任性""侵犯隐私"等问题继续成为关注重点，但舆论主要关注媒体此前报道及相关评论文章，新发评论文章较少。18日开始，事件舆情趋于平息。

## 二 舆论主要议题

从关于事件的媒体和网民评论关键词看（见图3），"罚款""10元""人居环境""移风易俗"四个出现频率较高的关键词反映出，如何平衡推进移风易俗与人居环境整治罚款二者之间的关系成为舆论焦点议题；"执法权""隐私权"等关键词反映出舆论关注《罚款标准》的法治底线，认为其侵犯村民权利；"宣传教育""激励"等关键词反映出舆论认为推进移风易俗应主要运用正向引导措施。

**图3 凉山一村发布人居环境罚款标准事件词云图**

（一）媒体观点摘要

1.《罚款标准》不具法律效力，可能侵犯村民权利

微信公众号"法治日报"文章引用业内人士分析称，《罚款标准》关于罚款的内容与行政处罚法等上位法相违背，且村民委员会不属于相应行政处罚的实施机关，依法不能实施行政处罚，该村规民约因涉嫌违法而不具有法律效力。村委会工作人员如果未经允许到村民家中检查卫生的行为不仅不合法，且可能侵犯村民的隐私权。① 红网指出，有些基层工作人员选择了"以罚代管"的简单粗暴思想，逃避工作中的难题，动辄制定"惩罚"并强制推行，根本是权力边界模糊、法律意识淡薄。如此权力任性，会造成对人民群众生活的困扰、权利的侵犯，经不起推敲的规定"见光死"，也会损害政府公信力。②

2.移风易俗是长期过程，不能急于求成

光明网指出，乡村人居环境整治过程中需要移风易俗，但移风易俗是一个长期过程，需要润物无声地引导，不应寄希望于行政命令"大刀一挥"就立刻杜绝了种种陋习。越是边远乡村，越需要强化法治观念，因为任性罚款罚不出美丽乡村，依法行事才是文明新风。③ 央广网指出，在推进移风易俗行动的过程中，不可简单粗暴，更不可违背法律。应找准发力点，尊重村民、认真倾听村民的想法，结合当地历史沿袭状况和当前经济社会发展实际情况，共同找到大家都能接受的方法，多一些贴近老百姓实际的走心倡导，才能事半功倍。④

---

① 朱婵婵：《村民蹲地用餐、不叠被子将面临罚款？律师：或涉嫌违法！》，微信公众号"法治日报"，https：//mp. weixin. qq. com/s/draAmWVwvZUmG1qmGKTULQ。
② 夏欣：《蹲地用餐将被罚款？权力任性当休矣》，红网，http：//views. ce. cn/view/ent/202311/17/t20231117_38795262. shtml。
③ 赵志疆：《任性罚款罚不出美丽乡村》，光明网，https：//baijiahao. baidu. com/s？id=1782617006458192045&wfr=spider&for=pc。
④ 秦川：《"家中碗筷不洗罚款10元"谁给的罚款权?》，央广网，https：//news. cnr. cn/comment/cnrp/20231115/t20231115_526487358. shtml。

### 3. "陋俗"界定存争议，强行制止待商榷

中国青年报客户端指出，《罚款标准》中提及的"蹲地用餐"是否属于陋习，至今仍有争议。一方面，确实有人认为应治理整顿这一不文明行为；另一方面，也有很多人指出，蹲地用餐属于凉山当地的一种风俗，也能方便驼背、无法上桌的老人，因此不应该被强力制止。关于"蹲地用餐"这一行为到底该如何定性，是否应该被处罚，要多听听当地老百姓的真实心声，全面了解问题，作出科学决策。① 澎湃新闻指出，群众生活习俗与文明水平和当地经济发展程度是同频共振的，坚持改善人居环境和移风易俗的大方向，也要以更大耐心去体察、理解和包容，尊重部分群众的选择。

### 4. 乡村人居环境整治应"以奖代罚"正向激励，加强宣传教育

潮新闻客户端称，推进人居环境整治还是要在法律的范围内，在基层治理的权限内，考虑村民接受度和实际情况，侧重鼓励和引导。比如，可以开展"文明卫生家庭评选"，以正向激励的方式调动村民积极性，改善人居环境。② 红网称，乡村治理、移风易俗是个长期的过程，仅靠一纸罚款标准是很难实现的。不如通过树立正面典型、加强奖励表彰等措施实现正向激励，如此，既可免于陷入舆论漩涡的风险，也能和村民"统一战线"，凝聚力量更好开展工作。荔枝新闻客户端指出，政府部门、基层组织应通过提供设施、资源和反向激励等人性化方式，引导村民自觉投身改善人居环境和移风易俗的新行动中。更重要的是，应加强关于美丽乡村的宣传教育，使村民潜移默化理解并认同环境整治的重要性，自觉改变行为习惯。只有在正确观念引导和有力措施加持下，乡村整治才能发挥应有效用、乡村美丽和文明才能真正实现。

### 5. 当地移风易俗的推进存在实际困难

界面新闻称，凉山地方政府近年来为推进移风易俗做了大量工作，各种

---

① 黄帅：《蹲地用餐罚20元？移风易俗不能脱离法治轨道》，中国青年报客户端，https://s. cyol. com/articles/2023−11/14/content_3n3y3wH0. html？gid＝2Zr5Oake。

② 王彬：《蹲地用餐都要罚款20元，基层治理莫丢了"边界感"》，潮新闻客户端，https://baijiahao. baidu. com/s？id＝1782603134026619821&wfr＝spider&for＝pc。

法律条例也层出不穷。针对热议的《罚款标准》里提到的"蹲地吃饭"等行为，凉山也曾尝试过激励制度，比如2022年昭觉县半年就做了2026次宣讲会，可谓轰轰烈烈，还曾组织对各村购置村餐具的情况进行验收，合格的可获补贴1万元。但显而易见，这些措施并没有收到预期成效，否则不可能有惩罚文件的出台。[①]

## （二）网民观点分析

### 1. 制定《罚款标准》不合法，侵犯村民隐私权

有网民说，制定这些规则是不是荒诞无稽？这是合法的吗？有网民说，这些罚款条目是哪条法律规定的？有网民说，镇政府、村委会都无权作出处罚规定、制定处罚标准。有网民说，如此入室检查、罚款，不仅涉嫌违法执法，还侵犯村民隐私权。还有网民说，倡导在公共空间的衣食住行文明，但在家做什么也管不到吧。

### 2. 基层治理应有边界不能走偏了，且陋习标准待商榷

有网民说，在自己家又不是在监狱，管得这么宽，越界了吧。有网民说，村里搞环境卫生不能搞到村民家里去，应明确公私边界。有网民说，乱罚款、乱检查不利于环境整治，也易招致群众怨言，有损当地政府形象。有网民说，蹲地吃饭碍着谁了？这也是陋习？小时候在村里都是蹲在自家门口吸溜面条。还有网民说，制定村规民约要尊重传统文化、伦理道德，充分听取群众意见，多一些商量。

### 3. 质疑制定《罚款标准》是为村里"创收"

有网民说，为了搞形象工程不择手段，想尽办法从老百姓身上搞钱。有网民说，这是给村主任创收吧？还有网民说，收的钱都到哪去了？

### 4. 应该尽快改变村民生活习惯，对罚款表示理解

有网民说，这是地方政府为提高群众文明素质不得已而为之的办法。有

---

① 赵孟、闫桂花：《凉山"移风易俗"行动或走入了误区》，界面新闻，https：//www.
jiemian. com/article/10401653. html。

网民说，改变陋习有错吗？惩罚难道不是力求短时间提升观念的便宜之举？难道还要让当地民众持续脱离现代文明和生活？还有网民说，什么年代了还不讲卫生，难道不应该罚吗？

5. 应将工作重点放在提升民众生活水平上，以正向激励推动移风易俗

有网民说，有时间想法子管着民众，不如多想想怎么带领大家增加收入、改善实际生活现状，然后再提高民众素质。有网民说，有时间不如做点实事，带领老乡致富。有网民说，以正向激励、选树典型、教育引导让移风易俗工作从"推着群众走"变为"群众带头走"，好政策就能得到好落实。

# 三 事件启示

## （一）当地有关部门及时回应有助于舆情降温

事件曝出后，普格县委宣传部、县文明办、县政府办、普基镇相关工作人员以及新农村村委会及时通过媒体回应，这对于推动舆情快速回落起到关键作用。一是县委宣传部和县文明办都否认下达了类似的《罚款标准》，有效避免了舆情泛化。但县政府办工作人员又表示"通知确实存在，系乡镇下发"，与前两者回应内容不一致，一定程度折损了官方回应效果。二是作为基层治理主体，村委会在舆情发生时能够迅速回应，尤其是"目前并未实施""村民若不同意将取消罚款改为奖励"等内容回应舆论关切，有助于澄清谣言、化解误解、平息公众担忧，避免了进一步争议和次生舆情危机的发生。

## （二）人居环境整治须在法治框架下因地制宜开展才能既有好效果又有好口碑

农村人居环境改善固然是一件好事，凉山州普格县新农村想改变当地脏乱差人居环境的迫切心情也能理解，但采取简单粗暴的罚款方式并扩张到村民私人领域，不仅涉嫌违法执法，还可能会侵犯村民隐私权，降低了村委会

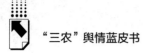

的公信力和亲和力，折损了舆论对其移风易俗工作的好感度。而且关于"蹲地用餐"是否属于陋习至今仍有争议，有网民认为不应罔顾民族习俗文化直接将当地的"蹲地用餐"定义为陋习。因此，在推动农村人居环境整治、移风易俗等工作时，有关部门需坚持法治思维、增强法治观念，摒弃"以罚代管"惯性思维，严格法律审查，确保所有规定和措施的合法性和合规性，防范法律风险，避免侵犯居民的合法权益。同时，整治需结合当地传统文化习俗和经济社会发展实际状况。不同地区有不同的文明程度和生活方式，应尊重具有日常生活属性与地域、族群文化特征的习惯，通过宣传教育、以奖代罚正向激励、选树典型等方式引导村民逐步形成文明、健康的生活方式。

### （三）乡村治理需提高村民参与的积极性、主动性

该事件舆情最初由网民发布新农村的盖章文件截图引起，一定程度上反映出当地民众对《罚款标准》的不认可，同时舆论场上也出现了对当地政府"权力任性""以罚促管"的不满情绪。乡村治理应始终坚持农民主体地位，围绕农民想干、愿意干、能参与的，健全工作机制，把好事办好办妥。因此，要在乡村治理过程中有效提升村民参与度。一是让村民更加直接地参与到治理决策中，形成政府与群众之间的良性互动，从而推动乡村治理的民主化和社会化。二是构建多元开放的参与平台，使村民可以通过线上线下多渠道表达意见、建议和诉求，这样既方便村民参与治理，又有助于政府部门更加全面地了解社情民意，为制定科学合理的治理政策提供依据，避免管理上的"一刀切"。

**参考文献**

黄晗：《当前农村乡规民约建设的突出问题及对策》，《社科纵横》2024年第1期。

刁晓辉：《乡村振兴背景下乡村治理的现实困境和优化路径研究》，《农业经济》

2024 年第 5 期。

王宝泓:《新媒体时代舆论引导策略分析》,《新闻文化建设》2024 年第 7 期。

《移风易俗要倡导和约束并举》,《农民日报》2023 年 9 月 7 日。

周磊:《少念"罚"字诀 多算民心账》,《湖北日报》2023 年 11 月 17 日。

# 区域篇

# B.14
## 2023年吉林省"三农"舆情分析

课题组*

**摘　要：**　2023年，吉林省"三农"舆情态势积极向好，客户端、新闻网站及视频平台信息量占全年舆情总量的七成以上。吉林省巩固拓展脱贫成果、持续推进乡村振兴、切实抓好粮食生产和重要农产品稳产保供、积极推进现代农业发展、加快推进信息技术与农业农村融合、有序开展乡村建设行动、稳妥推进农业农村改革等重点工作及亮点成效受到舆论广泛关注。查干湖第二十二届冰雪渔猎文化旅游节引发关注热潮，舆论称冬捕经济大有"钱"景。

**关键词：**　黑土粮仓　数字村　查干湖　吉林省

* 张万伍，吉林省农村经济信息中心主任，高级农艺师，主要研究方向为农业农村信息化；杨燕平，吉林省农村经济信息中心助理农艺师；刘畅，吉林省农业技术培训中心助理农艺师；李添莹，吉林省农村经济信息中心会计师；张燕莉，吉林省农村经济信息中心高级工程师；丁江春，吉林省农村经济信息中心工程师；于海珠，吉林省农村经济信息中心工程师；李明达，吉林省农村经济信息中心工程师。

# 一　舆情概况

## （一）舆情传播渠道

2023年，共监测到吉林省"三农"网络舆情信息量51.45万条。其中，客户端13.60万条，占舆情总量的26.44%；新闻12.00万条，占23.32%；视频11.94万条，占23.20%；微博帖文10.60万条，占20.60%；微信2.84万条，占5.52%；互动论坛帖文4737条，占0.92%（见图1）。总体看，客户端、新闻网站和视频平台是吉林省涉农舆情的主要传播渠道，三者传播量合计占舆情总量的七成以上。微博信息发布便捷、传播迅速，也成为舆论传播的重要渠道。

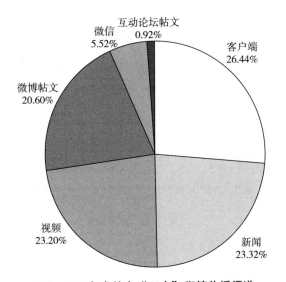

**图1　2023年吉林省"三农"舆情传播渠道**

资料来源：吉林省"三农"舆情监测管理平台、农业农村部"三农"舆情监测管理平台、新浪舆情通。下同。

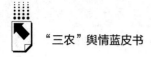

（二）舆情传播走势

从全年舆情传播走势看，波动较大，分别在4月、8月、10月出现3次峰值。受春节假期影响，1月舆情量处于全年低位。4月，吉林省备春耕工作被媒体重点报道，推动出现第一次舆情峰值。7月入汛以来，吉林省遭遇四次强降雨过程，部分区域受灾，农业生产受到不利影响，8月，吉林省全力开展灾后农业生产恢复工作，确保秋粮丰收，受到舆论聚焦；同时，中国长春国际农业·食品博览（交易）会举办盛况被媒体广泛报道，助推当月舆情量升至全年最高峰值。10月，吉林省秋粮收获相关工作、2023年粮食产量创历史新高、吉林省粮食品牌北京推介活动成功举办等信息吸引媒体目光，出现全年第三个舆情高峰（见图2）。

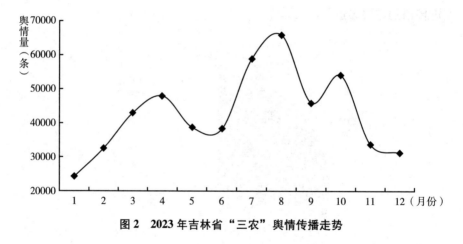

图2　2023年吉林省"三农"舆情传播走势

（三）舆情话题分类

从舆情话题分类看，农业渔业生产与粮食安全相关舆情量占比最高，占舆情总量的42.15%；乡村振兴战略实施舆情量次之，占18.95%；农产品市场相关舆情量居第3位，占8.56%。上述三个话题舆情量合计占比约七成。农村社会事业、农村环境、农产品质量安全、农业农村改革、涉农金融保险及补贴等5个话题占比在2%~6%，其他话题占比在2%以内（见图3）。

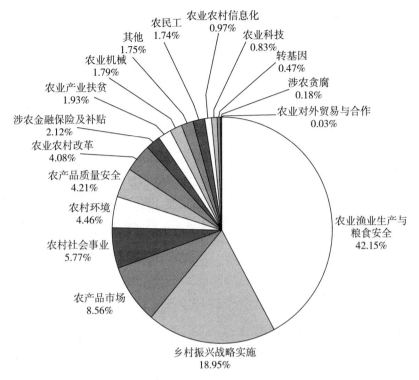

图3　2023年吉林省"三农"舆情话题分类

## （四）热点事件排行

从2023年吉林省"三农"舆情热点事件TOP20来看（见表1），全年舆情态势相对平稳，没有出现高热敏感舆情。从舆论关注内容看，涉及农业渔业生产及粮食安全的话题是舆论关注焦点。其中，吉林省春耕及秋收工作分别登上热点事件排行榜第1、2位，吉林省积极开展强降雨灾后农业生产恢复、吉林省粮食产量再创新高分别居排行榜第4、第10位。全省"三农"重点工作部署也吸引了舆论目光，吉林省出台42条实施意见建设农业强省、吉林省启动"千亿斤粮食"工程、吉林省发布2023年玉米大豆生产者补贴政策等信息被广泛传播。

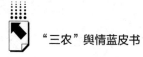

表1　2023年吉林省"三农"舆情热点事件 TOP 20

| 排名 | 热点事件 | 首发媒体 | 月份 | 舆情热度 |
|---|---|---|---|---|
| 1 | 吉林全省开启春耕热潮 | 新华社客户端 | 4 | 5436.45 |
| 2 | 吉林省全力推进秋粮收获工作 | 人民日报客户端 | 10 | 4664.40 |
| 3 | 吉林省出台42条实施意见建设农业强省 | 人民网 | 2 | 3083.05 |
| 4 | 吉林省积极展开强降雨灾后农业生产恢复 | 新华社客户端 | 8 | 3052.35 |
| 5 | 查干湖开展大规模冬捕 | 央视网 | 12 | 2245.15 |
| 6 | 第二十二届长春农博会举办 | 央广网 | 8 | 2206.05 |
| 7 | 央视点赞吉林省粮食安全"答卷" | 央视网 | 2 | 1200.35 |
| 8 | 吉林省启动"千亿斤粮食"工程 | 新华社客户端 | 4 | 875.10 |
| 9 | 吉林省发布2023年玉米大豆生产者补贴政策 | 吉林省农业农村厅网站 | 2 | 841.05 |
| 10 | 吉林省粮食产量超800亿斤,再创新高 | 微信公众号"吉林发布" | 10 | 798.55 |
| 11 | 吉林省开展农民丰收节系列活动 | 微信公众号"吉林日报" | 9 | 781.60 |
| 12 | 吉林省启动禁渔期专项执法行动 | 央视网 | 5 | 395.25 |
| 13 | 吉林省盐碱地大豆亩产突破300公斤大关 | 彩练新闻客户端 | 10 | 376.90 |
| 14 | 扶余市破坏黑土地被中央督察组点名 | 央视新闻客户端 | 2 | 245.90 |
| 15 | 省委书记景俊海深入乡村振兴联系点进行调研 | 彩练新闻客户端 | 4 | 173.35 |
| 16 | 吉林省乡村畅通工程项目开工 | 吉视通客户端 | 4 | 145.85 |
| 17 | 吉林省粮食品牌暨舒兰大米北京推介活动成功举办 | 新京报网 | 10 | 119.25 |
| 18 | 2023吉林省粮食品牌福建推介会成功举办 | 微信公众号"吉林大米品牌" | 6 | 118.30 |
| 19 | 吉林省推动种业"翻身"走强 | 新华社客户端 | 6 | 109.25 |
| 20 | 舆论热议大安盐碱地上种粮情况 | 央视新闻客户端 | 1 | 104.05 |

## 二　热点话题舆情分析

### (一)巩固拓展脱贫成果马不停蹄,乡村振兴步履铿锵

2023年,吉林省持续推动巩固拓展脱贫攻坚成果,加快实施乡村振兴

战略,全力谱写乡村全面振兴新篇章,持续吸引媒体关注。年内,吉林省发布 2023 年巩固拓展脱贫攻坚成果同乡村振兴有效衔接工作要点、促进脱贫人口持续稳定增收三年行动实施意见(2023~2025 年)①,先后召开促进脱贫人口增收工作培训会、衔接工作推进视频会,持续开展"抓产业、促就业、稳增收"行动,确保脱贫人口逐步缩小收入及发展差距。"2023 年全省脱贫人口人均纯收入增长 15.6%""产业帮扶项目共实施 1135 个""全省超过 3 万名农村脱贫人口通过木耳产业致富""我省监测对象 80.99% 消除返贫风险""全省发展庭院经济,促进脱贫农户年均增收 1000 元以上"② 等成果被《农民日报》、光明网、中国经济网等多家媒体报道。其中,公主岭市龙山满族乡增强扶贫项目辐射带动作用,4 个扶贫项目年分红 40 万元以上;桦甸市实施村级产业项目 34 个,脱贫人口人均纯收入达到 1.36 万元,增长 18%;东辽县泉太镇通过扶贫产业大棚、光伏发电等项目为贫困户分红 15 万元。《农民日报》称赞吉林省筑牢防返贫底线,乡村振兴展现出一派新面貌。

2023 年,吉林省"五大振兴"齐发力,绘就乡村振兴新画卷。7 月,审议通过《吉林省乡村振兴责任制实施细则》;9 月,召开全省实施乡村振兴战略现场推进会,全面落实乡村振兴责任制。舆论称,吉林省坚定航向,开足马力,全面推进乡村振兴。"4 县入选国家乡村振兴示范县""延边州入围 2023 年国办乡村振兴督查激励名单"等荣誉被媒体积极宣传。产业振兴方面,吉林省以十大产业集群持续带动群众增收致富,"玉米、水稻产业集群产值超千亿元""果蔬、林下及林特产业集群产值超 500 亿元""全省人参综合产值首次突破 700 亿元""吉林省预制菜产业建设年产值达 55 亿元""吉林省冬捕休闲渔业年产值 30 多亿元""全省食药用菌产业栽培规模达到 29.6 亿袋""创建省级农产品加工示范园区 8 个"等成绩备受舆论认可,"双辽市打造高粱等特色产业村 41 个""德惠市瓜菜种植产业实现人均

---

① 华泰来、黄鹭:《景海俊:加快建设农业强省 全面推进乡村振兴 为率先实现农业农村现代化夯实基础》,《吉林日报》2023 年 5 月 10 日,第 1 版。

② 孙翠翠:《激活振兴动力源 乡村蝶变展新颜》,《吉林农村报》2023 年 2 月 18 日,第 4 版。

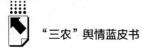
增收 3.6 万元""蛟河市新站镇改良土特产红菇茑，年创收超 50 万元""靖宇县三道湖镇蓝莓鲜果销售收入突破 1.6 亿元"等各地取得的成果被人民网、《工人日报》等媒体传播报道。舆论称，一幅产业兴、村民富的乡村振兴新图景在白山松水间铺展开来。人才振兴方面，吉林省表决通过《吉林省人才发展条例》，启动乡村产业振兴带头人"头雁"项目，举办省级高素质农民培训班、青年电商人才训练营及乡村振兴人才继续教育高级研修班，成效显著。"吉林省 2023 年培育高素质农民 18353 人""吉林省已评选出 4000 余名乡村振兴人才职称获得者"①"累计培养和帮扶本土化青年电商人才 1.6 万多人次"等数据被《中国青年报》等媒体广泛传播。"榆树市大坡镇孙民入选 2023 年度'全国十佳农民'""双辽市成立 18 个乡镇街专家人才指导站""松原市乾安县 90 后返乡大学生以科技助力乡村振兴""九台区'归雁'工程吸引本土人才回流，探索在全域 283 个行政村每村配备一名'名誉村长'"等各地亮点被新华社客户端等媒体关注。舆论点赞，吉林省人才振兴让乡村发展更有底气。文化振兴方面，吉林省通过乡风文明建设、非遗传承、增强农文旅融创等推动乡村文化建设，吉林市永吉县创新"1314"② 婚俗改革工作法，推进婚姻领域移风易俗；辽源市东丰县依托非遗品牌农民画打造文创产业，擦亮当地新名片；长春市九台区打出特色旅游牌，推进三条农旅示范带建设。舆论称赞，文化振兴为全面建设新吉林贡献力量。"全省 9000 多个农村文化小广场基本覆盖全省行政村""全省拥有乡村博物馆 52 个、农家书屋 9327 个，建成农村数字放映厅 367 个""吉林省发布 100 户'最美家庭'、10 户'最美家庭标兵'"等成绩被《吉林日报》等媒体报道。生态振兴方面，吉林省 8 个乡村入选 2023 年中国美丽休闲乡村名单、2 地获得国家生态文明建设示范区称号等荣誉被央广网、中国新闻

① 王海跃：《吉林已评选出 4000 余名乡村振兴人才职称获得者》，人民网，http://jl. people. com. cn/n2/2023/0324/c349771-40349452. html。

② "1314"："1"是传承 1 个满族经典，培育特色婚姻家庭文化；"3"是打造 3 个婚服阵地，夯实婚姻家庭文化基础；"1"是唱响 1 个服务品牌，营造婚姻家庭服务氛围；"4"是创新 4 项保障机制，重塑婚姻习俗文明新风。

网等多家媒体推广宣传；吉林省查干湖冬捕"头鱼"拍出近 140 万元，白城市累计完成村屯绿化美化 1313 个，桦甸市新开河村生态旅游实现旅游收入超 300 万元，磐石市宝山乡北锅盔村创建"美丽庭院"25 户、"干净人家"45 户等成效被多家媒体集中报道。组织振兴方面，吉林省构建乡村振兴多元投入机制，集聚各类资源下沉乡村振兴一线，以高质量党建赋能高质量发展。"吉林省再添 33 个全国乡村治理示范村镇""敦化市雁鸣湖镇创立'雁鸣春晓''塔湖共建'两个联合党委，打造 6 个党支部领办合作社，助力全镇村集体经济超 40 万元""乾安县党支部领办合作社促进玉米每公顷收入 2.25 万元"等成绩被央视网等媒体积极报道。舆论称赞，党建"金钥匙"打开乡村振兴"发展门"。

### （二）聚焦扛稳粮食安全责任，"黑土粮仓"稳产保供创历史新高

2023 年，吉林省加快推进"千亿斤粮食"产能建设工程，真抓实干守好大国粮仓。年初，省委农村工作会议明确要加强供给保障，不断提高粮食综合生产能力。春耕期间，制订发布 2023 年全省"虫口夺粮"保丰收行动方案、备春耕生产技术指导意见、实际种粮农民一次性补贴实施方案及全省绿色优质水稻标准化生产技术指导意见等多项政策措施，支持全省粮食生产；应对春旱、夏涝的严峻考验，先后印发《科学应对气象灾害夺取全年粮油丰收工作预案》《吉林省农业农村厅关于应对极端天气影响农业灾后恢复生产工作方案》①，推动灾后恢复生产；陆续启动"千亿斤粮食"产能建设工程、实施农垦粮油作物大面积单产提升行动，全面夯实粮食安全根基。一年来，吉林省粮食生产佳绩频传。"2023 年全省粮食种植面积 8738.4 万亩""全省粮食总产量 837.3 亿斤，创历史最高纪录""粮食总产量较上年增长 21.14 亿斤，同比增 2.6%""粮食平均亩产达 958.2 斤""粮食单产居全国粮食主产省第 1 位""全省粮食总产居全国第 4 位""连

---

① 马洪超：《吉林省粮食产量创历史新高，升至全国第四位》，经济日报客户端，https：//proapi.jingjiribao.cn/detail.html? id=495805。

续三年粮食产量超 800 亿斤""粮食总产同比增量居东三省第 1 位"等一系列丰收喜讯被新华社等媒体积极报道。舆论表示,吉林省农业生产扛过多重挑战,取得这份"优粮"答卷殊为不易。稳粮的同时,吉林省建设多元化食物供给体系。"全省 2023 年农林牧渔业总产值 3128.02 亿元,同比增长 5.0%""全省蔬菜年产量超过 1300 万吨""全省推广稻渔综合种养 95.39 万亩,创历史新高""2023 年全省冬春蔬菜供给率达到 12.6%""人参产量达 3.4 万吨,居全国第 1 位""黑木耳产量达 118.4 万吨,居全国第 2 位""全省渔业产值同比增长 9.2%"等丰产数据被《吉林日报》集中报道。舆论称赞,吉林展现农业大省担当。

耕地是粮食生产的根本。一年来,吉林省持续加强黑土地保护及高标准农田建设,夯实粮食安全根基。黑土地保护方面,施行新修订的《吉林省黑土地保护条例》、印发《2023 年吉林省保护性耕作行动计划技术指引》《吉林省金融支持黑土地保护实施意见》《吉林省黑土地保护执法实施办法》、先后召开"黑土粮仓"科技会战领导小组会议及黑土地保护专家委员会座谈会,强化黑土地保护受到关注。舆论称赞,吉林省黑土地保护打出"组合拳"。敦化市整合 950 万元用于黑土地保护工作,松原市印发《松原市黑土地保护"1+4"制度体系(试行)的通知》,扶余市实施东北黑土地保护建设项目,各地采取的保护措施也被媒体广泛报道。"2023 年全省实施保护性耕作面积达到 3700 万亩""2023 年吉林省推广耕地深松 855 万亩、增施有机肥 697 万亩、水肥一体化 601 万亩、耕地轮作 250 万亩""黑土地保护与可持续管理项目共建设黑土保护与可持续利用技术示范区 15 万亩,辐射面积达到 200 万亩以上""建设县乡级高标准保护性耕作应用基地 240 个以上""保护性耕作实施作业主体达到 2.6 万个以上""梨树县黑土地种植玉米平均亩产提高 8% 以上"等成果引发媒体广泛宣传。《吉林日报》等媒体指出,从制度建设到依法保护、从主体责任到成果转化,吉林省在黑土地保护方面日渐成熟完善。① 高标准农田建设方面,吉林省召开高标准农田

---

① 赵宝忠、闫虹瑾:《争当现代农业建设排头兵》,《吉林日报》2023 年 12 月 26 日,第 4 版。

建设现场推进会、印发高标准农田建设冬期低温施工技术指南，盯牢高标准农田建设目标。"吉林省高标准农田累计建成 4380 万亩，占永久基本农田的 53.4%""吉林省全年建设高标准农田 791.2 万亩"等成绩被媒体关注报道。吉林省高标准农田建设创历史最高水平。

### （三）科技创新、数字赋能，现代农业发展走出新天地

科技创新是促进农业高效发展的根本动力。一年来，吉林省推良技、强农机、用良种，推动传统农业向现代农业转型升级，取得的显著成效受到舆论关注。农业科技方面，发布《吉林省 2023 年农业主导品种和主推技术》、举办全省首届农业科技成果路演推介活动，加快推进农业科技成果转化应用。"吉林省落实玉米大豆'一喷多促'1570.5 万亩""吉林省实施'水肥一体化+密植'面积达 601.38 万亩""吉林省推广水稻钵型毯状育插秧技术 60 万亩 新增水肥一体化技术 234 万亩"[1] "吉林省西部盐碱地应用节本增效轻简化栽培新技术，每公顷增产 510.8 公斤"[2] "公主岭市'米菇立体间作'模式使玉米增产约 20%""伊通满族自治县水稻抛秧新技术助力水稻增产 10%以上"等技术成果被央广网客户端等媒体广泛报道。舆论称，科技为吉林省现代农业插上翅膀。农机装备方面，吉林省进一步推进农机购置与应用补贴工作，强化高质高效农机及配套农艺应用，加大水稻抛秧机和大马力拖拉机等先进农机推广。"主要农作物耕种收综合机械化水平达 94%，比全国平均水平高 20 个百分点""玉米耕种收综合机械化率 95.1%""水稻耕种收综合机械化率 97.3%""拖拉机保有量达 131 万台""新型机具保有量达 27.7 万台""桦甸市 8 万台套农机投入春耕农业生产""蛟河市全年补贴机具 1213 台套"等成果被《吉林日报》等媒体报道。舆论称，吉林省农业现代化第一方阵地位更加稳固。种业振兴方面，吉林省发布 2023 年农业

---

① 闫虹瑾：《五谷丰登粮满仓 黑土沃野庆丰年》，大吉网，http：//www.dajilin.com/jilin/content/2023-10/06/content_235742.html。

② 李双溪、姜明明：《吉林西部：科技赋能盐碱地多打粮、打好粮》，新华社客户端，https：//h.xinhuaxmt.com/vh512/share/11535499？d=134b1cd&channel=weixin。

主导品种、印发吉林省玉米水稻品种审定标准、举办全省推进作物育种联合攻关培训班、遴选 76 个农作物品种开展高产竞赛，全面激活乡村振兴"芯"动能。"建成省作物种质资源、北方粳稻种质资源 2 个保护与利用中心""吉林省 81 个农作物新品种通过国家审定""吉林省主要农作物实现 100% 良种覆盖""吉林省共建制种基地 17 个""筛选出耐盐碱品种 47 个、耐密突破性品种 41 个""吉林省通过审定主要农作物新品种 260 个""全省保存各类作物种质资源约 15 万份""建成 4 个国家级保种场""'吉农大 667''吉粳 81''通系 943'荣获第四届全国优质稻品种食味品质鉴评金奖"等成果被新华社等媒体集中报道。舆论赞称，吉林省推动种业从"翻身"到走强。

2023 年，吉林省加快发展农业农村信息化，积极推动信息技术与农业农村融合，相关举措及成果受到舆论持续关注。数字乡村建设方面，吉林省继续开展"数字村"试点建设工作、启动"数字村"试点建设培训工作，指导全省"数字村"建设和应用。《农民日报》称，"数字村"在助力吉林省乡村产业发展、提高乡村治理能力、提升农民幸福指数等方面发挥了积极作用。"全省建成 369 个'数字村'""'吉农云'数字化平台实名注册人数达 48.3 万人""全省建成益农社 8358 个，覆盖全省 88.5% 以上行政村"①"3 个县实现'吉农云'县域全覆盖应用""全省新建 5G 基站 5000 个""全省行政村及生活生产区 5G 网络通达率达到 69.94%"等成果被彩练新闻客户端等媒体宣传。媒体评价，吉林省让数字技术融入乡村生活。智慧农业方面，2023 年，吉林省探索扩大农业领域数智化应用场景，提高数字农业应用水平，媒体予以追踪报道。长春市无人机植保作业可节省 30% 左右药液；延边州和龙市八家子镇桑黄基地广泛应用物联网监控云管理系统，精准控制温度、湿度，为"难伺候"的桑黄提供了适宜的生长环境，基地的桑黄种植量已经超过百万段；洮南市采用田间管理云平台、自走式喷灌、田间无人

---

① 黄维：《吉林省：现代农业建设走出新天地》，新华网客户端，https://app.xinhuanet.com/news/article.html？articleId＝49afc58c1eb54c8756babb36c48cb6ca&timestamp＝49983。

值守墒情测报系统、无人机点对点追肥等精细化田间管理技术,助力万亩小冰麦丰收;梨树县建立智慧农业信息化数据平台,实现农业生产全程数字化管理;长春国家农高区无人驾驶农机以其数字化、智能化和网联化技术,提高了耕种作业质量和工作效率,精准度高,可最大限度地提高土地、种子利用率。舆论称赞,吉林省"云端大脑"使农业生产更精准。农村电商方面,吉林省启动"新电商直播节",成立吉林省新电商工匠学院,发布了中国第一份新电商产业发展报告和中国新电商行业规范发展倡议书,推出网络直播主体信用评价指标体系团体标准[1],成功举办三届中国新电商大会,引发媒体关注。"'吉林省延吉市农村电商服务乡村振兴创佳绩'案例入选2023年全国县域商业'领跑县'案例集""延吉市获评首批全国县域商业'领跑县'殊荣"等荣誉,以及"吉林省农村网络零售额近470亿元,增长31%""吉林省已建成国家级、省级电商示范基地、示范企业182个""吉林省建成电商服务中心268个、电商服务站5316个、县城物流中心31个""人参、鹿产品、黑木耳、吉林大米网络市场占有率分别达77.5%、49.2%、33.4%、22.6%"[2]等成果被中国新闻网、《吉林日报》等媒体宣传报道。舆论称,吉林省电商产业蓬勃发展。

### (四)扎实推进乡村建设,绘就美丽乡村新画卷

2023年,吉林省因地制宜,分类施策,扎实推进全省美丽乡村建设工作,各项工作部署以及取得的成绩受到舆论瞩目。吉林省先后印发乡村建设"百村提升"工作方案、美丽乡村建设实施方案、乡村建设"吉乡农创园"工作方案(试行)、农村供水高质量发展实施方案(2023—2026年),审议通过《2023年吉林省乡村建设行动工作方案》、召开美丽乡村建设专题会议等工作部署是媒体报道的重点,"建成美丽示范县10个""打造'千村美丽'村3000个左右""打造'百村示范'村600个左右"等目标成为媒体

---

① 陶连飞:《我省新电商产业蓬勃发展》,《吉林日报》2024年1月18日,第1版。
② 郭佳:《吉林网络零售额突破千亿元大关 人参等四大产品畅销网络》,中国新闻网,http://www.chinanews.com.cn/cj/2024/01-15/10146336.shtml。

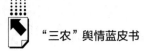

报道的关键信息。"吉林省 8 个乡村入选 2023 年中国美丽休闲乡村名单""吉林省再添 33 个全国乡村治理示范村镇"等荣誉被央广网等媒体积极宣传。"10 个美丽乡村示范县和 2023 年度 995 个'千村美丽'村全部启动规划编制工作""打造高标准美丽乡村示范村 201 个""打造美丽村 995 个""首批共创'吉乡农创园'48 个""216 个边境村全部完成规划编制"①"全省新改建农村公路 3175 公里、改造农村危房 3306 户""吉林省新建农村物流网点 1632 个""全省快递服务建制村通达率达 100%""全省农村自来水普及率达 97.8%，24 小时供水工程比例达 40.2%"等建设成果被《中国经营报》等媒体报道宣传。舆论称，吉林省共绘宜居宜业新画卷。

环境是乡村的"底色"，2023 年，吉林省积极推进农村人居环境整治，受到舆论聚焦。工作部署方面，一年来，吉林省先后印发《关于加快推进春季秸秆利用工作的通知》《吉林省农村生活垃圾收运处置体系建设管理办法（试行）》、举办全省农村厕所革命培训班、召开全省农药包装废弃物回收处理培训现场会、推进秸秆禁烧"天地人"立体化监控项目，促进乡村颜值提升。"2023 年吉林省实现 4.7 万户农村厕所改造""吉林省农村卫生厕所改造累计超 70 万户""全省行政村生活垃圾收运处置体系覆盖范围已达 96%""全省农村生活污水治理率达到 23.5%""全省 60 处农村黑臭水体已完成整治 42 处""全省秸秆综合利用率达 82%""秸秆综合离田率达 97.2%"等成绩，以及"长白县获评全国村庄清洁行动先进县""抚松被列入国家水系连通及水美乡村建设县"等荣誉被中央和省内主流媒体积极宣传。各地人居环境改善的有益探索也吸引了舆论目光，农村厕所改造方面，洮南市瓦房镇互助村在进行旱厕改造时采用深埋大容积罐体的方式，一方面减少村民清淘次数，另一方面在气候寒冷的冬季也不影响使用；松原市前郭尔罗斯蒙古族自治县长山镇四克基村在改造水冲厕所时在污水井下边加装底座，既保证了居民的生活用水，也保证本村作为查干湖补水地的地下水的水

---

① 王伟：《吉林省扎实推进美丽乡村建设》，彩练新闻客户端，https：//www.cailianxinwen.com/app/news/shareNewsDetail？newsid=419737。

源质量；图们市向阳村采取"管网铺设一村一方案，水厕改造一户一设计"的方式，缩短排水管网长度。农村垃圾治理方面，长春市农安县烧锅镇实施农村生活垃圾治理工程，建立乡村保洁管理制度，完善垃圾收运处置体系，确保生活垃圾日产日清。农村污水治理方面，延边州全面启动农村供水和污水处理设施建设，推进 172 个行政村实现 24 小时供水、352 个行政村污水有效处理；吉林市船营区将农村水环境治理纳入河长制、湖长制管理，深入开展河湖"清四乱"专项行动，对乱占、乱采、乱堆、乱建等突出问题开展专项清理排查和集中清理整治。村容村貌提升方面，四平市梨树县通过门前"三包"、村规民约等创新举措，让乡村面貌焕然一新；靖宇县花园村采取镇领导划片包保、机关干部包户方式，建立人居环境保洁、检查、评比制度；长春市双阳区双营乡庞家村积极探索新型工作模式，全村妇女姐妹和家庭成员积极参与到创建活动中，实现以人带户，扎实推进美丽宜居乡村建设。舆论称赞，吉林省乡村环境持续向好，群众幸福指数持续攀升。

## （五）农村改革稳步推进，村美民富迎来华彩蝶变

2023 年，吉林省稳步推进农村改革发展，加快构建新型农业经营体系，取得积极进展，舆论广泛关注。农村集体产权制度改革方面，吉林省全面推进农村"三变"改革，开展经营性资产折股量化村 4336 个，占涉农村总数的 46.03%，累计办理集体经济组织股权登记托管 2.1 万笔，金额 10.34 亿元；全省农村产权交易业务乡镇覆盖率达到 85%，村级覆盖率 51%；松原市坚持实施"地就是股，股就是地，入社群众和村集体机动地按股分红"的经营管理模式，党支部领办合作社达 827 个，土地平均入社率 11%，村均分红 100 万元以上[①]；榆树市探索农村集体经营性建设用地入市，为农村集体经济组织增加土地出让收益近 800 万元；松原市宁江区打破村级边界，以强带新，资源共享，16 个新建村土地平均入社率 18.6%、农户平均入社率

---

① 张博宇：《松原市村党支部领办土地股份合作社分红季正式拉开帷幕》，新华网，http://www.jl.xinhuanet.com/20240124/aa28c5e12632424aa2f219cb5f269528/c.html。

达到 16.3%；长春市九台区红光村创新了"三换两集中"模式①，使分散的土地经营权向合作社和企业集中；双辽市依托农村产权交易平台，将闲置集体资产挂牌流转，变"沉睡资源"为"活力经济"，2023 年全市耕地流转类成交 311 笔，成交金额 1450.13 万元。舆论称，吉林省实现村美民富，迎来华彩蝶变。农村土地承包流转方面，延边州开展第二轮土地承包到期后再延长 30 年试点工作；长春市农村土地规模经营比例达 50%以上；松原市采取全托管和"菜单式"托管方式开展土地托管服务，共开展土地托管面积 66.09 万亩；东丰县大兴镇流转土地 3 万余亩，人均增收 2100 元；蛟河市前进乡梨树沟村按照"党支部+合作社+农户"的服务模式，托管土地 116 公顷；榆树市环城乡桂家村 2023 年将土地托管面积调整至 1.2 万亩，打通了耕、种、管、收、储、销农业全产业链条。② 舆论称，土地"流"出活力，"转"出后劲，让零散土地集约成千亩良田，有效促进吉林省农业增效、农民增收。宅基地制度改革方面，延边州积极探索盘活农村闲置宅基地，截至 2023 年底，全州有试点村 41 个，新增盘活闲置宅基地 51 套；长春市九台区清水村依托宅基地改革试点增加农民收入，充分利用村民原有的房屋翻建、新建成温泉民宿，给予农民运营收益的 30%③；延边州敦化市红石乡中成村以民居资源再利用，盘活村内闲置宅基地，打造投资 2.45 亿元的敦化市红石乡村旅游基础设施建设项目，积极探索发展"民俗旅游+"模式。舆论称赞，"点醒"农村土地，为吉林省农民富裕提供巨大潜力空间。农村经营制度改革方面，吉林省持续提升新型农业经营主体，突出培育农民合作社和家庭农场，取得显著成效。"全省农民合作社、家庭农场分别发展到 8.1 万家和 9.8 万家""县级以上示范农民专业合作社 5557 家，增长 13.3%""县级以上示范家庭农场 5730 家，增长 44.6%""农业社会化服务

---

① "三换两集中"模式，即宅基地使用权换楼房居住权，以水田经营权入股年底换分红，村集体资产使用权换村民集体养老、环境改善等公益事业；分散居住的村民向楼房集中，分散的土地经营权向合作社和企业集中。
② 张欣禹：《土地托管催生万亩农田集约化》，《长春日报》2024 年 1 月 17 日，第 3 版。
③ 柳青：《房屋做民宿 村庄成风景》，《吉林日报》2023 年 9 月 19 日，第 2 版。

主体突破 3.2 万家"数据成果被多家媒体突出强调。舆论称赞，多元化经营主体正将小农户引入现代农业发展轨道。

## 三 热点事件舆情分析

【查干湖第二十二届冰雪渔猎文化旅游节引发关注热潮】

每年冬季，吉林省查干湖都会如期举办盛大的"丰收节"，吸引众多鱼贩和游客纷至沓来，共同参与捕鱼活动并欣赏美景。2023 年 12 月 28 日，查干湖第二十二届冰雪渔猎文化旅游节开幕，数万名游客共同见证了查干湖冬捕"冰湖腾鱼"的壮观盛景，象征着吉祥的"头鱼"以 1399999 元成交，引发全网热烈围观。

1. 舆情概况

据监测，截至 2023 年 12 月 31 日，相关舆情总量 9522 条。其中，客户端发布并转载相关报道 4487 条，新闻网站 2288 条，视频 1298 条，微信 1021 条，微博 365 条，论坛 63 条。多家媒体进行报道，如《新华独家·这就是松原｜冰湖腾鱼！感受"查干湖冬捕"魅力》《年年有鱼！来吉林查干湖打卡"冰湖腾鱼"》《吉林查干湖冬捕启幕"头鱼"拍出 1399999 元》《传统渔猎冬捕进行时》《热雪燃冬｜查干湖渔猎文化旅游节开幕 冰湖腾鱼盛景引客来》《凿冰起网开"盲盒"，查干湖里探"丰收"！》《吉林松原：依湖而生因湖而兴，渔家姐妹追梦查干湖》等。新浪微博设置的"查干湖冬捕一网捞出 36 万斤鱼""查干湖冬捕直播""查干湖渔民靠冬捕月入 5 万""查干湖捕鱼震撼现场""查干湖头鱼拍出 1399999 元"等微话题合计阅读量达 1.81 亿次。

2. 媒体关注情况

媒体充分肯定查干湖开展冬捕活动的积极意义，认为该活动不仅展示了当地独特的渔猎文化和自然风光，也推动了当地生态旅游和经济发展的融合。中国新闻网发文称，冬捕经济带大有"钱"景。每年的冬捕季成了吉林省渔民的"忙季"，吸引五湖四海的游客前来观赏冰湖美景、品尝美味鲜鱼，也为各地水产销售成功引流，形成了固定且长期的经济效应。人民网报

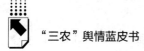

道称，查干湖是松原市乃至吉林省的一张"金名片"，一湖之美，不仅造福当地，而且不断向外辐射。有媒体表示，吉林省借助冬捕热度延伸旅游产品链条，收入渠道也增加了。新华社评论称，传统的渔猎文化焕发新魅力，成为当地发展生态旅游的金名片。"冬捕经济带"串联起吉林省西部河湖，开辟产业发展广阔空间。

3. 网民评论

网民纷纷参与话题讨论，主要有以下五个观点。一是称赞冬捕活动盛景和意义。有网民称，渔家文化真的是需要被更多的人知道。有网民说，有生之年一定要去查干湖体验一下冬捕仪式。也有网民说，很好啊，带动经济发展。二是感叹查干湖的渔业产量。有网民表示，查干湖的鱼比我头发还多。有网民说，这个湖简直就是聚宝盆啊！年年都有这么多鱼。还有网民说，这也太厉害了吧，满满都是丰收的喜悦，渔民大丰收了。三是踊跃为查干湖"打call"。有网民表示，欢迎来我家乡吉林松原查干湖，欢迎全国的朋友。有网民说，场面超震撼，湖鱼超好吃，松原欢迎大家。四是进行冬捕知识科普。有网民说，松原人解释一下，140万是头鱼（第一网最大的一条鱼）的价格，在这里是好运的象征。还有网民说，头鱼是头一网啊，不是头一条。头一网十万多斤，折合下来一斤也就十来块，奢侈啥。五是表示绝对不是洗澡鱼。有网民说，这些鱼都是几年前放的鱼苗，养到现在捞的。冬捕的传统就是只捞大的才能年年有大鱼吃，每年都持续投放鱼苗才会可持续发展。有网民说，这里盛产胖头鱼，一个环境到另一个环境鱼的存活率很低，不可能放进去再捞出来。再说，冰冻的冰面怎么放进去，现在网络信息这样迅速，要是有假早曝光了，鱼苗也是定期放的，以保持平衡。

# 四 舆情总结与展望

2023年是全面贯彻党的二十大精神的开局之年，是三年新冠疫情防控转段后经济恢复发展的第一年。总体看，2023年，中央媒体和本地主流媒体对吉林省"三农"工作部署、成绩、亮点等进行了广泛关注和报道，是原创信息的主要来源。中央媒体充分肯定了吉林省"三农"工作取得的突破性进展，营造了良好的舆论氛围，本地主流媒体展示了吉林省在推进农业现代化和乡村振兴等方面的丰富实践，助力吉林省"三农"正能量信息传播。2024年是实现"十四五"规划目标任务的关键一年，也是吉林省推动乡村全面振兴率先实现突破的关键之年，吉林省将坚持以发展现代化大农业为主攻方向，有力有效推进乡村全面振兴，舆论将持续关注，或将呈现以下特点。从传播渠道上看，新闻媒体和"两微一端"是主要的传播平台；受益于手机的广泛应用，直播、短视频等渠道受到网民欢迎，其快速和多媒体的传播形式应予以重点关注。从热点内容上看，粮食综合生产能力提升、乡村振兴的探索和实践、农业现代化建设、农产品品牌建设和营销、新型农业经营主体发展、农村人居环境整治、农业农村改革等将持续受到舆论关注；涉农政策及重大涉农活动也是媒体关注的重点。从舆情应对上看，建议相关部门继续加强舆情监测，及时了解本省"三农"舆论动态，做好舆情风险研判，根据实际情况调整应对策略，营造健康的舆论环境；发挥主流媒体作用，及时发布权威信息，提升信息公开透明度，引导舆论方向；在新型传播渠道中掌握话语权，做好"三农"政策解读宣传，"三农"工作中的典型案例、经验做法、特色模式等宣传推介等，为建设农业强省提供强大舆论支持。

## 参考文献

唐旭：《持续推进农村人居环境整治提升》，《农民日报》2023年7月24日。

王伟：《吉林多措并举促进脱贫人口增加收入》，《吉林日报》2023年8月5日。

柳姗姗、彭冰：《松原开展土地托管服务助力乡村振兴》，《工人日报》2023年9月15日。

翟伟、孟含琪、张骁等：《打造美丽中国吉林样板》，新华社客户端，2023年9月23日。

李舫、陈振凯：《吉林"粮道"》，《人民日报海外版》2024年1月24日。

# B.15
# 2023年江苏省"三农"舆情分析

赵霞 王平涛 徐月洁*

**摘　要：** 2023年，江苏省"三农"工作呈现农业增产、农民增收、农村繁荣发展的良好局面，涉农网络舆情数量较上年小幅减少。江苏高水平建设农业强省、全面推进乡村"五大振兴"，加快推进农业农村现代化，全方位夯实粮食安全根基，深化改革盘活农村"沉睡资产"等话题受到舆论积极关注。习近平总书记点赞江苏"新农人"引发热烈反响，舆论认为"新农人"离乡返乡的轨迹折射着中国城乡的巨变。

**关键词：** 农业强省　乡村振兴　粮食安全　智慧农业　江苏省

　　2023年是"十四五"承前启后之年，江苏省部署高水平建设农业强省，有力有效推进乡村全面振兴，力争建设农业强、农村美、农民富的新时代鱼米之乡，相关重点工作部署、行动举措、亮点成果等被媒体积极报道，也为全省"三农"领域的网络舆论提供正面导向。

## 一　舆情概况

### （一）舆情传播渠道

　　据监测，2023年江苏省涉农网络舆情信息量11.15万条（不含转载），

---

* 赵霞，江苏省农业信息中心科长，高级农艺师，主要研究方向为涉农网络舆情；王平涛，江苏省农业信息中心副主任，推广研究员，主要研究方向为农业农村信息化；徐月洁，江苏省农业信息中心农艺师，主要研究方向为涉农网络舆情。

比上年减少6.17%。其中,新闻报道(含新闻客户端)3.41万条,占舆情总量的30.58%,居首位;微博帖文(不含转发)3.28万条,占比29.42%;视频信息2.88万条,占比25.83%;微信信息1.25万条,占比11.21%;论坛、博客文章3303条,占比2.96%(见图1)。与上年相比,新闻、微博、视频平台传播量占比分别提升1.21个、0.63个、2.85个百分点。总体看,新闻媒体是江苏涉农信息的主要发布和传播渠道,主流媒体凭借其公信力和报道的专业性、权威性,在舆论场中起到关键导向作用。视频平台作为新闻传播和创作的新兴载体,也在舆情传播中发挥较大作用。微博和微信等社交媒体对舆情信息进行二次转发传播。

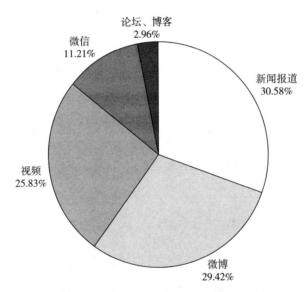

**图1　2023年江苏省"三农"舆情传播渠道**

资料来源:江苏省"三农"舆情监测管理平台、农业农村部"三农"舆情监测管理平台。下同。

## (二)舆情传播走势

从全年看,江苏涉农网络舆情热度呈波浪形走势,第二、三季度波动较大。受春节假期影响,1月和2月舆情量处于全年低位,6、7、8月舆情量均过万，处于舆情高位。其中，6月江苏麦收工作、数字乡村发展大会受到舆论广泛关注。7月江苏出台《高水平建设农业强省行动方案》，阶段性目标和具体细化举措被媒体聚焦；苏北、苏中、苏南片区农村人居环境整治提升现场推进会相继召开，受到媒体持续关注。8月，江苏渔民在伏季休渔结束后出海开捕的消息被媒体大量报道，各地克服多种气象灾害，多措并举保障秋粮生产受到舆论认可，日本排放核污水入海对江苏渔业的影响也成为舆论热议的话题（见图2）。

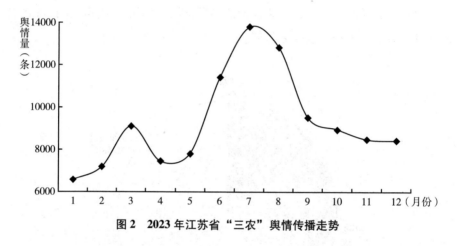

**图2　2023年江苏省"三农"舆情传播走势**

## （三）舆情话题分类

从舆情话题分类看，农村经营管理相关舆情量最高，占比为26.41%；其次是种植业和农产品市场相关舆情量，分别占比20.06%和10.38%；"三农"政策、农垦、渔业、畜牧业、科教等5个话题占比在5%~9%，其他话题占比在5%以内（见图3）。

## （四）热点事件排行

从舆情热度排行前20的事件看，3月全国两会期间的农业话题受到舆论聚焦，"习近平总书记点赞江苏'新农人'逐梦沃野"高居排行榜首位，"江苏代表全国两会话'三农'"居排行榜第5位。"2023年江苏省委一号

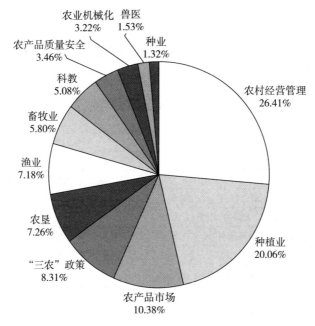

图3 2023年江苏省"三农"舆情话题分类

文件聚焦乡村振兴""江苏召开省委农村工作会议强调加快建设农业强省""江苏发布21条举措促进农业农村经济发展""江苏743个农业农村重大项目全面开工"等"三农"领域重大工作部署吸引舆论目光。2023年,江苏境内极端天气多发,"苏北麦收遭遇'烂场雨'""盐城8月龙卷风造成部分村民房屋、农作物受损""9月江苏两地发生龙卷风致农业农村设施受损"等农业农村受灾情况被舆论密切关注。此外,日本核污水排海事件引发舆论聚焦关注,其对江苏渔业的影响也成为高热议题。此外,央视先后曝光滨海县高标准农田建设漏洞和省内部分地区"僵尸农机"套骗补贴事件,迅速引发舆论广泛关注,居排行榜前10位(见表1)。

表1 2023年江苏省"三农"舆情热点事件TOP 20

| 排名 | 标题 | 首发媒体 | 月份 | 舆情热度 |
| --- | --- | --- | --- | --- |
| 1 | 习近平总书记点赞江苏"新农人"逐梦沃野 | 央视新闻客户端 | 3 | 12372 |
| 2 | 日本核污水排海对江苏渔业的影响 | 交汇点客户端 | 8 | 3417 |

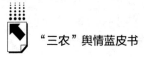

续表

| 排名 | 标题 | 首发媒体 | 月份 | 舆情热度 |
|---|---|---|---|---|
| 3 | 9月江苏两地发生龙卷风致农业农村设施受损 | 央视网 | 9 | 3099 |
| 4 | 盐城8月龙卷风造成部分村民房屋、农作物受损 | 央视网 | 8 | 2688 |
| 5 | 江苏代表全国两会话"三农" | 微信公众号"科技日报" | 3 | 2492 |
| 6 | 2023年江苏省委一号文件聚焦乡村振兴 | 人民网 | 2 | 1937 |
| 7 | 阳澄湖大闸蟹正式开捕 | 第一昆山客户端 | 9 | 1420 |
| 8 | 央视3·15晚会曝光滨海高标准农田漏洞 | 新浪微博"@央视财经" | 3 | 1220 |
| 9 | 江苏盐城东台市农村"人口费"引争议 | 新浪微博"@新京报" | 10 | 1078 |
| 10 | 江苏"僵尸农机"套骗补贴事件 | 央视财经客户端 | 12 | 971 |
| 11 | 苏北麦收遭遇"烂场雨" | 微信公众号"新华视点" | 5 | 808 |
| 12 | 江苏召开省委农村工作会议强调加快建设农业强省 | 荔枝网 | 2 | 717 |
| 13 | 网传江苏农管去地里检查收割机 | 抖音"高密讯闻" | 6 | 607 |
| 14 | 第十二届江苏国际农业机械展览会开幕 | 新华网 | 4 | 523 |
| 15 | 阳山水蜜桃上市备受瞩目 | 无锡博报客户端 | 6 | 511 |
| 16 | 第十四届江苏省乡村旅游节启动 | 中国新闻网 | 4 | 417 |
| 17 | 沛县"村界杯"火爆春节 | 新浪微博"@荔枝新闻" | 1 | 396 |
| 18 | 江苏发布21条举措促进农业农村经济发展 | 新华网 | 2 | 335 |
| 19 | 江苏开启伏季休渔后"第一捕" | 央视网 | 8 | 331 |
| 20 | 江苏743个农业农村重大项目全面开工 | 《新华日报》 | 3 | 318 |

## 二 热点话题舆情分析

（一）高水平建设农业强省展现"三农"担当，勇于突破打造乡村振兴"江苏样本"

党的二十大首次提出加快建设农业强国战略部署，在全面贯彻落实党的二十大精神开局之年的2023年，江苏省委一号文件开篇即提出加快建设具有中国特色、富有江苏特点的农业强省。2023年，江苏为高水平建设农业强省加大财政支持力度，出台行动方案细化建设农业强省"施工图"，开设专题论坛会聚人才为建设农业强省献计献策，相关工作动态被人民网、央视网等中央媒体持续关注。"建设农业强省"在2023年是江苏本地媒体报道的主要表达，也是江苏"三农"领域的新热词。新华网、央广网、中国江苏网、荔枝网等媒体以大量报道跟踪江苏相关发展情况，2023年"全省农林牧渔业总产值8935.6亿元""第一产业增加值5075.8亿元""农村居民人均可支配收入增长7.0%""拥有省级以上龙头农企964家"等全省不断积累的"三农"底气受到舆论认可。《新华每日电讯》称赞，江苏正聚力高水平建设农业强省，建设农业强、农村美、农民富的新时代鱼米之乡。[1] 中国日报网指出，江苏坚持农业农村优先发展、城乡融合发展，全面实施乡村振兴战略，"三农"工作取得了明显进展。[2]

2023年，江苏贯彻实施《江苏省乡村振兴促进条例》，成立乡村振兴研究会，深入开展全省乡村振兴示范乡镇、示范村建设工作。我苏客户端指出，江苏正集中力量在重点领域和关键环节寻求突破，引领带动乡村全面振兴。一年来，江苏乡村"五大振兴"不断取得新成效，吸引舆论目光。产业振兴方面，江苏加快吸引各类要素投入农业农村领域，启动实施农业农村重大项目建设三年行动计划，深入推进"万企兴万村"行动，"1220个农业农村重大项目全部开工""新增17个就业富民乡村振兴基地""创建国家农业产业强镇71个""5地入选国家乡村振兴示范县创建名单"等积极进展引发新华报业网、荔枝新闻客户端等媒体广泛宣传报道。同时，各地立足自身特色，打造出一批乡村新兴产业成为农民增收新引擎，"西瓜产业带动东台10万农民致富""宿迁蝴蝶兰大世界种植基地助力农户年收益5万元以上""泰州市姜堰区蒋垛镇草莓产业每年为农民增收2万多元""淮安市淮安区车桥镇芡实亩均种植效益2500元"等亮点不断涌现，被央视网、中国日报

---

① 段羡菊、谢锐佳、赵久龙等：《强工也强农，刮目看江苏》，《新华每日电讯》2023年10月12日，第6版。

② 苍微：《"高质量发展调研行"江苏主题采访正式启动》，中国日报网，https://js.chinadaily.com.cn/a/202305/15/WS64622eb4a3105379893743e7.html。

网等媒体跟进报道。舆论称赞,江苏各地发挥当地特色资源,顺应产业发展规律,持续创新推进产业振兴。人才振兴方面,江苏注重强化提升全省农业农村人才素质,2023年启动乡村产业振兴带头人"头雁"项目,成立"亚夫新农人学院",选拔全省新农人典型,收效显著,"10人入选全国农村创业优秀带头人典型案例""3人获得全国十佳农民项目资助""12人获得江苏省乡土人才'三带'新秀""30多家入选年度江苏百佳家庭农场""15位入选江苏首届优秀农业职业经理人"等成绩被《新华日报》、荔枝网等媒体广泛传播。江苏新农人杰出代表魏巧、徐玲更被《农家女》杂志选入2023年度十大巾帼新农人,成为全国新农人女性模范。舆论表示,江苏各方共同汇聚力量,加快推进新农人队伍建设,为全面推进乡村振兴提供人才支撑和智力保障。文化振兴方面,江苏2023年举办全省农民读书节、农家书屋万场主题阅读等活动,印发《关于建设非遗工坊助力乡村振兴的实施意见》,连续开展传统村落认定工作,取得全省"村(社区)农家书屋外借1696万册次""'江苏数字农家书屋'平台阅读使用量8626万人次""建成首批60家省级非遗工坊""省级传统村落总数达502个""传统村落实现涉农县区全覆盖"等成绩获中国新闻网、上游新闻网等媒体积极宣传报道。扬子晚报网评价,近年来江苏在全面推进乡村振兴战略的具体实践中,不断发挥文化赋能的特别作用,开出反哺地方发展的文化之花。生态振兴方面,作为"绿水青山就是金山银山"实践创新基地之一,宿迁市泗洪县创新发展林下种植、林下养蟹、林下旅游等多种生态产业,被《人民日报》大力推介。① 南京市溧水区探索附带生态保护条件土地出让机制、太仓市全国首创产业用地"竞生态投入"配置模式等做法入选《江苏省自然资源领域生态产品价值实现典型案例》,舆论称赞江苏拓展了"两山"转化的通道和路径。组织振兴方面,常熟市支塘镇蒋巷村党委带领村民走出"以工哺农""以农哺旅"之路,人民网为"团结、拼搏、务实、创新的蒋巷精神"点

---

① 尹晓宇:《江苏泗洪探索生态价值多元实现机制》,《人民日报》2023年12月29日,第9版。

赞。江苏电视台《正午江苏》节目报道了无锡市实施驻村（社区）第一书记"助村（社区）项目"，当地市派第一书记共领办 174 个项目、争取 5975 万元协调资金的成绩备受好评。媒体称赞，江苏正在打造党建引领乡村振兴的"江苏样本"。

### （二）推进农业农村现代化发展蹄疾步稳，信息化筑牢全省农业农村"数字底座"

2023 年是"十四五"规划实施承前启后的关键之年，江苏以高质量推进农业农村现代化建设为重要抓手，立足省情农情，谋划硬招实招，着重提升农业科技水平，加快建设人居环境舒适的和美乡村，加强和改进乡村治理，在多个领域、关键环节上稳步突破，不断取得成效。全省"农业科技进步贡献率 71.8%""新增 3 个国家农业现代化示范区""新增 8 个全国数字农业农村新技术新产品新模式优秀项目""近 4000 个村庄完成规划审批""共确定约 2.1 万个村庄的发展规划"等多项发展进度受荔枝网、扬子晚报网等媒体肯定，《新华日报》称赞，江苏农业农村现代化建设蹄疾步稳。农业科技方面，江苏紧扣地方产业建立 34 个科技小院，中国江苏网深入挖掘"如皋黑塌菜科技小院引办合作社助力 156 位农民就近就业""海安桑蚕科技小院引领 50 多家丝绸企业发展"等有益经验，称赞江苏各地科技小院让实验室里的科研成果在广袤的田野上落地生根。[1] 《科技日报》在报道中详细呈现南京农业大学年度农业科技应用十大成果，"水稻新品种""无人机智慧施肥技术""'菌—矿—肥'新型土壤修复剂"等多项科研创新成果转化应用被积极肯定，助力农业农村现代化发展。[2] 农村人居环境整治方面，江苏部署全省村庄垃圾清理专项行动，在苏北、苏中、苏南逐批精准推进农

---

[1] 夏文燕、陈星：《科技小院结硕果 大地论文更可贵——科技小院模式为江苏农业农村高质量发展注入新动力》，中国江苏网，https：//jsnews.jschina.com.cn/kjwt/202305/t20230511_3212816.shtml。

[2] 金凤：《南京农业大学 2023 年十大农业科技应用成果发布》，《科技日报》2024 年 1 月 9 日，第 3 版。

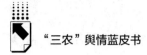

村人居环境整治提升工作，全省"完成66.1万户厕所改造""超350个乡镇（街道）开展全域生活垃圾分类工作""苏北地区建成176个行政村生活污水治理项目"等数据被《新华日报》《江南时报》等媒体大量转发，"常州新改扩建农村公厕127座""常熟农村生活污水治理率达99.5%""邳州实施垃圾分类试点的行政村占比达到54.5%"等各地整治成果也被新华网、澎湃新闻客户端等媒体积极传播。舆论称赞，江苏乡村正由表及里、神形兼备地全面提升。乡村治理方面，江苏稳步提升乡村基层治理效能，共有66个村镇入选2023年全国首批乡村治理示范村镇，数量居全国第一，中国江苏网称赞江苏为全国乡村有效治理提供了不同的模式和样板。各地结合实际探索出的乡村治理新路径也引发广泛关注。南通市海门区建成"红网格"智慧平台，用一套网络达成137项农村政务服务，凤凰网称，海门区为乡村治理打造了数字化的全新赛道。南京市推出AI智能监控平台，通过数据平台和监控有效掌握乡村渣土偷倒、垃圾偷排、秸秆焚烧等问题，扬子晚报网称南京此举将乡村治理变"智"理。

2023年，江苏加快建设数字乡村、发展智慧农业，"落实14项数字农业技术装备研发重点项目""农村信息基础设施建设投资达29亿元""建设30个省级数字农业农村基地""开展第二批数字乡村试点工作"等重大举措被人民网等媒体积极肯定。"全省数字农业农村发展水平达67.2%""新增18处全省数字乡村综合和特色专项试点""农村信息基础设施建设水平全国第二"等突出成果被交汇点客户端、中国江苏网先后点赞。《新华日报》称赞，江苏农业农村迈入"数字时代"，"数字底座"不断夯实。2023年，"苏农云"平台正式启动上线，"推送数据近60亿条""全省近10年高标准农田数据'上图入库'""在线管理5000多个农业农村重大项目"等智慧农业建设成绩被《人民日报》等媒体集中关注。现代快报网评价称"苏农云"是江苏农业农村发展"智慧大脑"、涉农数据资源"共享中枢"、行业管理决策"指挥中心"。江苏各地因地制宜推进农业农村信息化，"无锡实施'六大行动'积极推进数字乡村建设""盐城着力构建'1+4+N'数字乡村建设模式""徐州大力推进'数商兴农'工程"等实践举措被中国青年网、中国日报网等媒体转发推介①，"南京5个无人化农场初步建成""苏州培育认定41个智慧农业示范生产场景""盐城智慧农机装备10543台"等各地农业农村发展成果在各平台广泛传播。扬子晚报网称赞，江苏全面开启智慧农业建设新征程。作为发展乡村数字经济的突破口，江苏多年来将农村电商作为一项重点工作，持续建设"互联网+"农产品出村进城工程，开展"苏货新农人"等培训，鼓励各地举办线上宣传推介农产品、直播带货、自建助农营销平台等活动，"累计建成县级涉农电商产业园101个""农产品年网络销售额突破1200亿元""农村网络零售额保持全国第二位"等显著成绩被新华网、搜狐网等媒体广泛传播，"赣榆海鲜""高淳螃蟹""沭阳花木"等具有全国影响力的电商产业集群被人民网、中国新闻网等媒体着重报道。中国新闻网称赞，江苏蓬勃发展的农村电商成为富民增收的"强引擎"。

### （三）紧抓生产全方位夯实粮食安全根基，加速迈向种业强省律动"农业芯"

2023年，江苏紧抓农业生产，力求全方位夯实粮食安全根基。从春耕备耕时节通知各地研判形势做好作物田管、开展全省"放心农资下乡进村"活动，到"三夏"生产前后预先部署小麦赤霉病防控工作、多部门配合应对不利天气抢时造墒播种旱粮作物，再到秋收秋种期间及时部署秋粮农机防灾减灾工作、召开视频会议协调保障全省秋粮收购……江苏在全年粮食生产各个关键环节有的放矢，"夺取""保障""抓好"等词语成为媒体报道江苏相关举措时的主要表达。《新华日报》指出，江苏克服2023年诸多不利天气影响，抢农时、抓田管，农业农村部门全时段、全过程、全区域指导服务，协调解决困难问题，保障粮食生产顺利开展。② 江苏"夏粮产量达281.42亿斤，同比增加1.36亿斤""稻谷收购量达185.13亿斤""累计收

---

① "1+4+N"数字乡村建设模式即盐城市以现有数字化建设成果为基础，充分整合信息化资源，建设"1（数字乡村运营决策调度中心）+4（基础设施数字化、农村数字经济、智慧绿色乡村、数字乡村治理）+N（N个场景应用）"的体系架构。

② 吴琼：《今年江苏粮食总产再创历史新高》，《新华日报》2023年12月12日，第2版。

购稻谷149.7亿斤""实现'三增'好形势""粮食总产达759.5亿斤""粮食产量连续10年超700亿斤"等丰收捷报被新华网、光明网等媒体广泛传播，"再创历史新高"更是成为澎湃新闻网、新华报业网等媒体的报道标题。央视网称赞，江苏实现了人口密度大省"口粮自给、略有盈余"的成绩，不仅端稳了8500多万江苏人的饭碗，也为保障国家粮食安全作出了重要贡献。江苏2023年着力抓好稻麦、大豆、玉米等主要粮油作物单产提升工作，持续推广大豆玉米带状复合种植，致力盐碱地变农田治理，多地高产、破纪录的消息频频传出，诸如"沭阳县麦茬杂交水稻亩产达1101.6公斤，创全省历史最高纪录""泗洪县带状复合种植面积达8.4万亩，实现了大豆玉米'一地两丰收'""323.87公斤，全国盐碱地油菜亩产新纪录在东台市诞生"等成绩被媒体突出报道。交汇点客户端总结称，江苏在有限的土地里，有效挖掘增产潜力。

种子是农业的"芯片"，江苏2023年全面落实种业振兴行动方案，部署开展重大品种协作攻关，着力扩展农业种质资源综合基因库。全省"拥有17个'超级稻'品种，占全国八分之一""保存农业动植物资源6.8万份，占全国11%""拥有国家级畜禽遗传资源保护单位23家""农业种质平台集聚农业种质信息数据超4.1万条""建设4个国家杂交水稻制种基地""17个水稻品种进入农业农村部'超级稻'品种名录""新增3处国家农作物品种展示评价基地"等重要动态及成果被新华网、《新华日报》等媒体积极转发。在江苏举办的"第七届中国·江苏蔬菜种业博览会"上，首次亮相的启东洋扁豆、如皋黑塌菜等54个品种备受关注，中国江苏网称赞江苏地方特色蔬菜品种"C位出道"。各地深入推进种业振兴行动，发布配套工作方案，为推进种业振兴提供政策保障，"扬州选育出全省首个国家认定推广罗氏沼虾新品种""溧阳红灯笼猪跃升为国家级种质资源""镇江获得农业农村部登记辣椒品种108个""宿迁粳稻新品种'南粳8910'全省推广种植20多万亩""水稻生物育种全国重点实验室落户无锡"等各地研发及建设成果吸引媒体目光。《新华日报》指出，江苏正加速迈向种业强省，律动农业"芯"，"育"出新希望。

（四）城乡双向奔赴描绘"幸福江苏"新画卷，深化改革盘活农村"沉睡资产"

习近平总书记在江苏考察时强调，要深化城乡统筹，扎实推进城乡一体化发展，让农村成为安居乐业的美丽家园。江苏上下牢记总书记殷殷嘱托，大力推进城乡协调发展，出台首个国家城乡融合发展试验区实施方案，多部门联合建立配套协调推进工作机制，积极探索强村富民新路径，2023年"农村居民人均可支配收入突破3万元""城乡居民收入比缩小至2.07∶1""农村居民人均可支配收入增速快于城镇居民2个百分点"①"'千亿县'总数达到21个""成为全国城乡收入差距较小的省份之一"等城乡融合发展方面取得的成效被《新华日报》等媒体关注和报道。舆论称赞，今日的江苏，城乡之间差距持续缩小，"幸福江苏"新画卷已铺展开来。各地实践形成的成功事例被新华网、交汇点客户端等媒体积极转发，如：泰兴市成立拥有完整产业链的农产品加工园区，两年内助推周边40个村集体实现经营性收入增加近2000万元。江阴市长江村升级为大型船舶产业园区，免费为村民分配临近城镇的别墅。交汇点客户端称赞，江苏各地将"富庶之城"和"鱼米之乡"融合实践，着力激活城乡融合"一池春水"。多年来，江苏坚持发展乡村旅游产业，以农旅融合为重要抓手，做大做精"苏韵乡情"休闲农业品牌，有效引导"人、地、钱"等各类发展要素下沉，取得的"休闲农业综合收入首次突破千亿元""国家休闲农业重点县数量全国并列第一""全省各地举办各类农事节庆活动1300余场""乡村旅游带动就业7万人"等突出成绩被人民网、上游新闻网等媒体广泛传播。各地结合自身特色倾力打造"苏州阳澄湖大闸蟹开捕节""盱眙国际龙虾节""东台西瓜节""高邮双黄鸭蛋节"等一大批知名文化节被中国新闻网、中国江苏网等媒体集中关注。荔枝网称赞，江苏结合自身农业特色推出一系列丰富而优质的"文旅爆款"，让乡村文化"活起来"、乡村旅游"火起来"，不断促进文旅消费需求加速释放。

2023年，江苏继续深化农村改革创新，加大政策扶持保障力度，大力

---

① 《2023年江苏省国民经济和社会发展统计公报》，《新华日报》2024年3月5日，第7版。

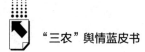

发展新型农业经营主体和社会化服务，在全国率先立法促进家庭农场建设，整省试点农村产权流转交易规范化工作，培育和评选"百佳家庭农场""十佳家庭农场服务联盟""20位新农人""20个家庭农场""20个农民合作社""百强股份经济合作社"等全省优秀典型被人民网、新华报业网等媒体争相报道，"培育各级示范家庭农场近2万家""累计培育国家级农民合作示范社461家""29家合作社入围全国500强""农业生产托管服务营业收入130亿元""农村产权交易项目同比增长32.10%"等一系列成绩备受交汇点客户端、中国江苏网等媒体肯定。盐城市亭湖区的"小田变大田"改革路径、泰州市姜堰区的家庭农场发展"三四四"支撑体系等4个案例被农业农村部选入全国农村改革典型①，我苏客户端指出，江苏上榜典型各具特色。各地在探索和实践的道路上亮点纷呈，一年来被媒体持续关注。新型农业经营主体方面，推广应用"大豆+豆丹"综合种养模式的灌云县马亮果蔬种植家庭农场，围绕葡萄产业打造立体种养模式的句容市下蜀镇东来家庭农场等成功案例被农业农村部选为全国典型，人民网称赞这些案例创新模式，走出了一条综合赢利的致富之路。连云港市东海县多家花卉种植合作社联合企业规模化发展，将鲜切花销往全国各地，荔枝网为当地"赋能产业提档升级"的做法点赞。农业社会化服务方面，徐州市邳州市供销合作社为当地2000余户银杏种植户提供土地托管及技术服务，人民网称赞该社成为当地银杏产业发展的主力军。新华报业网点赞了南京市六合区的"1+N+X"组织模式，该模式服务全区550多个生产经营主体，带动村集体年均增收40万元。农村产权交易方面，江苏112个涉农县（市、区）、1184个乡镇（街道）统一开展交易服务，可交易农村土地经营权等14个品种，业务辐射省内外，《江苏经济报》称赞江苏盘活了农村"沉睡资产"。②

① "三四四"支撑体系即泰州市姜堰区紧扣主体职业化、技术集成化、管理规范化"三化目标"，探索家庭农场全周期培育模式；创新土地流转准入监管、家庭农场综合评价管理、家庭农场保险保障以及家庭农场主养老补助"四项制度"；创设区域性产销联合体、镇域综合服务联盟、区级家庭农场联盟运营服务中心和家庭农场集聚区"四大载体"。
② 林杉、吴琼：《农村产权交易额突破2200亿元 看江苏如何盘活这个"沉睡资产"》，《江苏经济报》2023年11月22日，第1版。

（五）农业产业融合发展补齐短板，品牌培育构建农特产品"蓄水池"

2023年，江苏以农业产业融合发展为主导，着力保障重要农产品有效供给，加强农机装备支撑，抓好高标准农田建设及耕地保护，筑牢农业产业发展根基，补齐全产业链发展短板，各项工作取得的不俗成绩受到舆论瞩目。重要农产品供给方面，江苏下达1.18亿元专项资金保障生猪生产供应，启动全省设施蔬菜绿色高产高效行动示范创建工作，制定《加快推进海洋渔业发展若干措施》，"2023年猪、牛、羊、禽四类肉产量329.9万吨，同比增长4.4%""蔬菜及食用菌产量6135.6万吨，同比增长2.7%""海洋生产总值达9606.9亿元，增长6.7%""淡水渔业产值连续多年位居全国第一"等产业发展数据被《新华每日电讯》、我苏网等媒体积极转发。扬子晚报网评价称，江苏重要农产品总量持续保持平稳。农机装备方面，江苏印发方案对农业机械化作业质量提升工作作出统一部署，持续推进农机购置补贴三年行动，农忙时节更以免收车辆通行费、设置跨区作业接待服务站等方式为农机跨区作业开辟"绿色通道"，"农作物耕种收综合机械化率达85%""夏收投入联合收割机12万台、烘干机3.5万台""水稻、小麦、玉米三大粮食作物农机化率达95%"等农机装备推广成效被新华社客户端、《科技日报》等媒体积极关注，荔枝网称赞江苏正积极补齐"铁牛"短板。高标准农田建设方面，江苏紧扣全年120万亩的目标，积极开展"双百日行动"专项整治建设工程质量，下达近80亿元专项资金，全省取得"新建高标准农田120万亩""改造提升207万亩高标准农田""共建设高标准农田5100万亩"的建设成果，被我苏客户端、中国江苏网等媒体点赞。各地年末亮出的"徐州年内23.3万亩新建任务全部完成""无锡完成12万亩高标准农田建设""扬州新改建高标准农田24.5万亩"等成绩单也受到新华社客户端等媒体积极转发。耕地保护方面，江苏下发通知要求进一步做好耕地进出平衡工作，开展全省耕地保护绩效评价工作，下达15.75亿元资金支持各地耕地的开发、保护及提升，"划定耕地保护目标5990.27万亩""划定永久基本农田 5345.02 万亩""耕地面积稳定在 8000 万亩水平"等耕地保护数据被人民网、中国江苏网等媒体持续关注。中国江苏网称赞,江苏守住了粮食生产的"命根子"。全产业链建设方面,江苏加快推进农产品初加工机械化高质量发展,支持培育特色产业链条,"培育 10 亿元以上县域优势特色产业 204 个""建设全国'一村一品'示范村镇 201 个""打造特色产业超亿元村 49 个"等,诸多成绩获新华报业网等媒体认可。各地探索形成的特色产业链条被舆论重点关注,镇江市句容市戴庄村依托当地已有的农旅产业基础,推出小包装有机米、有机茶等产品满足旅客购物需求,被《中国农民合作社》赞为"开创了全产业链全程服务新格局"。《新华日报》报道了淮安市盱眙县集种苗研发、养殖、加工、销售、文旅、餐饮于一体的小龙虾全产业链条,称赞盱眙县将"一只龙虾带来的产业链越拉越长"。江苏 2023年成立了预制菜产业创新联盟,将预制菜作为链接从田间地头到百姓餐桌的纽带。交汇点客户端关注各地在这条新赛道上的作为,深入报道了南通市通州区的鲜食玉米种植基地、淮安市的生猪屠宰加工基地、扬州市的预制菜产业园区等生产流通情况,指出江苏正在抢抓预制菜新机遇,实现高质量发展。[1]

农业强,品牌必须强。江苏 2023 年开展"农情四季"江苏农业品牌精品展销活动,举办全省农企知名品牌 30 强大赛,启动农业品牌江苏精品培育计划,深入推进"品牌强农营销富民"工程,放大本省特色资源优势。如皋黑塌菜、高邮鸭蛋等 5 个品牌被农业农村部纳入 2023 年全国农业品牌精品培育计划,阳山水蜜桃、东台西瓜等 66 个品牌进入 2023 年全省农业品牌精品培育计划名单。中国农网称赞,江苏坚持探索具有本省特色的品牌打造新路径,构建起优中选优、培育精品的"蓄水池"。[2] 江苏多个农特产品破圈吸睛,成为 2023 年农业品牌的"流量明星"。"水韵苏米"品牌凭借专

---

[1] 许愿、谭倩文、林杉:《预制菜新赛道,淮扬菜已就位!江苏全力推动预制菜产业发展》,交汇点客户端,https://jnews.xhby.net/v3/waparticles/10/UPBCHhiBB5FfWcnF/1。

[2] 李文博、陈甜甜:《66 个!江苏农业品牌精品培育名单发布》,中国农网,https://www.farmer.com.cn/2023/09/23/99937211.html。

属文化节获取较高话题度，更在第五届粮交会上表现突出，上游新闻网称赞"水韵苏米"是江苏粮食产业一枚靓丽的名片，"射阳大米""泗洪大米""淮安大米"等一大批优质地产大米品牌熠熠生辉。阳山水蜜桃在7月上市时节登上多个网络平台热搜，网民积极参与"一颗水蜜桃就能挤出一杯桃汁""阳山水蜜桃一颗能卖到500多元""阳山水蜜桃火到海外"等话题讨论，称赞阳山水蜜桃"超级好吃"。《新华日报》指出，江苏水土丰沃，四季都有精品农产品产出，加上有效推动品牌强农，一批有特色、有质量的农业品牌深入人心。

## 三 热点事件舆情分析

**【习近平总书记点赞江苏"新农人"引发热烈反响】**

**1. 舆情概述**

2023年全国两会召开期间，来自江苏的"80后"全国人大代表、镇江市镇江新区永兴农机机械化专业合作社理事长魏巧向习近平总书记汇报了自己返乡创业种植水稻，成为一名"新农人"的故事，总书记称赞"像魏巧这样的同志到农村去，很好！"引发热烈反响。江苏"新农人"魏巧的事迹也受到舆论聚焦。央视新闻客户端首发报道，观察者网、扬子晚报网等媒体积极转发，当月全网舆情量2735条，"新农人""返乡创业"等成为高频词。人民网、新华网等媒体还先后对魏巧展开多角度专访，由点到面地描绘出江苏"新农人"队伍的奋斗图景。截至年底，新浪微博相关微话题"总书记点赞新农人逐梦沃野"阅读量达6868.8万次，讨论1.1万次，关联视频《总书记点赞新农人逐梦沃野》播放量达377万次。

**2. 媒体评论**

媒体一致认可"新农人"在"三农"领域发挥的重要和积极作用，并称赞江苏为"新农人"提供了很好的发展平台。有媒体表示，"新农人"的出现增添了"农民"新内涵，赋予了乡村多业态发展的新活力，各地政府应当用心做好"引育留"三篇文章，不断使"新农人"队伍有效发展，让更多的"新农人"成为加速乡村发展的"兴农人"。① 有媒体梳理指出，2012～2022年底，全国返乡入乡创业人员数量累计达到1220万人，"魏巧"们离乡返乡的轨迹，鲜明展示了总书记所说的"双向流动"，折射出中国城乡的巨变。有媒体认为，江苏依靠持续努力端稳了全省人民的饭碗，不仅拥有丰富的农业产业类型，具备过硬的农业科研实力，夯实了农业大省向农业强省迈进的厚实基础，也为"凤还巢"的"新农人"提供了广阔的舞台。

3. 网民评论

网民纷纷以跟帖评论、留言、发布帖文等方式参与话题讨论，主要有以下观点。一是点赞新时代的"新农人"力量。有网民说，新时代的新农人，有理想有抱负，为新农村建设贡献全部力量。也有网民说，做给农民看、带着农民干、帮助农民销、实现农民富，为魏巧点赞！二是感叹我国农业农村现代化发展成效。有网民说，乡村振兴越搞越好，农村已经能为年轻人提供更多就业机会。也有网民说，新农人在希望的田野上用科技干活，用数据展开工作，一种全新的农业生产模式正在加速形成，农业现代化让农业成为很体面的职业。三是呼吁更多专业人才回归乡村。有网民说，推进乡村振兴，需要大量的人才，希望有更多青年人扎根"三农"，为建设农业强国出心出力。还有网民说，现在农村务农的基本上都是"60后"，未来特别需要魏巧这样有文化懂技术的新农人。

# 四　舆情总结与展望

2024年，江苏将全面落实中央要求，学习运用"千万工程"经验，巩固高水平建设农业强省良好开局，加快农业农村现代化，全面提升农业农村发展活力，加快建设新时代鱼米之乡，为"十四五"圆满收官夯实基础。2024年，"三农"网络舆情热点或将集中在以下几个方面。

---

① 王晓映、钱飞、艾培：《让更多"新农人"与土地双向奔赴》，《新华日报》2023年3月13日，第4版。

一是乡村振兴。江苏深入推进乡村"五大振兴",以《江苏省乡村振兴促进条例》为乡村振兴保驾护航,持续开展全省乡村振兴示范乡镇、示范村建设工作,相关工作部署、进展以及各地发展成效在2024年将依然是舆论关注的重中之重。

二是粮食安全。江苏坚持紧抓粮食和重要农产品稳产保供,注重稻麦、大豆和玉米等主要粮油作物单产提升,深入实施种业振兴行动,新的一年,江苏将继续抓好粮食生产,确保产能,创新做强"农业芯",相关动态及话题将被舆论持续关注。

三是乡村治理。2023年,江苏坚持城乡融合发展,科学推进村庄规划编制,全面、精细抓好农村人居环境整治提升,媒体就此发出大量报道,2024年相关工作的新进展、新成效或将继续成为媒体报道的重点。

四是数字农业。江苏加快推进数字技术与农业农村深度融合,注重新装备新技术的研发和推广应用,聚力智慧农业基础设施建设,在2023年取得一系列亮眼成绩。2024年,江苏在农业数字化、智慧化等方面的创新突破和应用亮点将持续激发媒体报道热情。

**参考文献**

张晔、普京文:《科技赋能为江苏农业现代化插上腾飞之翅》,《科技日报》2023年7月20日。

王丽娟、张丽佳、姚伟超:《构建产业链全程服务新格局 打造农业农村现代化新样板》,《中国农民合作社》2023年第8期。

段羡菊、谢锐佳、赵久龙等:《强工也强农,刮目看江苏》,《新华每日电讯》2023年10月12日。

姚雪青:《"头雁竞飞"强村富民》,《人民日报》2023年12月1日。

# B.16
# 2023年江西省"三农"舆情分析

课题组*

**摘　要：** 2023年，江西省"三农"工作交出亮眼成绩单，为加快建设农业强省积蓄了力量。江西积极巩固拓展脱贫攻坚成果，全面推进乡村振兴战略实施，多措并举夯实粮食安全根基，粮食生产实现"十一连丰"，健全完善农产品产销对接长效机制，大力推进农业农村信息化发展，深化农业农村改革创新，统筹推进乡村建设，相关话题受到舆论积极关注。《江西省农村村民自建房管理办法》公布施行引发热议。

**关键词：** "三农"舆情　乡村振兴　赣鄱正品　村民自建房　江西省

## 一　"数"览舆情概况

### （一）舆情传播渠道

据江西省"三农"舆情监测管理平台（以下简称"江西平台"）统计，2023年涉赣"三农"网络舆情量达11.75万条（不含转载），较2022年增加1.2%；负面网络舆情传播量占比约为4.1%，较上年提高1.4个百分点。其

---

* 陈亮，江西省农业技术推广中心副教授，主要研究方向为智慧农业；陈勋洪，江西省农业技术推广中心智慧农业与农业外经处处长，研究员，主要研究方向为智慧农业；胡翊炜，江西省农业技术推广中心智慧农业与农业外经处副处长，畜牧兽医师，主要研究方向为智慧农业；钟志宏，江西省农业技术推广中心智慧农业与农业外经处副处长，主要研究方向为智慧农业；吴艳明，江西省农业技术推广中心高级讲师，主要研究方向为智慧农业；占阳，江西省农业技术推广中心智慧农业与农业外经处科长，主要研究方向为智慧农业。

中，新闻 7.53 万条，占舆情总量的 64.1%；微博 2.61 万条，占 22.3%；客户端 9185 条、微信 6631 条、论坛博客帖文 273 条，合计占 13.6%（见图 1）。从舆情传播渠道看，新闻媒体凭借其权威性，继续掌握着江西"三农"舆论场的话语权，2023 年信息量占比超六成；微博借助"短平快"优势成为信息传播的重要渠道，2023 年信息量占比较上年提高 3.7 个百分点；客户端依据其内容聚合度高的优势，依然成为舆情传播的主要力量；微信、论坛、博客的传播量虽然占比较低，但仍然是江西"三农"舆情不可小视的"舆论场"，其依托自身强大的用户黏性，进一步扩大信息传播的范围。

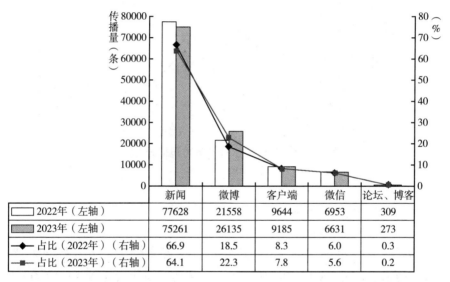

图 1　2022～2023 年江西省"三农"网络舆情各媒体传播量及其分布情况

资料来源：江西省"三农"舆情监测管理平台。下同。

### （二）舆情地域分布

2023 年，江西省 11 个地市舆情传播量达 9.38 万条，约占全年传播总量的八成（见图 2）。其中，南昌市真抓实干、担当作为，坚持乡村全面振兴，在粮油生产、"菜篮子"保障、农业农村改革、农村环境整治等方面持续发力，吸引舆论积极关注，舆情量居首位；赣州市迎难而上、接续奋斗、砥砺前行,加快推进农业农村现代化步伐,在守牢防止返贫底线、增强农产品稳产保供能力、打造农产品品牌、建设和美乡村等方面持续吸引媒体目光,舆情量居第二位;九江市着眼放大特色优势、补齐短板弱项,大力实施质量兴农,不断改善城乡面貌,持续抓好修河干流及重点水域禁捕退捕等工作被媒体关注报道,舆情量居第三位。

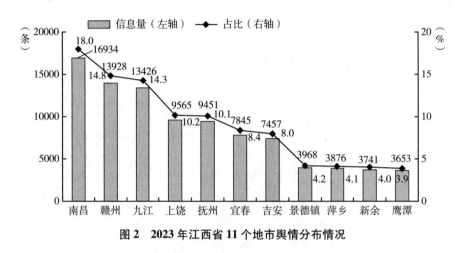

图2　2023年江西省11个地市舆情分布情况

## (三)舆情传播走势

2023年,江西省"三农"网络舆情月度传播量占比在7.4%~9.7%,总体呈波浪形走势,3月、10月、11月出现三个高点(见图3)。3月,江西有序开展春耕备耕工作、印发2023年粮食油料生产工作通知、推广"众筹"模式助力乡村建设、举行果蔬生产全程机械化应用暨全省农机装备产业招商活动等信息被媒体积极关注,当月舆情量成为全年第一个高点,达1.12万条;10月,习近平总书记在江西景德镇市、上饶市考察调研,江西1400万亩中稻喜迎丰收,江西加强高标准农田建设规范管理,江西泰和乌鸡等3个农业品牌入选2023年全国精品培育名单,南昌探索"民宿+"发展模式做活乡村旅游产业,相关信息助推当月舆情量达1.14万条,为全年最高峰值;11月,江西省出台农村村民自建房管理办法、举办2023赣南脐橙国际博览会、鹰潭市贵溪市等5地入选国家农产品质量安全县、农村自来水普及率达88.8%、萍乡市湘东区入选全国文化产业赋能乡村振兴试点名单等信息引发媒体积极传播,舆情量1.11万条,居全年第三高位。

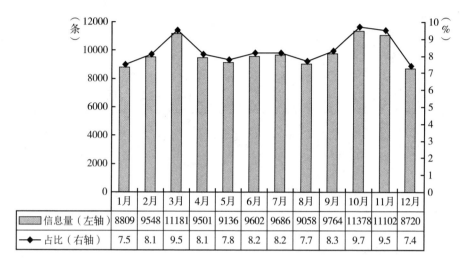

| | 1月 | 2月 | 3月 | 4月 | 5月 | 6月 | 7月 | 8月 | 9月 | 10月 | 11月 | 12月 |
|---|---|---|---|---|---|---|---|---|---|---|---|---|
| 信息量(左轴) | 8809 | 9548 | 11181 | 9501 | 9136 | 9602 | 9686 | 9058 | 9764 | 11378 | 11102 | 8720 |
| 占比(右轴) | 7.5 | 8.1 | 9.5 | 8.1 | 7.8 | 8.2 | 8.2 | 7.7 | 8.3 | 9.7 | 9.5 | 7.4 |

图3  2023年江西省"三农"网络舆情月度走势

（四）舆情话题排行

根据2023年统计数据,话题舆情量排前三的分别是农村经营管理、种植业、农产品市场,占比分别为30.1%、17.6%、8.7%(见图4)。农村经营管理涉及农村集体产权、农村宅基地、乡村治理、新型农业经营主体等内容,同农业生产、农民生活息息相关,2023年相关话题依旧保持着较高的热度,舆情量居第一位,较上年占比提高1.3个百分点;一年来,江西稳定粮食播种面积,加大设施农业投入,加强种植业的科技创新和绿色发展,相关话题量虽相比上年出现下降,但仍居第二位;2023年,江西积极举办农产品展销会,全力推进畜牧养殖业高质量发展,积极开展农产品"三品一标"行动,加快农机集成应用,深入实施"赣种强芯"现代种业提升工程等,农产品市场、农业科教、畜牧业、农产品质量安全、农机等话题占比较上年均有不同程度的提高。

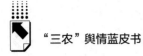

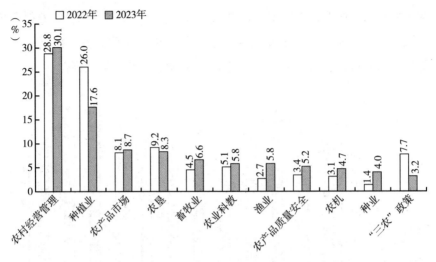

图4　2022~2023年江西省"三农"网络舆情话题排行

### （五）舆情热点事件排行

从全年舆情热点事件TOP20看，习近平总书记在江西景德镇市、上饶市考察调研引发舆论高度关注，居热点事件排行榜首位。2023年江西庆祝第六个中国农民丰收节活动受到舆论热情关注，舆情热度居第二位。江西"农民建房新规11月1日起施行""江西6亿元农机购置补贴加快农机化集成技术应用""江西省召开《关于加强耕地保护的意见》新闻发布会"等政策举措信息被媒体积极宣传，"江西再生稻亩产超900公斤""江西粮食总产量连续11年稳定在430亿斤以上""江西主要农作物良种覆盖率稳定在96%以上"等好成绩被广泛传播，"江西强降雨造成53.6万人受灾"等信息也被舆论关切（见表1）。

表1　2023年江西省"三农"网络舆情热点事件TOP 20

| 排名 | 热点事件 | 首发媒体 | 报道时间 | 舆情热度 |
|---|---|---|---|---|
| 1 | 习近平总书记在江西景德镇市、上饶市考察调研 | 央视新闻客户端 | 10月 | 3828 |
| 2 | 2023年中国农民丰收节江西活动开幕 | 江西卫视 | 9月 | 3633 |

| 排名 | 热点事件 | 首发媒体 | 报道时间 | 舆情热度 |
|---|---|---|---|---|
| 3 | 江西强降雨造成53.6万人受灾 直接经济损失6.7亿元 | 央视网 | 5月 | 1077 |
| 4 | 江西农民建房新规2023年11月1日起施行 | 江南都市网 | 11月 | 690 |
| 5 | 亩产超900公斤！江西创全国再生稻头季高产新纪录 | 农民日报客户端 | 8月 | 276 |
| 6 | 2023赣南脐橙国际博览会江西信丰开幕 | 《江西日报》 | 11月 | 265 |
| 7 | 江西"村BA"在"红色故都"瑞金开赛 | 中国新闻网 | 8月 | 232 |
| 8 | 江西启动枯水期长江江豚保护红色预警 | 央视新闻客户端 | 12月 | 168 |
| 9 | 吉安市"三位一体"新技术助力种粮节本增效 | 央视网 | 6月 | 142 |
| 10 | 江西6亿元农机购置补贴加快农机化集成技术应用 | 央视网 | 2月 | 137 |
| 11 | 第五届江西农博会暨农特产年货节在南昌举行 | 大江新闻客户端 | 12月 | 135 |
| 12 | 江西省召开《关于加强耕地保护的意见》新闻发布会 | 《信息日报》 | 9月 | 115 |
| 13 | 江西44个土货获"国字号"认证 | 大江网 | 9月 | 115 |
| 14 | 第五届江西省优质稻种业大会召开 | 大江网 | 9月 | 114 |
| 15 | 《江西省促进革命老区振兴发展条例》出台2023年7月1日起施行 | 中国新闻网 | 6月 | 110 |
| 16 | 全国首个！双季早粳稻新品种在江西种植成功 | 微信公众号"江西发布" | 7月 | 109 |
| 17 | 江西主要农作物良种覆盖率稳定在96%以上 | 新华网 | 5月 | 108 |
| 18 | 江西：打造"吨粮田"推进粮食高产油料增产 | 《农民日报》 | 3月 | 102 |
| 19 | 439.7亿斤！江西粮食总产量连续11年稳定在430亿斤以上 | 大江网 | 12月 | 100 |
| 20 | 今年江西小龙虾综合产值预计可达350亿元 | 《江西日报》 | 6月 | 98 |

## 二 热点舆情回顾

### （一）巩固拓展脱贫攻坚成果成效显著，"五大振兴"绘就乡村振兴新图景

作为巩固脱贫成果五年过渡期的第3年，2023年，江西坚持"守底线、

抓发展、促振兴",扎实推进巩固拓展脱贫攻坚成果同乡村振兴有效衔接,切实筑牢江西现代化建设的乡村基石。财政支持方面,"中央财政衔接资金用于产业的比例不低于60%""省市县财政衔接资金用于产业比例力争达到30%"等举措被《江西日报》等媒体称赞拿出"真金白银"提高脱贫群众收入。在"守底线"方面,江西创新打造的"防止返贫监测帮扶系统",实现早发现、早干预、早帮扶,为守牢不发生规模性返贫底线提供了更加坚实的支撑。2023年江西"脱贫地区农村居民人均可支配收入增长9.3%""脱贫地区农村居民人均工资性收入为8601元,比上年增加979元,增长12.8%""全省脱贫劳动力就业143.2万人"[①]等好成绩被多家媒体报道,"脱贫地区发展步伐加快""脱贫群众收入持续增长"成为媒体报道的核心表达。舆论称,江西积极推动"防返贫"工作落到实处、见到实效,提升脱贫成色,擦亮民生底色!

2023年10月10~13日,习近平总书记在景德镇市、上饶市婺源县石门村考察乡村振兴时强调"坚持产业兴农、质量兴农、绿色兴农,把农业建设成为大产业"。江西积极落实总书记重要指示精神,全面推进乡村振兴战略实施,绘就乡村振兴新图景。举措方面,江西通过印发乡村振兴重点工作实施意见、乡村振兴责任制实施细则,启动乡村振兴青年农技人员"培基"行动,实施乡村产业振兴带头人培育"头雁"项目等助推乡村全面振兴。舆论称,江西立足于本土化实践,提出方案、选择路径,稳步推进农业农村现代化持续发展,为全面推进乡村振兴增添新动能。乡村"五大振兴"取得的成果也被媒体积极报道。产业振兴方面,2023年,江西出台农业产业化高质量发展的实施意见,以工业化理念和市场思维、创新思维、互联网思维,采取"外引内培"双轮驱动,大力构建现代农业产业体系,"农业产业化省级以上龙头企业总数达到1058家,数量位居全国第七"。同时,江西以打造国家级鄱阳湖小龙虾产业集群为契机,按照"全

---

① 《2023年江西脱贫地区农村居民人均可支配收入增长9.3%》,微信公众号"江西调查微讯",2024年2月21日。

产业链开发、全价值链提升"的思路,将小龙虾打造成带动渔业增效大产业引发舆论聚焦,"产业发展稳居全国第一梯队""综合产值达330亿元"[1];赣州市精心打造一条科技种植、加工流通、品牌创建的产业链,"链"动赣南脐橙百亿产业集群。媒体称赞江西特色产业给乡村振兴带来一片"希望的田野"。人才振兴方面,江西出台2023年全省农民教育培训工作方案、省级高素质农民培训实施方案,团省委"计划用五年时间培育10万名'新时代赣鄱乡村好青年'"等。舆论称,在人才振兴方面,江西形成了一套极具江西特色的乡土人才培养的好做法、好经验,为推动乡村工匠人才队伍素质整体提升提供了保障。文化振兴方面,媒体聚焦萍乡市湘东区、九江市武宁县入选全国文化产业赋能乡村振兴试点名单;赣州市全南县、上饶市玉山县仙岩镇入选第四批全国"文明乡风建设"典型案例;抚州市南丰县民俗演出让传统文化"潮"起来。媒体点赞江西各地以文化赋能乡村振兴。此外,2023年入夏后,江西多地"村BA"篮球赛如火如荼开展,一场场乡村篮球赛,看似"土味"十足,却成为这个夏天的"顶流",舆论称,江西"村BA"点燃乡村激情,成为百姓生活的"风向标"、文化活动的"金招牌"、乡村振兴的"新引擎"。生态振兴方面,抚州市资溪县入选国家农业绿色发展先行区、赣州市兴国县入选国家水土保持示范县,九江市永修县积极推进秸秆综合利用,媒体称赞江西走出一条生态优先、绿色发展的新路子,"生态包袱"变"绿色财富"。组织振兴方面,萍乡市湘东区探索新时代党建引领的"115"乡村治理模式、抚州市崇仁县石庄乡采取"党员帮帮团+党员红管家"模式、宜春市靖安县党建引领乡村治理"1+2+3"新模式等党建引领乡村治理探索实践被多家媒体报道,舆论称赞,江西探索"党建+N"模式为乡村振兴"上色",推动乡村"蝶变"向美而行。

---

[1] 张振中:《江西小龙虾产业综合产值达330亿元》,《农民日报》2023年7月24日,第2版。

### （二）农牧渔生产稳中提质，多举措推动农业绿色高质量发展

2023 年，江西继续抓好农牧渔生产，全省实现农林牧渔业总产值 4198.9 亿元①，比上年增长 4.2%。粮食生产方面，一年来，江西通过印发粮食油料生产工作通知、召开粮食生产及农业农村重点工作推进视频会等，夯实全年粮食丰收基础。全省"粮食播种面积 5661.4 万亩""早稻总产量 684.5 万吨，居全国第二位，较上年增产 7.3 万吨""粮食总产量 439.7 亿斤，连续 11 年稳定在 430 亿斤以上"②，"全年粮食生产形势总体向好"成为舆论的主流表达。舆论称赞江西加油"赣"好"丰"景，撑起中国"大粮仓"！畜牧业生产方面，江西召开省生猪产业风险管理论坛、南昌市出台推进畜牧业高质量发展实施意见、新余市"三道关"筑牢畜牧业安全屏障、九江共青城市发展家禽养殖业、抚州市南丰县发展湖羊养殖产业等举措和有益探索被媒体积极报道，媒体称，江西全力推进畜牧业高质量发展，让畜牧养殖成为乡村振兴的"金钥匙"。江西全省"生猪出栏 3143.6 万头，较上年增加 79.0 万头，增长 2.6%""猪牛羊禽肉产量 367.6 万吨，增长 2.5%""禽蛋产量 73.2 万吨，增长 7.1%"③ 等发展成绩获舆论认可，媒体称江西畜禽生产稳中提质，稳产保供根基更加坚实。渔业生产方面，江西印发"十四五"渔业渔政发展规划通知，加快推进渔业高质量发展。江西赣州市开展无环沟稻虾综合种养示范推广、九江瑞昌市首个工厂化循环水智慧养殖项目开工、抚州市南城县大力推广陆基圆桶水产养殖模式等被媒体聚焦，并评价称，江西依托丰富的水资源，扬优乘势，不断推进渔业高质量发展。

粮食安全是国家安全的重要基础，耕地是粮食生产的命根子，2023 年

---

① 李耀文：《步稳蹄疾促振兴——写在省委农村工作会议召开之际》，《江西日报》2024 年 2 月 4 日，第 2 版。
② 《439.7 亿斤！江西粮食总产量连续 11 年稳定在 430 亿斤以上》，大江网，https：// jiangxi.jxnews.com.cn/system/2023/12/12/020331647.shtml。
③ 《2023 年江西畜禽生产稳中提质 全年出栏"三增一减"》，微信公众号"江西调查微讯"，2024 年 1 月 22 日。

江西采取拨付耕地地力保护资金、印发关于加强耕地保护的意见、召开耕地保护工作推进会等措施，通过大力推进高标准农田建设，深入做好化肥减量增效和绿色种养循环农业试点等项目以做好耕地保护工作。"耕地质量演变趋势总体向好"被《江西日报》等媒体广泛传播。高标准农田建设方面，江西加强建设高标准农田，绘制"良田"美景持续吸引舆论目光。一年来，先后印发全省农田建设任务的通知、农田建设模式创新试点工作方案、进一步加强农田建设项目质量管理的意见等文件，积极推进高标准农田建设。"南昌市开展高标准农田建设工程质量专项整治'回头看'督导""抚州市推出高标准农田数字化管理综合平台""赣州市信丰县实施高标准农田提升改造项目"等各地有益探索吸引媒体目光，媒体称，江西高标准农田建设让土地全新升级，变"望天田"为"高产田"，给粮食增产带来新空间。江西化肥减量增效工作激发舆论关注热情，一年来，江西印发化肥减量化行动实施方案、启动"百县千乡万户"科学施肥技术培训行动，推进化肥减量增效向纵深发展。中国网、泰和云客户端等媒体报道宜春市袁州区开展测土配方培训，吉安市泰和县推进农家肥、绿肥种植和秸秆多样化还田，抚州市南城县建立化肥减量增效"三新技术"示范区等信息。媒体称，江西促进化肥减量增效，提高化肥利用率，促进农业增产增收。绿色种养循环农业试点也成为舆论关注视角，抚州市南城县加强组织领导、创新服务机制、健全台账档案、抓实宣传培训，逐步形成可复制可推广的绿色循环农业发展模式；宜春市万载县创机制、建模式、出实招，打通种养循环堵点。舆论称，江西绿色种养循环农业持续改良土壤，推动农业绿色高质量发展。

**（三）高标准打造优质农产品生产基地，健全产销对接机制提高市场竞争力**

2023年，江西坚持质量兴农、绿色兴农、品牌强农，推动农业高质量发展。质量兴农方面，江西发挥农产品质量安全监测"雷达"作用，及时发现农产品质量安全风险隐患，筑牢农产品质量安全防线，相关举措和亮点受到舆论积极关注。一年来，江西通过开展全省农资打假和农产品质量安全专项执法行动、开展规范畜禽养殖用药专项整治行动等，确保农资和农产品质量安全。宜春丰城市通过推进标准化生产等多种举措严把农产品质量安全关、萍乡市安源区落实农产品承诺达标合格证制度等各地举措，以及鹰潭市贵溪市、上饶市万年县等5地入选国家农产品质量安全县的好消息吸引媒体目光。媒体称，江西多措并举筑牢农产品质量安全监管防线，不断提升农产品质量安全水平。绿色兴农方面，自2016年被列为"全国绿色有机农产品示范基地试点省"以来，江西通过强化政策支持、标准引领、推广营销，高标准打造优质农产品生产基地，进一步放大江西农业绿色生态优势。2023年4月，发布《江西绿色有机农产品发展三年行动方案（2023－2025年）》，媒体称赞该举措努力实现绿色有机农产品和基地数量体量双进位、品质品牌双提升。"江西认证绿色有机地理标志农产品6204个，其中有机农产品数量居全国第四位"①"庐山市和资溪县入选国家农业绿色发展先行区""瑞昌市畅通科技推广'最后一公里'点亮农业绿色高效发展之路入选全国农业绿色发展典型案例""《信丰创新构建农产品"三品一标"全链条推进机制》案例入选全国农产品'三品一标'典型案例"，媒体称，江西绿色有机农产品"金字招牌"越擦越亮。品牌强农方面，江西印发省级农产品品牌建设项目实施方案、召开"赣鄱正品"品牌建设培训会。"赣南脐橙、南丰蜜桔等6个地理标志产品登区域品牌百强""赣南茶油、泰和乌鸡、广昌白莲3个农业品牌入选2023年农业品牌精品培育名单"等好消息被媒体接连报道，《人民日报》称赞江西描绘品牌强农出彩画卷。

为健全完善农产品产销对接长效机制，提高农产品市场竞争力，2023年，江西通过举办博览会、推介会、产销对接大会等，不断拓宽农产品销售渠道。一年来，江西举办2023赣南脐橙国际博览会、优质农产品上海推介会、第三届江西泰和乌鸡文化节，启动2023年赣有好物·江西土特产推介活动，组织百余种优质农产品参展第二十届中国农交会等活动持续吸引舆论目光。"第十

---

① 《江西认证绿色有机地理标志农产品6204个 有机农产品数量居全国第四》，中国新闻网，https：//www.chinanews.com/cj/2023/12-18/10130910.shtml。

一届赣台基层农会交流恳谈会现场签约项目金额达 3.54 亿美元"[①]"2023 赣南脐橙产销对接大会启动首日现场签订购销协议 26 万吨"[②]"2023 吉安·东莞绿色食品产业招商发布会现场签约 39 个项目，签约金额共计 46.68 亿元"等成果振奋人心，舆论称，江西相关活动进一步提升了农产品的品牌影响力、竞争力。江西各地助推农产品销售的新亮点也成为媒体关注的方向。新余市分宜县探索数字农业建设新路径，根据客商预订的蔬菜品种、数量来进行规模化种植，订单化种植模式可以确保产品销路；赣州市定南县乡村微趣通过"U 客"数智经营系统将乡村门店与城市实体门店、农户和城市消费者的供需数据相联通，农户家养的、种植的和制作的农产品都能精准走进城市家庭。媒体称，江西各地积极探索农产品销售"新"路子，给村民带来更大的收益。

### （四）信息化"智"绘和美乡村锦绣图，科技兴农助力种粮节本增效

作为数字经济重要组成部分，2023 年江西大力推进农业农村信息化发展，从智慧生产到数字乡村再到农村电商，"智"绘和美乡村锦绣图。智慧农业方面，江西农机数字化系统"嘟嘟农机"上线，实现了"农机线上找农活、农活在线配农机"，截至 9 月，全省 6.8 万台农机实现智能联网；南昌县"万亩智慧农场"26 人可种万亩田；九江市武宁县甫田乡无人机飞播技术助力水稻生产提质增效；上饶市婺源县正稀茗茶建设 5G 智慧有机茶园2000 亩，成为全国首家数字化茶厂；赣州市信丰县小河镇的仁龙生态养殖场高科技特色养鸡激活了农村发展新动能。此外，上高县茶杉禽业有限公司、九江谷稼米业有限公司入选 2023 年度农业农村信息化示范基地名单。媒体称赞江西"高科技"赋能农业高质量发展。

---

① 《第 11 届赣台基层农会交流恳谈会开幕 现场签约金额 3.54 亿美元》，中国新闻网，http：//www.chinanews.com.cn/cj/2023/10-17/10095475.shtml。

② 李春梅、肖秀节：《2023 赣南脐橙产销对接大会在信丰举行》，《江西日报》2023 年 11 月 7日，第 5 版。

数字乡村建设方面，央视《焦点访谈》栏目播出了《乡村振兴加“数”跑》节目，重点报道抚州市崇仁县加快推进数字乡村建设，不断推动数字技术同农业发展、农村治理和农民生活深度融合。《人民日报》等媒体关注了南昌市创新开展农村生活污水处理设施编号及赋码工作、上饶市玉山县整合全县 23 个单位共计 61 个数据资源库推进乡村治理数字化、九江市都昌县建设“通讯合作社”助推“数字乡村”建设、吉安市吉水县积极探索建立“万村码上通”“5G+”长效管护平台乡村治理模式等，媒体称，江西“数字乡村”建设，为乡村振兴添“智”提“质”。农产品电商是“互联网+农业”的产物，也是传统农业转型升级的必然趋势。2023 年，江西进一步做大做强农产品电商，全省农产品累计网络零售额达 200.1 亿元，连续跨越100 亿元、200 亿元台阶，比上一年增加 124.1 亿元、增长 163.3%。①“赣州市积极与京东、阿里巴巴等电商平台对接合作推动农产品上行”“抚州市东乡区培育本地网络直播营销团队销售农产品”“九江市湖口县着力打造‘短视频+直播带货’数字化农产品营销新生态”“萍乡市芦溪县上埠镇以直播带货农产品销售模式叩开‘增收门’”“吉安市永新县高溪乡推出‘高溪三宝’农特产品线上直播运营”等各地农村电商发展的生动实践被媒体热情宣传。此外，江西以庆祝第六个中国农民丰收节为契机，通过江西农民网红助农直播、阿里巴巴等电商平台现场签约与直播、24 小时融媒大直播等多种活动形式，全面展示江西丰收电商图景，推介江西农产品，在全网掀起一波抢购江西农产品的消费热潮。舆论感叹，江西电商为农产品插上“云翅膀”！

2023 年，江西以实施“赣种强芯”种业提升工程为抓手，大力推进种业振兴行动引发各类媒体积极传播。一年来，江西印发加快推进种业基地现代化建设的实施意见，统筹 1.79 亿元资金大力支持种业创新平台建设等，致力于做强种业“芯片”。江西主要农作物良种覆盖率已稳定在 96%以上②、

---

① 李耀文：《赋能，做强“赣”字农产品》，《江西日报》2024 年 1 月 19 日，第 1 版。
② 周楚卿：《江西主要农作物良种覆盖率稳定在 96%以上》，新华网，http://www.news.cn/fortune/2023-05/03/c_1129586689.htm。

江西拥有国家级生猪核心育种场 4 个①、江西农业大学油菜花基地开出 63 种色彩油菜花、南昌 11 个植物新品种获农业农村部授权②、"赣豆 10 号"红壤旱地产量再破 250 公斤大关、水稻早熟优质品种"金珍优瑞丝"亩产达 577.2 公斤、"中国蓝莓"在萍乡繁育栽培成功等成果被大量转载。舆论称,江西唱响"赣种"品牌,奋力打造现代种业强省。农业科技创新服务江西农业高质量发展也引发多家媒体关注。综合媒体报道,江西下发农技推广"四百行动"方案,着力推动完善农技推广体系建设,把农业技术、科研成果送到田间地头;发布基层农技推广体系改革与建设项目实施方案,提升农技推广服务效能;按照"科协领导,高校实施,老师指导,学生常驻,各方支持"的工作模式,大力推动科技小院建设;江西省农科院成立了农业科技成果转化孵化中心,服务农业科技成果与现代农业生产力加快对接;吉安市中稻栽插"三位一体"新技术助力种粮节本增效;南昌市新建区"稻—稻—油"轮作护粮农增产增收。媒体称,江西积极探索服务农业高质量发展新途径,真正把农业技术送到赣鄱大地的广袤田野。

## (五)改革激发农业农村发展活力,新型农业经营主体向量质并举转变

2023 年,江西深化改革创新,充分激发农村发展动力活力,诸多改革举措和成效被舆论积极关注。农村土地制度改革方面,南昌市引导各村采取组织直接经营或者发包、租赁、合资、合作等多种方式,盘活农村土地资源。鹰潭市有效打通城乡土地"同等上市、同地同权"制度通道,使闲置存量建设用地得到有效再利用,实现农村土地由资源变资产、由资产变资本、由资本变资金的"三变"转化。目前,该市农村集体通过入市获得土地直接收益 8953 万元,实现农村产权抵押贷款金额 36.58 亿元。九江市都昌县芗溪乡扎实推进集体土地所有权确权登记,明确土地权属。农村集体产

---

① 李耀文、叶深文:《我省全力做强畜禽种业"芯片"》,《江西日报》2023 年 7 月 24 日,第 2 版。

② 《南昌 11 个植物新品种获农业农村部授权》,南昌新闻网,https://www.ncnews.com.cn/xwzx/ncxw/jrnc/202309/t20230927_2007102.html。

权制度改革方面，江西省开展农村集体资产监管提质增效行动、九江市大力实施发展壮大村集体经济"三年倍增"行动、萍乡市湘东区推行村级集体经济组织承接公益性项目模式、赣州市赣县区推行"一核四驱"工作机制<sup>①</sup>等举措被媒体宣传，并称赞相关措施激活村集体经济增收"一池春水"。江西新余渝水区农村集体产权数字化管理入选全国乡村治理典型案例，赣州全市村集体经济发展形成"十百千亿"格局，上饶市铅山县永平镇6个村集体经营收入超百万元，抚州南丰县172个村集体经济收入全部突破15万元，宜春靖安县仁首镇各村集体经济收益均达到15万元以上，媒体对此评价称，江西积极推进村级集体经济高质量发展，促进村级集体经济实现"裂变"，村民提"现"笑开颜。农村宅基地制度改革方面，2023年11月正式施行《江西省农村村民自建房管理办法》；赣州市大余县通过制定并落实宅基地资格权认定办法、"一户一宅"分配管理办法、"一户多宅"退出办法和有偿退出激励机制等，鼓励村民有偿或无偿退出闲置宅基地；吉安市新干县不断在管、退、用上下功夫，把好农村宅基地建房规划、审批、监管三道关口，创新探索出"建房有序、管理规范"的宅基地管理之路；九江市湖口县张青乡充分利用闲置宅基地和闲置农房，开展"宅基地使用权流转"模式试点，探索"企业+合作社+乡村旅游+农户"的多种合作模式，打造具有本地特色的农牧品牌。媒体称，江西奏响农村宅改"协奏曲"，改出村庄新面貌。

新型经营主体发展方面，江西以提升规范运行水平、提升生产经营能力、增强服务带动能力为切入点，不断推动农民合作社从注重数量增长逐步向提质增效、量质并举转变。截至2023年11月，江西省农民合作社已有7.9万家。<sup>②</sup>各地的创新实践被媒体接连报道，九江共青城市"强村公司+龙头带动"双擎驱动探索强村新路径，持续为村集体经济发展壮大注入新

---

① 刘世平、钟萍：《赣县区创新举措促村集体经济"裂变"》，《赣南日报》2023年6月6日，第1版。
② 《江西省农民合作社已有7.9万家，总收入达183.7亿元》，大江新闻客户端，https://tt.m.jxnews.com.cn/news/2335316。

活力。赣州市兴国县探索推进农业生产"大托管"服务,推动农村土地经营权规范有序流转和土地托管服务,种植50亩以上的农户达717户。此外,"创新托管服务模式 促进农业生产提质增效"和"答好生产托管数学题 保障粮食生产稳定高效"两个典型案例入选2023年全国农业社会化服务典型案例获全国推介。① 媒体称,江西大力培育新型农业经营主体,完善联农带农机制,支持村集体经济发展壮大。

**（六）统筹推进宜居宜业和美乡村建设,农村人居环境整治不断提升群众获得感**

2023年,江西统筹推进乡村建设、乡村治理工作,深入实施农村人居环境整治行动,相关工作、成效受到舆论持续关注。江西2月召开省委农村工作会议部署乡村建设等工作,3月印发《江西省开展全国美丽宜居村庄创建示范工作方案》,11月召开全省学习运用"千万工程"经验加快建设宜居宜业和美乡村现场推进会。舆论称,江西精心描绘文明乡村建设"美丽画卷"。江西全省及各地的"个性化"乡村建设实践受到媒体广泛关注。浮梁县被选为2023年全国乡村建设评价样本县;江西推广"众筹"模式助力乡村建设,有效破解地方乡村建设资金不足的难题;宜春市袁州区推进"多规合一"实用性村庄规划,为村庄建设提供了发展蓝图;九江市武宁县东林乡推进村庄规划编制,构建乡村建设新格局。乡村治理方面,江西3月印发关于在乡村治理中进一步推广运用积分制清单制工作的通知,8月举办江西省乡村治理工作推进及现场培训班。舆论称,江西谋发展、谱新篇,推进乡村治理体系和治理能力现代化,提升乡村治理效能。江西3镇32村入选第三批全国乡村治理示范村镇名单②、赣州市全南县倡树婚姻新礼俗引领乡村新风尚入选第四批全国"文明乡风建设"典型案例等好成绩被媒体热

---

① 《38个全国农业社会化服务典型案例公布! 江西两案例入选》,大江网,https://jiangxi.jxnews.com.cn/system/2023/11/09/020290549.shtml。

② 《江西3镇32村入选! 第三批全国乡村治理示范村镇名单公示》,江西新闻客户端,http://www.jxxw.com.cn/content_html/html/55/p/pc/2023/09/129548591.html。

情传播。新余市渝水区建立"阳光村务小微权力清单、便民服务'渝快办'清单、美好家园共同缔造清单"三张清单,上饶信州区提出物业化管理新思路,南昌市安义县推广应用"乡村运营"模式,抚州市广昌县推广"三网"合一治理模式,媒体赞称,江西多举措激活乡村治理的"一池春水",翻开村级治理新篇章。

2023年,江西农村人居环境持续向好,舆论给予积极关注。农村厕所革命方面,江西积极开展"农村改厕提质年"活动,推动农村厕所革命提质增效,不断提升农民群众的获得感。截至10月底,江西全省"新(改)建农村卫生户厕超过25万座""超额完成年度新(改)建卫生厕所20万座的目标任务""农村卫生厕所普及率超过80%"等成绩获肯定。吉安市吉州区农村厕所提标改造严把产品质量、施工管理、竣工验收、长效管护四个"关口";宜春市高安市因地制宜、整村推进农村厕改,让乡村更宜居。舆论称,江西"厕所革命"改出了美丽乡村,也改出了品质生活。农村垃圾治理方面,赣州市召开城乡环境综合整治暨生活垃圾分类工作推进会、鹰潭市信江新区召开城乡生活垃圾分类工作专题部署会、上饶市广丰区探索城乡一体化农村垃圾处理的广丰模式等信息被媒体宣传。媒体称,江西农村垃圾治理为村民营造了一个更加整洁、有序的生活环境。农村污水治理方面,截至9月底,江西农村自来水普及率达88.8%,提前三个月完成当年任务目标。江西萍乡市7个市县入选全省城镇生活污水处理提质增效建设示范名单,为全省城镇生活污水处理提质增效工作探索可复制、可借鉴的建设运营维护管理经验和模式。南昌市创新开展农村生活污水处理设施编号及赋码工作,鹰潭市贵溪市打造了农村生活污水治理新品牌——小型智慧污水处理设备。舆论称,污水治理让江西乡村呈现河道清水长流、生态环境碧绿自然的优美画卷。

## 三 热点事件舆情分析

【舆论聚焦江西农民建房新规】

2023年11月1日,江西省政府新闻办、省委农办、省农业农村厅联合举行《江西省农村村民自建房管理办法》（以下简称《办法》）省政府政策例行吹风会，会上对村民自建房办法出台背景、主要内容、主要特点等做了介绍。《办法》于9月27日经省政府常务会议讨论通过，自11月1日起正式施行。相关信息引发舆论广泛关注。

1. 舆情概况

截至2023年12月31日，相关舆情量为3837条（篇）。其中，微博1302条，客户端1162篇，微信936篇，新闻342篇，视频79条，论坛博客16篇。报道文章主要有《〈江西省农村村民自建房管理办法〉正式施行》《江西出台办法规范农村自建房》《江西农村村民自建房建筑面积不得超350平方米》《正式施行！事关江西人自建房》《定了！江西马上施行！事关农村自建房》等。

2. 媒体评论

从媒体报道情况看，主要关注以下三个方面。一是关注《办法》出台的背景。大江新闻客户端报道称，江西村民自建房数量多，建设年代相隔久远，建设质量参差不齐，加上山区切坡建房等行为可能引发地质灾害等，农房安全隐患不容忽视。2021年，排查鉴定全省有1.7万户农房存在安全隐患。谁来监管、如何划分职责等，亟须有法律明确。凤凰网报道称，村民自建房是农民最重要的财产，农房安全事关农民切身利益。省委、省政府高度重视农村村民自建房工作，先后出台过一系列政策，但没有形成完整的制度体系，尤其是机构改革后，相关职能迫切需要进一步理顺，工作合力需要进一步强化。二是关注《办法》中的相关内容。《人民日报》称，此次出台的办法，对村民自建房作出了全链条、全流程管理的规定，涵盖村民建房规划、选址、房屋设计、审批、建房管理、登记、农房安全等各环节，形成一个完整的管理体系。《江西日报》称，《办法》依法厘清农业农村、住房和城乡建设、自然资源等政府部门的职责，压实乡镇属地责任，强化协同管理。《信息日报》称，村民一户只能拥有一处宅基地，村民自建房建筑面积标准上限不得突破350平方米，一般不超过3层，各地在实际操作中，在不突破上限的前提下，要根据当地人地矛盾、

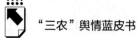

文化习俗等因素作出具体规定。中国江西网报道称，正式实施的《办法》中明确指出，要建立乡村建设工匠名录并向社会公布，为村民建房提供技术支撑。三是关注《办法》出台的意义。学习强国称，《办法》的出台，标志江西农村村民自建房管理工作迈入法治化、规范化的新阶段，具有十分重要的意义。

3.网民观点

网民通过新闻跟帖、微博、微信留言等方式展开热议。一是对政策表示支持。有网民说，有公平的规则就是进步，细节可以逐步完善。有网民称，这样最公平，一户一宅不知喊了多少年了，该执行了，不能只是个口号了。二是对政策落实提出疑问。有网民说，一户一宅，那一户多宅，怎么处理？有网民称，之前建起来的 5 层，超过了 350 平方米的要不要拆掉？有网民说，政策到了县乡会不会改变？还有网民说，是否给老百姓增加了负担，跑腿办相关业务时间长了。三是提出相关建议。有网民称，限层不过三层，占地面积不超过 158 平方米是最好的！可以限层高，但是应该把占地面积加大点，以 150 平方米算，最高不能超过 450 平方米最好，也能够让农村住得舒适。有网民说，既然面积都限定了，倒不如出台一个农村房屋建造标准，基本的住房安全保障要规范化。

# 四 舆情形势分析与展望

2023 年是全面贯彻落实党的二十大精神的开局之年，是实现"十四五"规划目标的关键之年，江西加快推进农业农村高质量发展，"三农"工作"亮点纷呈"，《人民日报》、新华社、央视、中国新闻网等中央媒体，《江西日报》《信息日报》《江南都市报》、江西晨报网等本地主流媒体积极报道全省"三农"重点工作进展、成效及工作亮点，全年舆论环境整体良好。

网络时代，尤其是当下自媒体时代，网民反映问题的渠道多样化，除了网络问政平台外，微博、今日头条、抖音等社交媒体和短视频平台也成为网民"发声"的重要渠道。为进一步做好"三农"网络舆情风险分析，本报告基于江西平台的数据，回溯了农村集体经济管理、农业结构调整、资本下乡等方面的"三农"舆情事件（见表2）。

表2　2023年江西"三农"舆情事件回溯

| 焦点舆情 | 导读 | 媒体建言 |
|---|---|---|
| 严防"蝇贪蚁腐"蚕食农村集体经济①（2023年5月29日） | "蝇贪蚁腐"蚕食农村集体经济问题，村干部群体是高发人群；涉案金额普遍不大，但频次高、时间长；违纪手段相对简单，却又能屡屡得手。近年来，农村集体"三资"管理逐步规范，但一些集体经济项目需要村干部集体收取、暂时保管、分类发放资金款项等，侵占挪用、坐收坐支等风险仍然存在 | 推动农村集体经济高质量发展，需要纪检监察机关以强有力的监督执纪清除"拦路虎""绊脚石" |
| "一亩草"收益相当于"十亩粮""农田种草"屡禁难止②（2023年7月4日） | 近年来，不少地方持续开展违法占用永久基本农田种植草皮专项整治行动，但依然未能完全遏制"农田种草"现象，一些地方陷入"整改—反弹—再整改"的循环 | 统筹推进农业结构调整和粮食供给侧改革，平衡农民增收和耕地保护之间的关系 |
| 资本进村防"呛水"农民利益需保障③（2023年2月14日） | 近5年，7家工商企业先后到某村投资农业，当地是中部地区农村吸引资本"进村"的典型。然而，资本"进村"有喜亦有忧。忧的是，并非所有资本"进村"都一帆风顺，有的亏损甚至跑路，留下的是经验教训 | 构建现代农村产业体系，离不开工商资本的积极参与。扶持乡村振兴产业，相关部门不能虎头蛇尾，还应多在技术指导、对接市场、基础设施建设等公共服务上精准发力 |
| 农业项目投资4000万元后遭清退，有关部门：农味不浓④（2023年6月27日） | 江西某公司反映："我们前期投资了4000多万元，准备开发一个农业项目。项目筹建7年多来，取得了一系列合法手续，至今却无法进行基本建设。"如今，相关部门又以"农味不浓"为由，提出要清退该项目。一名农业专家表示，该项目是毫无争议的农业性项目 | 相关部门应该紧贴企业需求，找准问题根源，拿出解决方案。只有这样才能更好提升营商环境软实力，实现互利共赢、共同发展 |

注：①李灵娜：《严防"蝇贪蚁腐"蚕食农村集体经济》，中央纪委国家监委网站，https://www.ccdi.gov.cn/yaowenn/202305/t20230529_266672.html。

②范帆、余刚、舒畅：《"一亩草"收益相当于"十亩粮""农田种草"屡禁难止》，经济参考网，http://dz.jjckb.cn/www/pages/webpage2009/html/2023-07/04/content_93553.htm。

③沈锡权、余贤红：《资本进村防"呛水"农民利益需保障——7家工商企业与江西1个村的投资故事》，经济参考网，http://dz.jjckb.cn/www/pages/webpage2009/html/2023-02/14/content_90354.htm。

④付强：《农业项目投资4000万元后遭清退》，《江西日报》2023年6月27日，第9版。

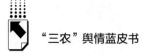

2024 年，江西将学习运用"千万工程"经验，制订全面推进乡村振兴规划，加快建设农业强省。根据 2023 年江西热点话题及"三农"网络舆情风险分析，2024 年江西热点话题或来自以下几个方面：一是巩固拓展脱贫攻坚成果与乡村振兴实现有效衔接相关举措及成效；二是农牧渔生产与粮食安全，稳定粮食播种面积、高标准农田建设相关举措，深入实施"赣种强芯"现代种业提升工程，开展水稻大面积单产提升行动等措施和成果，加强农业防灾减灾能力建设；三是推动现代农业产业发展的创新举措及发展困境；四是深化农业农村改革的实践、农村集体"三资"管理及出现的新问题；五是开展乡村建设，实施农村人居环境整治的新举措、新亮点及难点。建议江西相关部门持续加强日常舆情监测，尤其是加强社交媒体信息监测，及时掌握涉农舆论发展态势；建立完善的应急预案，及时有效疏解和引导负面舆情走向；积极利用全媒体渠道充分宣传好党和国家的"三农"政策，宣传好江西全面推进乡村振兴、加快推进农业强省建设的创新实践和成绩，讲好江西"三农"故事。

**参考文献**

李耀文：《江西：推进乡村全面振兴 加快建设农业强省》，《江西日报》2024 年 2 月 29 日。

陈茜茜、陈铂昱：《农产品质量安全一"码"当先》，《农民日报》2023 年 11 月 16 日。

朱磊：《江西玉山加快推动数字乡村建设》，《人民日报》2023 年 12 月 1 日。

任晓莉：《"数智化"赋能上饶农业高质量发展》，《上饶日报》2023 年 7 月 15 日。

# 2023年广西"三农"舆情分析

唐秀宋 饶珠阳 黄腾仪 蒋侃芳*

**摘 要：** 2023年广西"三农"舆论关注热度进一步上升，客户端和新闻网站信息传播量占舆情总量的六成以上。广西抓牢巩固脱贫成果底线任务、奋力开创推进乡村全面振兴新局面、锚定农业强区目标重点领域"百花齐放"、深化改革激发农业农村发展活力、高水平农业对外合作结硕果、农业农村信息化水平稳步提升、和美乡村建设绘就新篇章等话题受到舆论广泛关注。"桂字号"秋冬水果产销对接系列活动获好评。

**关键词：** 乡村振兴 农业强区 数字乡村 "桂字号"农业品牌 广西"三农"舆情

## 一 舆情概况

### (一)舆情传播渠道

2023年，共监测到广西"三农"舆情信息65.88万条，同比增7.66%。其中，客户端信息23.77万条，占舆情总量的36.07%；新闻信息17.91万条，占27.19%；微信信息9.92万条，占15.06%；视频信息7.40万条，占

---

\* 唐秀宋，广西壮族自治区农业信息中心主任，主要研究方向为农业经济管理及信息化发展；饶珠阳，广西壮族自治区农业信息中心副主任，高级农艺师，主要研究方向为农业农村信息化及农业新闻宣传；黄腾仪，广西壮族自治区农业信息中心信息科科长，农业经济师，主要研究方向为农业农村信息化及涉农网络舆情；蒋侃芳，广西壮族自治区农业信息中心舆情分析师，主要研究方向为涉农网络舆情。

11.23%；微博帖文 6.28 万条，占 9.53%；论坛、博客帖文合计 6037 条，占比 0.92%（见图 1）。总体来看，客户端、新闻网站是主要传播渠道，两者舆情信息量合计占比超六成；微信、视频、微博等平台依托自身用户群大、传播高效的特点，推动相关信息快速扩散。

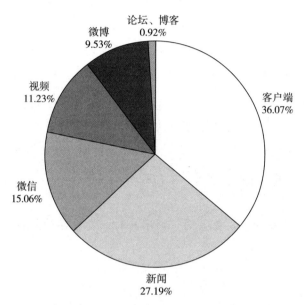

图 1　2023 年广西“三农”舆情传播渠道

资料来源：广西“三农”舆情监测管理平台、农业农村部“三农”舆情监测管理平台、新浪舆情通。下同。

## （二）舆情传播走势

从全年月度舆情量看，整体呈波动上升走势。1 月受春节假期影响，舆情量为全年最低点。3 月，春季农业生产各项工作有序开展，舆情量开始平稳上升。6 月，荔枝等水果上市、柳州地区农业抗旱及贺州昭平等地强降雨灾后农业生产恢复等相关信息推动当月舆情量达到上半年高峰。9～10 月，广西各地欢庆第六个中国农民丰收节、中国—东盟博览会农业系列活动以及 2023 年“桂字号”秋冬水果产销对接系列活动举办的相关信息推动舆情量持续上涨。12月，习近平总书记到广西来宾市国家现代农业产业园考察调研引发舆论聚焦，东方甄选直播间所售融安金桔被打假、广西法院发布农村"出嫁女"征地补偿款分配案例等信息共同推动舆情量达7.81万条，成为全年最高点（见图2）。

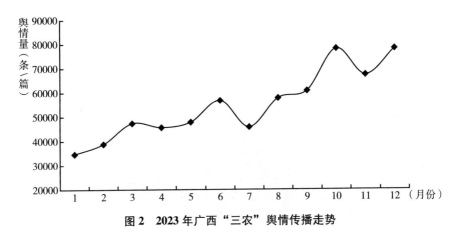

图2　2023年广西"三农"舆情传播走势

## （三）舆情话题分类

从舆情话题分类看，舆情量排行前四的热点话题依次为乡村振兴战略实施、农牧渔生产与粮食安全、农业产业帮扶、农村环境，分别占全年广西"三农"舆情总量的19.75%、13.14%、12.94%、12.64%，四者合计占58.47%。农业农村改革发展、农产品市场、农村社会事业、农产品质量安全话题舆情量分列第5~8位，分别占9.57%、6.27%、6.09%、5.74%。其他话题关注度相对较低，占比均低于3%（见图3）。

## （四）热点事件排行

从舆情热点事件排行看，习近平总书记到广西来宾市国家现代农业产业园考察调研引发舆论聚焦，舆情热度高居排行榜首位。广西各地欢庆第六个中国农民丰收节，第五届世界茉莉花大会暨第十三届全国茉莉花茶交易博览

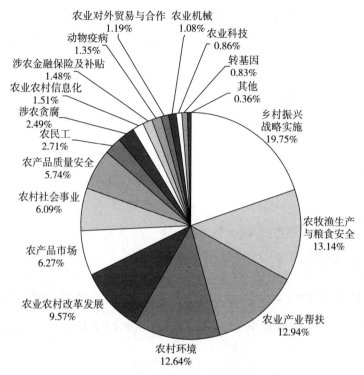

图 3 2023 年广西"三农"舆情话题分类

会、2023 年广西名特优农产品交易会等活动的举办吸引媒体目光。玉林 17 岁少年发现华石蟹属新物种、"太空种子"返回柳州首次出苗移植、贵港 2 米高巨型稻迎来丰收等种质资源和技术的创新应用被积极宣传。此外,贺州新规"秸秆被确认有病虫害经许可后组织就地焚烧"引发大量讨论,东方甄选直播间所售融安金桔被打假事件也备受关注(见表 1)。

表 1 2023 年广西"三农"舆情热点事件 TOP 20

| 排名 | 热点事件 | 首发媒体 | 月份 | 舆情热度 |
|---|---|---|---|---|
| 1 | 习近平总书记到来宾市国家现代农业产业园考察调研 | 新华网 | 12 | 10315 |
| 2 | 贺州新规"秸秆被确认有病虫害经许可后组织就地焚烧" | 今日头条号"930 老友记" | 9、12 | 3481 |

| 排名 | 热点事件 | 首发媒体 | 月份 | 舆情热度 |
|---|---|---|---|---|
| 3 | 广西各地欢庆第六个中国农民丰收节 | 广西云客户端 | 9 | 1876 |
| 4 | 东方甄选直播间所售融安金桔被打假 | 新浪微博"@水果猎人杨晓洋" | 12 | 1268 |
| 5 | 南宁街头水果摊火龙果10元70个 | 今日头条号"西部决策网D视频" | 10 | 1046 |
| 6 | 2023年"桂字号"秋冬水果产销对接系列活动举办 | 广西视听 | 10~12 | 934 |
| 7 | 玉林17岁少年发现华石蟹属新物种 | 抖音账号"玉林日报" | 7 | 840 |
| 8 | 南宁蕉农种植的香蕉苗被强制拔除 | 抖音账号"陆五哥" | 5 | 837 |
| 9 | 女村官卖婚房带乡亲脱贫获感动中国人物 | 新浪微博"@央视新闻" | 3 | 777 |
| 10 | 柳州村民抽地下水抗旱被指非法取水 | 南国今报客户端 | 6 | 773 |
| 11 | 第五届世界茉莉花大会暨第十三届全国茉莉花茶交易博览会成功举办 | 人民网 | 9 | 664 |
| 12 | 2023年广西名特优农产品交易会在桂林举办 | 桂视网 | 12 | 487 |
| 13 | "太空种子"返回柳州首次出苗移植 | 在柳州客户端 | 1~2 | 361 |
| 14 | 第七届中国—东盟农业合作论坛在南宁成功举办 | 广西新闻网 | 9 | 285 |
| 15 | 广西法院发布农村"出嫁女"征地补偿款分配案例 | 微信公众号"广西高院" | 12 | 252 |
| 16 | 国务院副总理胡春华在广西督导巩固拓展脱贫攻坚成果和"菜篮子"产品保供稳价工作 | 新华网 | 1 | 207 |
| 17 | 官方回应降雨致柳州养殖场鳄鱼出逃系谣言 | 新浪微博"@西部决策" | 6 | 206 |
| 18 | 广西首次发现中国淡水蛏 | 《广西日报》 | 4 | 203 |
| 19 | 2023年广西荔枝产销对接暨北流现代农业产业链招商活动举办 | 中国新闻网 | 6 | 189 |
| 20 | 贵港2米高巨型稻迎来丰收 | 抖音账号"贵港日报" | 8 | 161 |

## 二　热点话题舆情分析

### （一）抓牢巩固脱贫成果底线任务，奋力开创乡村全面振兴新局面

2023 年是巩固拓展脱贫攻坚成果同乡村振兴有效衔接的关键一年。一年来，广西坚决守住不发生规模性返贫底线，相关工作举措及成效被媒体积极报道。2023 年 7 月印发《广西乡村振兴责任制实施细则》，明确目标任务，压实工作责任；全年筹措超 90 亿元资金用于实施巩固脱贫惠民工程，同时加强脱贫劳动力稳岗就业帮扶，抓好劳务输出、就近就业，帮助脱贫人口充分就业等政策与举措被《经济日报》《广西日报》等媒体广泛传播。广西织牢防贫监测网，适度优化帮扶机制，在产业和就业两方面重点发力，深入组织实施脱贫地区的特色产业提升行动、防止返贫就业攻坚行动，涌现出一批优秀的原创减贫典型案例。如央视网《焦点访谈》聚焦报道了大化瑶族自治县通过粤桂协作打造"七百弄鸡"全产业链，做旺特色产业，拓展大湾区市场，带动脱贫户增收受益的帮扶故事；中国产业经济信息网等媒体报道包括南宁市隆安县火龙果基地在内的农业生产基地为脱贫群众提供家门口的岗位、百色市田阳区建立就业帮扶车间吸纳脱贫人口就业等案例。"全区巩固拓展脱贫攻坚成果后评估考核获综合评价'好'等次""四案例①入选全球最佳减贫案例""北海市涠洲岛等三地入选世界旅游联盟案例向全球推广旅游减贫的经验与成果""产业帮扶脱贫户覆盖率 90.9%""脱贫人口务工规模 293.5 万人""脱贫人口人均纯收入增长 12.5%"等成果信息被新华社、广西新闻网等媒体报道转载。舆论称，广西为全球的减贫事业贡献了智慧和经验。

2023 年，广西在巩固脱贫成果的同时，奋力开创全面推进乡村振兴工

---

① 河池市宜州区执行世界银行贷款广西贫困片区农村扶贫试点示范项目案例、巴马瑶族自治县金融改革帮扶案例、天等县就业帮扶车间案例、中国广核集团有限公司产业帮扶案例。

作新局面，各项重点工作取得实效被舆论积极关注。产业振兴方面，广西加快构建"10+3+N"现代特色农业产业体系①，培育壮大一批乡村富民产业。"横州茉莉花""贵港小龙虾""平南石硖龙眼""永福罗汉果""陆川猪"等优势资源产业升级成为乡村振兴的支柱产业获媒体积极宣传。人才振兴方面，广西继续实施乡村产业振兴带头人"千雁万群"培育计划、"人才帮带"项目、"银龄专家助振兴"行动等多项举措，吸引各类人才投身乡村助农兴农富农的案例受到舆论肯定。2023年，全区"培育'头雁'3050名""新增高素质农民3.9万人""认定210名'广西农业技术能手''八桂农匠'""农业农村实用人才总量突破百万"等数据成果被媒体广泛关注。文化振兴方面，媒体积极报道广西各地探索"农家书屋+"模式，管好用活书屋，提升服务效能，促进乡村文明焕发出新气象。平南县思旺镇崇秀村秀江文化园等农家书屋获评自治区2023年提质增效先进农家书屋，舆论认为，这些农家书屋从根本上解决了广大农村群众"借书难、看书难"问题，为乡村文化振兴贡献了强大力量。同时，广西各地持续推进移风易俗行动，积极培育文明乡风、良好家风和淳朴民风，《光明日报》赞称，广西移风易俗深入人心，文明新风处处洋溢。生态振兴方面，南宁市马山县古零镇羊山村等10村入选2023年中国美丽休闲乡村被媒体积极宣传，多家媒体聚焦报道了资源县中峰镇大庄田村由小山村变身为生态环境优美的中国美丽休闲乡村典型案例。此外，梧州市将生态茶园建设和乡村振兴有效、有机融合培育出更多联农带农利益联结新机制和新模式，崇左市大新县大力推进农文旅融合发展引导群众发展本地乡村生态旅游助推乡村振兴，被媒体积极宣传。组织振兴方面，合山市岭南镇溯河村推动党组织达标创优，切实激活乡村振兴"新引擎"；宾阳县新圩镇探索"党建引领+"模式发展壮大村级集体经济，推动基层治理取得新成效；金秀县六巷乡深化"党建+N"模式引领乡村产业发展、民宿旅游，带动群众生活节节攀升等基层党组织助力乡村振兴的生

---

① "10+3+N"现代特色农业产业体系，即做强粮油、糖蔗、蔬菜、水果、蚕桑、茶叶、中药材、畜牧业、渔业、生态林十大特色产业集群，做优现代种业、设施农业、数字农业三大农业支撑产业，做精N个"优中优""特中特""小而精"的亮点特色产业。

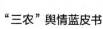

动案例被媒体传播。舆论评价，广西全区干部群众凝心聚力，紧紧围绕乡村振兴战略的总要求，有力有效推进乡村全面振兴，一幅和谐美丽的乡村振兴新画卷徐徐展开。

### （二）锚定农业强区目标重点领域"百花齐放"，农业科技支撑强劲有力

2023 年，广西明确提出农业强区建设目标并积极部署相关工作，财政统筹下达 2023 年中央预算内基建资金 5.03 亿元支持农业产业发展，推动向农业强区转变，引发媒体聚焦。粮食生产方面，广西各级农业农村部门有力有效克服春旱、台风等灾害影响，下达粮食生产激励资金 1.3 亿元调动种粮积极性，实施新一轮粮食产能提升行动，"全区新建成高标准农田 110.04 万亩""北海成为全国首批整市推进高标准农田建设试点之一""2023 年粮食总产 1395.4 万吨，同比增长 0.16%""粮食面积、单产、总产持续三增长""连续四年实现粮食生产面积、产量双增"等举措及成效受到舆论积极肯定，媒体赞称广西粮食生产呈现稳产增收好"丰"景，牢牢端稳了自己的饭碗，向争做"有余粮省"迈出了更坚实的步伐。畜牧业和渔业生产方面，广西出台 2023 年支持牛羊产业发展若干政策措施、《推进现代渔业高质量发展实施方案（2023—2025 年）》等被媒体重点关注。全区一年外调生猪350 万头以上，来宾市兴宾区连续 17 年荣获"全国生猪调出大县"称号；广西水牛乳奶茶、甜品备受消费者青睐；海洋渔业保持平稳增长，海水产品产量同比增 3.5%，钦州牡蛎年产量超 30 万吨；广西港河生态农业有限公司等 4 家农业生产经营单位成功入选"国家级水产健康养殖和生态养殖示范区"名单等信息在各平台传播。糖料蔗生产方面，习近平总书记到来宾"双高"糖料蔗基地视察时强调要把蔗糖产业做大做强受到舆论聚焦关注。广西通过培育良种优品、扩大种植面积、打造地方品牌等行动，推动"甜蜜事业"再上新台阶。2023 年，全区糖料蔗种植面积、食糖产量连续 32 个榨季居全国第一，占全国六成左右。媒体指出，广西是名副其实的中国"糖罐子"，为保障我国食糖安全作出重要贡献。特色产业方面，广西水果、

茉莉花（茶）、秋冬菜等产业规模稳居全国前列。其中，"园林水果产量连续6年全国第一""茉莉花产量占全球的60%""蔬菜种植面积全国第二""蚕茧产量连续19年全国第一"，各种产品发展"百花齐放"的景象被人民网等媒体积极报道。媒体指出，茉莉花、桑蚕等"隐藏款"特色农业产业强势"出圈"，成为广西特色农业发展的生动注脚。① 农业品牌建设方面，广西加速"桂字号"农产品品牌建设进程。2023年，广西举办名特优农产品交易会、49场秋冬水果产销对接活动，媒体予以重点报道及肯定。"桂字号"农业品牌宣传片数次在央视节目播出，沃柑、沙糖桔、罗汉果、六堡茶、富硒小龙虾等八桂壮乡特色农产品好评如潮。广西六堡茶、武鸣沃柑、百色芒果等14个农业品牌入选2023年中国区域品牌百强名单、数量全国第二、总价值超950亿元；"桂字号"农业品牌总产值超1684亿元，总价值超过5049亿元；横州茉莉花综合品牌价值超222亿元等亮眼成绩被中国新闻网等媒体广泛传播。舆论称，"桂字号"农业品牌享誉全国、畅销海外。

农业科技创新是自治区由农业大区向农业强区转变的关键因素，核心技术攻关及应用上的新突破备受瞩目。种业振兴方面，一年来，广西实施良种联合攻关，加快培育高产优质新品种，取得积极成效。新增国家级农作物品种展示基地1个，通过国家审定水稻新品种26个，国家肉鸡核心育种场1家；新审定水稻品种143个，优质稻品种占比84.6%，同比增5.2%；"桂字号"粮食优良品种"野香优莉丝""昌两优8号"入选农业农村部2023年主导品种；5个籼稻品种获评全国优质稻品种食味品质鉴评金奖，获奖数排名全国首位。媒体指出，广西优质稻育种水平保持全国领先。同时，广西通过良种选育和技术攻关破解糖料蔗种业"卡脖子"困境、南宁市西乡塘区依托资源优势构建现代种业发展体系、马山县实施改革集成破解种业发展难题、梧州岑溪市选优苗育良种做强做大三黄鸡种业等典型案例被积极宣

---

① 杨曦：《家乡特产"大摸底"这些特产"榜上有名"》，人民网，http：//finance.people.com.cn/n1/2024/0302/c1004-40187421.html。

传。舆论赞称，广西发力擦亮种业"芯片"，种业振兴实现了良好开局。农机技术创新应用方面，广西通过深入实施现代特色农业科技"尖峰"行动，在农机装备科技攻关、技术革新上取得重大突破。全区新建成 6 个高效机收糖料蔗生产全程机械化示范基地，主要农作物耕种收综合机械化率达 69%，"广西甘蔗生产装备科技成果转化中试研究基地"成功入选自治区科技厅公布的第四批自治区级科技成果转化中试研究基地名单，广西农业科学院课题组的最新研究成果"粉垄耕作技术"为全国增粮降碳协同发展探索出一条新路径。此外，各种农机设备亮相桂林现代农业机械展区以及各地无人机高科技田管降本增效等成为报道热点。设施农业技术应用方面，广西印发《加快推进现代设施农业发展实施方案（2023—2025 年）》，"到 2025 年设施农业总产值 3000 亿元以上""突出'畜渔蔬果蚕菌'产业"等目标和重点任务被媒体突出报道。全区各地实施设施蔬菜、设施养殖、设施渔业以及农产品冷链物流和烘干设施等方面行动，集成推广一批设施农业技术，"实施了 82 个千万元以上设施农业重大项目""设施农业总产值已超 2000 亿元""果蔬'三避'① 种植技术全国领先""扬翔公司'集群式楼房智能化猪场'模式国际领先"等成果获舆论点赞。媒体称，广西现代设施农业规模和产能持续扩大并取得明显成效，丰富了百姓"菜篮子"，鼓起了农民"钱袋子"，成为当地农业的新亮点。

### （三）深化改革激发农业农村发展活力，高水平农业对外合作结硕果

2023 年，广西深化农村改革，扩大红利惠及范围，相关措施和成效被媒体积极关注。广西进一步优化财政支农资金投入方向，通过精准发力支持推进农村集体产权制度改革、农村土地延包试点、农村产权流转交易市场建设等五项举措，激发农业农村发展活力；明确三条举措优化调整衔接推进乡村振兴资金管理，扶持发展新型农村集体经济项目。一年来，广西顺利完成

---

① 三避，即避雨、避寒、避晒。

年度清产核资工作，农村集体资产总额达1839亿元；获批全国农村产权流转交易规范化整省（区）试点；23个土地延包试点县合同应签率达94%，超额完成试点任务；5个县获批全国农村集体产权制度改革试点；桂林市雁山区窑头村成功入选全国20个新型农村集体经济发展村级典型案例；广西农村集体资产线上交易平台上线，全国首创村集体、竞拍人双方通过网站或手机App进行线上交易的模式等信息引发舆论浓厚兴趣。各市县在农村改革中创新务实的生动实践被媒体积极宣传。7月，贵港市发放广西首批农村土地承包经营权、土地经营权、设施农业用地不动产权证书。舆论称，开展农村不动产权颁证工作，利于强化对农民的物权保护、保持土地承包关系稳定，让农民权益更有保障。南宁市青秀区南阳镇实施农村土地综合整治工程，唤醒"沉睡"的土地，"量身定制"土地资源，打造南宁"周末经济"和休闲旅游地，促进农村产业融合发展，让土地生"金"。防城港市茅岭镇崇军村深化改革，实施"三变①+资源开发"，推动"海水稻+"产业发展，将盐碱地变成了"聚宝盆"，2023年村级集体经济收入达到37万元。

2023年，广西推动高水平农业对外开放促进农业高质量发展，舆论反响良好。第20届中国—东盟博览会在南宁成功举办，其间，农业合作论坛、农业国际合作展、农业职业教育论坛等农业系列活动受到舆论热情关注。《人民日报》、新华社、《广西日报》等中央和地方媒体通过文字、图片、视频、直播等多种形式跟踪报道。"广西'走出去'农业企业达67家""榴莲与沃柑双向奔赴""东博会为'媒'榴莲成'人气王'""20吨猫山王榴莲运抵南宁"等信息被置于标题中广泛传播。新浪微博设置的话题"来广西打卡最懂逛吃的东博会""广西水牛奶在东博会上大受欢迎"阅读量合计达224.8万次。过去一年，广西扩大农业对外开放，与东盟国家开展农业贸易投资合作、农业技术合作等一系列工作取得的成效被媒体积极报道。RCEP②政策红利下，广西加强与东盟国家开展农业贸易投资合作，推动优

---

① 三变，即资源变资产、资金变股金、农民变股民。

② RCEP，即《区域全面经济伙伴关系协定》（Regional Comprehensive Economic Partnership）。

势农产品互供出口，大批优质"桂品"在东盟市场上走俏。仅上半年广西与 RCEP 成员国农产品进出口贸易总额达 136.2 亿元，同比增 37.81%。同时，广西累计有 6 个农业国际贸易高质量发展基地获农业农村部认定，在 9 个国家持续建设和打造农业对外交流合作"两区两站"共 28 个，备案登记"走出去"的农业企业达 67 家，诸多成果被媒体积极宣传。此外，农业机械、现代种业、农产品加工、智慧农业等领域技术交流合作日益深化，其中，12 月在南宁召开的 2023 中国—东盟农业机械暨甘蔗机械化博览会共有 15 个农机项目集中签约，金额达 3.8 亿元。媒体指出，本届博览会签约项目、金额及洽谈企业和专业观众数量均破历届纪录。舆论称，广西农业国际合作"朋友圈"不断扩大。

（四）农业农村信息化水平稳步提升，"数商兴农"解锁乡村"共富密码"

2023 年，广西多措并举持续推进农业农村信息化发展，加快数字乡村建设、智慧农业以及农村电商发展，舆论给予积极评价。数字乡村方面，广西积极研究部署相关统筹协调工作，切实推动农村基层信息化水平稳步提升。广西"4 个试点地区数字乡村建设取得重要进展，总体居全国较高水平""推进数字乡村建设工作经验入选中央网信办《网信动态》专刊刊发全国推广""横州、富川、恭城等试点工作优秀案例被选入国家《数字乡村建设指南 1.0》《网络传播》等向全国推广"等建设成果被新华网、广西新闻网等媒体重点报道。10 月，2023 年广西数字乡村发展论坛在南宁成功举办，大赛主题"智赋乡村 加'数'前行"被突出强调。一批数字乡村建设领域的创新解决方案及应用实践的典型案例获媒体积极宣传。如百色市田林县构建"信息平台+数字化基础设备设施"的数字乡村综合服务体系，将大数据、人工智能等现代信息技术引入智慧农业农村、数字政务建设中，提高乡村治理能力和公共服务水平，该项目荣获广西首届"兴桂杯"数字乡村创新大赛一等奖；田东县数字乡村建设示范点通过验收，并在第六届"绽放杯"5G 应用征集大赛中荣获广西区域赛三等奖，入选广西首届"兴桂杯"

数字乡村创新大赛优秀案例。河池市都安瑶族自治县隆福乡在全区率先试行村级事务管理平台被《广西日报》誉为开创了数字化乡村"智"理新模式；柳州市鱼峰区构建"1+5+N"① 整体框架，打造"鱼峰乡村钉"平台进行数字化服务的有益经验被《农民日报》详细报道，并获全区推广；玉林广大乡村通过"机器人"管理、"天翼看家"App、网上政务等实现了数字治理，媒体称赞玉林数字化应用正加快融入产业振兴、城乡融合及乡村治理的方方面面，为乡村全面振兴增添了智慧底色。舆论评价，广西初步建立了一套具有当地特色的数字乡村建设模式。智慧农业方面，广西支持农业企业积极推动信息技术的应用创新，加强信息技术与农业农村深度融合，打造可复制可推广的典型，充分发挥示范带动作用。其中，广西扬翔股份有限公司坚持致力于"数据养猪"，建设种猪数智化育种体系，创新智能设施楼房养猪模式，并推出 FPF（Future Pig Farm）未来猪场获舆论积极肯定，"FPF 未来猪场已在国内外 20 多家企业上线""智能设施楼房养猪模式上榜'2023绿水青山就是金山银山实践案例'名单""扬翔股份荣获'2023 年全国农业农村信息化示范基地'称号"等成绩被媒体积极宣传，中国金融信息网称赞扬翔股份在数字育种上的实践涵盖了育繁推全流程，实现了从基因研究到育种实践的全链条贯通。媒体还关注桂林市全州县强化"数智"技术推广应用为特色农业产业发展提供"智慧"支撑；南宁横州市通过全产业链数字化打造茉莉花特色产业品牌；防城港东兴市推动乡村数字化建设为肉桂等农业生产经营赋能等广西各地农业数字化实践案例。

广西开展多项农村电子商务活动拓展农产品网络销售渠道，相关举措及成果成为媒体报道热点。广西多部门联合举办为期半年的"数商兴农·桂品网上行"活动，组织多位电商平台头部主播开展"八桂优品 e 网购""电商助农丰收节""缤纷桂果自由购"等七大系列活动，"多部门联合助攻农产品'触网'促销""《广西农产品电商发展报告》发布"等活动内容被媒

---

① 1+5+N，即建立一个乡村钉平台，创建"数智党建、政务服务、村务管理、综合管理、智慧应急"五大行动模块，对应 N 个场景应用。

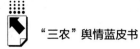

体重点报道。舆论称，桂品插上了网络"翅膀"，活动助力农产品销售"出圈"。各地发展农村电商助农增收的工作进展和成效也被媒体追踪报道。玉林市北流市持续大力发展电商产业，培养专业人才，开展各种直播带货活动，并打造"北流百香果""北流荔枝"等电商品牌；崇左市江州区深入实施"数商兴农"战略，帮助群众打开本地农产品销路，被光明日报客户端赞称"云端吃喝"解锁乡村"共富密码"。媒体评价，广西农产品电商稳步发展，逐步成为地方经济发展新的增长极。农村电商飞速发展，直播带货持续走俏，为广西助农兴农开辟了一条新渠道。中国新闻网、《广西日报》等媒体积极报道 5G+直播助力广西金桔登上"云端"香飘全国，北海市合浦县一名网红教师为家乡直播销售农产品近千万斤，河池市环江县脱贫民众变身带货主播挣钱守护孩子两不误的典型故事；人民网广西频道点赞百色市西林县"抖音直播+特色产业"联合发展新模式，称直播售卖为农副产品从田间地头到千家万户搭建了一条新通道。年底"东方甄选广西行"活动燃爆全网，"4 天带货超 2.7 亿元""位居抖音带货榜第一""土特产率先售罄"等信息频繁出现在报道标题中，"圣女果成全国消费者最喜爱的广西产品，销量突破 9.4 万单、210 吨""石埠水牛纯牛奶销量排名第二，订单量超 8.7 万单""融安滑皮金桔、香辣木瓜丝、芒果干等 52 款广西好物订单量均破万"等亮眼成绩也被媒体重点报道。

### （五）广西和美乡村建设绘就新篇章，万千乡村焕新颜

2023 年，广西扎实推进乡村建设行动，大力提升乡村治理效能，媒体就全区相关工作部署和进展成效等进行全面报道。2023 年，广西先后召开全面深化清廉乡村建设暨乡村治理现场推进会、以"推进宜居宜业建设和美家园"为主题的乡村振兴论坛、全区实施"千村引领、万村提升"工程加快建设宜居宜业和美乡村现场推进会，加强和改进乡村建设、乡村治理。同时，不断加大对重点领域和关键节点的政策支持、财政投入力度，全面推行"党建+网格+大数据"的乡村治理模式，扎实开展农村移风易俗专项治理工作，推动广西宜居宜业和美乡村建设取得阶段性成效。全区累计完成

5400多个村庄规划编制,其中2023年完成约2000个[①];全区行政村积分制、清单制及数字化覆盖率超过全国平均水平,媒体对此积极报道。5月,国家乡村振兴局在玉林市北流市召开全国"百校联百县兴千村"行动推进会,北流市村庄规划编制模式向全国推广,北流市新圩镇河村、西埌镇木棉村创新提出低成本实用性村庄规划引领乡村建设的典型案例被央视网、《中国青年报》等媒体宣传报道。此外,传统村落保护成绩也被媒体关注。桂林市雁山区大埠乡黎家村等62个村落被列入第六批中国传统村落名录,数量位居全国第六;柳州市三江侗族自治县入选2023年第二批国家传统村落集中连片保护利用示范县,获中央补助资金7500万元。各地因地制宜创新乡村治理模式取得的成效也被媒体挖掘报道。柳州市鱼峰区白沙镇、融安县浮石镇六寨村、柳南区洛满镇福塘村等5个村镇光荣上榜第三批全国乡村治理示范村镇名单;恭城瑶族自治县西岭镇改革创新积分制管理制度,积极发挥绩效考评"指向标"的作用,充分调动党员群众积极主动参与村级事务、引领共建共治共享的乡村治理新风尚。舆论称,广西推动乡村建设成效显著。

一年来,广西在农村人居环境整治提升方面持续发力,印发全区农村改厕"提质年"工作方案、农村户厕和整村推进示范项目建设指南(试行)等,召开农村厕所革命工作技术培训会、农村黑臭水体整治工作现场会等活动,取得积极成效。全区"农村卫生厕所普及率达94%""农村生活垃圾收运处置体系行政村覆盖率保持在95%以上""农村生活污水治理率达26.9%,超额完成目标任务""镇级污水处理设施覆盖率达100%""村庄绿化覆盖率达41.12%"等量化成果被媒体广泛传播。舆论称,广西组织开展农村人居环境整治提升,大力推进基本整治型村庄、设施完善型村庄、精品示范型村庄改造建设,乡村面貌焕然一新。广西各地因地制宜在厕所革命、垃圾处理、污水治理、村容村貌提升等方面涌现的典型案例被媒体积极宣

---

① 王艳群:《我区多渠道筹集资金建设宜居宜业和美乡村》,《广西日报》2023年12月8日,第6版。

传。厕所革命方面，钦州市推广应用“124”农厕长效管护模式，农村卫生厕所普及率超96%，高于全区平均水平。[①] 垃圾处理方面，百色市靖西市新建的5座农村垃圾中转站全面投入使用，极大改善了农村环境卫生，赢得了老百姓的好评。污水治理方面，南宁市马山县永州镇定罗街农村黑臭水体治理项目于2023年6月完成建设，村庄人居环境得到明显改善，黑臭水塘转型成为乡村公园，给村民带来更多获得感、幸福感。村容村貌提升方面，贺州市继续以“三清三拆”为抓手，充分运用“三自一补”[②] 方法，调动村民的主动性，破解农村环境整治资金不足问题，扎实推进农村生活垃圾、生活污水治理，推动村容村貌整体提升。媒体称赞，贺州市扎实推进宜居宜业和美乡村建设，走出了一条可借鉴可复制可推广的乡村建设特色之路。舆论称，广西在和美乡村建设道路上不断绘就新篇章，独具特色的现代版“富春山居图”渐次铺展。

# 三　热点事件舆情分析

【2023年“桂字号”秋冬水果产销对接系列活动获好评】

1. 舆情概述

为进一步畅通“桂果”产供销一体化供应链，提升“桂字号”农业品牌影响力和市场竞争力，广西各地从2023年10月27日起开始举办“桂字号”秋冬水果产销对接系列活动，活动主题为“水果自由在广西，甜蜜飘香销全国”。历时2个多月，“桂字号”广西柑橘产销对接会、“桂字号”资源红提（广州）产销对接活动、“桂字号”西林沙糖桔（辽宁沈阳）产销对接活动以及“桂字号”武鸣沃柑（嘉兴）产销对接活动等49场次系列活动相继举办，主办方组织广西秋冬水果企业现场展示展销等活动，并邀请全国采购商、主流新闻媒体参加，相关信息引发舆论持续关注。据监测，截至

---

① 王新、刘超桂：《广西钦州：聚力推动乡村建设 绘就和美乡村新图景》，消费日报网，http：//www.xfrb.com.cn/article/difang/14533651956673.html？btwaf=16959351。
② “三自一补”，即自筹资金、自主建设、自我管理和财政奖补。

2023年12月31日，相关舆情总量有4021条。其中，客户端发布并转载相关报道1686条，新闻1039条，视频573条，微信417条，微博274条，论坛32条。"桂字号"秋冬季水果产销对接活动筹备情况、活动现场盛况及活动成果等成为媒体报道的主要内容，主要标题有《"果盘子"秋冬上新！广西力推甜蜜"桂果"销全国》《这场"桂字号"广西柑橘产销对接会"甜蜜飘香"》《全国采购商实地考察"桂果"，现场签约2.23亿元》《容县沙田柚"出征"嘉兴》等。新浪微博设置的"桂字号农业品牌""全国每5个沃柑就有1个来自广西武鸣""象州沙糖桔"等微话题阅读量合计达209.3万次。

### 2.媒体评论

媒体对"桂字号"秋冬水果产销对接系列活动予以高度肯定，认为活动的举办对广西水果产业发展意义重大。有媒体认为，"桂字号"秋冬水果产销对接系列活动通过创建"全国知名、广西第一"的"桂字号"农业品牌、搭建良好稳定的产销平台、创新线上直播带货等模式，进一步提升品牌影响力、市场竞争力，推动广西果业走向全国、走向世界。[1] 也有媒体表示，广西不断强化行动进一步满足"水果自由"期待，此次"桂字号"秋冬水果产销对接系列活动，既围绕"产"开展品牌宣传、产品推介，又着眼"销"让"水果自由"体现在果农腰包上，是记好招。[2] 还有媒体指出，产销会促使生产端与采购商形成长期稳定的合作关系，进一步畅通了"桂果"产供销一体化供应链，拓宽了"桂字号"农产品的销售渠道。精品水果原汁原味、绿色健康的价值认知逐渐深入人心，为水果生产效益不断提升和助力农民增收致富创造了良好条件。

### 3.网民评论

网民通过新闻、客户端、微博、短视频平台留言等方式展开讨论，主要有以下观点。一是为活动点赞，表示支持。有网民说，产销会助力果农增收

---

[1] 阮蓓：《广西力推"桂字号"水果销全国》，《农民日报》2023年11月6日，第1版。
[2] 海潮：《进一步满足大众"水果自由"》，《广西日报》2023年11月1日，第7版。

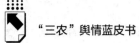

致富，好样的。有网民说，厉害了，贵港柑橘要出名了。也有网民说，努力冲，融安金桔走向全国、走向全世界。还有网民表示，希望大力推介，从此以后不再有水果滞销的情况发生。二是踊跃推荐广西水果。有网民说，武鸣沃柑，皮薄汁多，酸甜可口，一口就让人爱上。有网民说，平南龙眼爽脆、口感好，营养高，为家乡的优质农产品点赞。还有网民说，水果界的天之"蕉"子还得看广西。三是表示感兴趣，有消费意愿。有网民说，太好了，都是我爱吃的。有网民说，广西老表快摘多点沙糖桔。有网民表示，怎么联系，我想要。

## 四　舆情总结与展望

　　总体看，2023年，广西"三农"领域发展持续吸引舆论关注，新华网、人民网、中国新闻网等中央媒体以及《广西日报》、广西云客户端等地方主流媒体仍是原创报道的主力，凭借其权威性和专业性，掌握舆论场的主要话语权；抖音、快手等短视频平台持续受到网民追捧，与客户端、微博等同为舆情传播的主要渠道。2024年是实现"十四五"规划目标任务的关键一年，广西毫不松懈抓好粮食生产、稳定"菜篮子"产品供给、扎实推进现代特色农业、建设宜居宜业和美乡村以及深化农村改革等方面的相关工作举措、进展及成果等，将受到舆论持续跟踪关注，涉农政策、全国性及国际性的博览会、展销会等涉农活动也是舆论关注的重点。建议持续加强涉农舆情监测，及时回应舆论关切，把握话题主动权；加强对"三农"政策和发展成绩的宣传解读，建设和运用好政务新媒体，并加强与主流媒体合作，通过群众喜闻乐见的形式传播"三农"发展中的好做法、好经验等，为广西加快建设农业强区营造良好的舆论氛围。

**参考文献**

阮蓓:《发挥桂风壮韵独特优势 加快建设农业强区步伐》,《农民日报》2023年3月11日。

谢永辉:《鱼峰区数字化乡村治理经验获全区推广》,《广西日报》2023年8月22日。

广西壮族自治区农业农村厅科教处:《广西:多措并举推动特色产业提档升级》,《人民日报》2023年12月25日。

周仕兴、王瑾雯:《广西处处洋溢文明新风》,《光明日报》2023年12月21日。

王艳群:《广西:凝心聚力 全面推进乡村振兴》,《广西日报》2024年1月3日。

# B.18
# 2023年甘肃省"三农"舆情分析

张生璨 刘莉 赵婧*

**摘 要:** 2023年,甘肃省农业农村经济呈现稳中有进、持续向好发展态势,舆论环境总体良好。甘肃多措并举抓好粮食生产,粮食产量再创新高,持续巩固拓展脱贫攻坚成果,有力推进乡村振兴,特色产业蓬勃发展,"甘味"品牌影响力保持"三连冠",深化改革盘活资源提质增效鼓起农民"钱袋子",和美乡村建设绘就陇原"富春山居图",相关话题受到舆论积极关注,媒体全景展示甘肃省"三农"工作发展成就。

**关键词:** 粮食安全 乡村振兴 "甘味"品牌 和美乡村 甘肃省"三农"舆情

2023年,甘肃省制定出台一揽子政策措施,守牢保障粮食安全和不发生规模性返贫两条底线,克服河西地区60年不遇的旱情影响,实现粮食丰产、成果巩固、产业提质、农民增收,全省农业农村经济呈现稳中有进、持续向好的发展态势。一年来,甘肃利用主流媒体、"两微一端"和短视频平台的政务媒体账号积极宣传涉农政策、"三农"工作成果及地方实践经验,传播正能量,为传播甘肃"三农"工作发展营造了良好氛围。

---

* 张生璨,甘肃省农业信息中心副主任,高级兽医师,主要研究方向为农业农村信息化;刘莉,甘肃省农业信息中心网络舆情分析科科长,主要研究方向为涉农网络舆情;赵婧,甘肃省农业信息中心网络舆情分析科副科长,主要研究方向为涉农网络舆情。

# 一 舆情概况

## （一）舆情传播渠道

2023年，共监测到甘肃省"三农"舆情信息74.05万条（含转载），同比略降1.89%。其中，客户端信息26.50万条，占比居首，达35.78%；微信信息15.21万条，占20.54%；新闻舆情信息13.85万条，占18.70%；视频信息9.51万条，占12.85%；微博帖文8.26万条，占11.15%；论坛帖文合计7239条，占0.98%（见图1）。从各渠道传播量占比变化情况看，客户端仍是第一大传播渠道，但所占比重较上年下降6.41个百分点，视频信息量占比较上年提高6.28个百分点，超过微博成为第四大传播渠道。

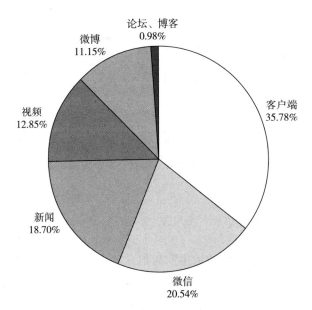

**图1　2023年甘肃省"三农"舆情传播渠道**

资料来源：甘肃省"三农"舆情监测管理平台、农业农村部"三农"舆情监测管理平台、新浪舆情通。下同。

（二）舆情传播走势

从全年舆情走势看，3月、8月和12月出现三次舆情峰值（见图2）。3月，各地紧抓农时保春耕、庆阳高标准农田造假事件等相关信息助推舆情量上升，当月舆情量6.83万条，为全年次高峰。8月，甘肃各地多措并举抗旱救灾保收成、出台政策为村级组织和村干部松绑减负等信息推动舆情量达6.79万条，为全年舆情第三高峰。12月，2023年度甘肃省级"和美乡村"名单公布吸引舆论目光，甘肃全力开展积石山地震救灾、保障群众生活、积极修复农村基础设施等信息也引发舆论广泛关切，当月舆情量达8.04万条，成为全年最高点。

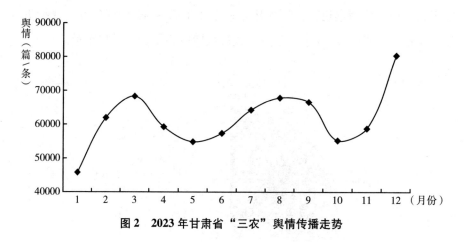

图2　2023年甘肃省"三农"舆情传播走势

（三）舆情话题分类

从舆情话题分类看，农牧渔生产与粮食安全、乡村振兴战略实施是甘肃"三农"舆情排行前二的热门话题，分别占舆情总量的36.70%、24.78%，合计占比超六成；农村环境、农村社会事业、农业产业帮扶话题的热度排行分列第3、4、5位，信息量占比分别为7.51%、6.67%和5.76%；农产品质量安全、农产品市场、农业科技、农业农村改革发展、农民工话题信息量占比为2%～5%；其他话题占比均在2%以下（见图3）。

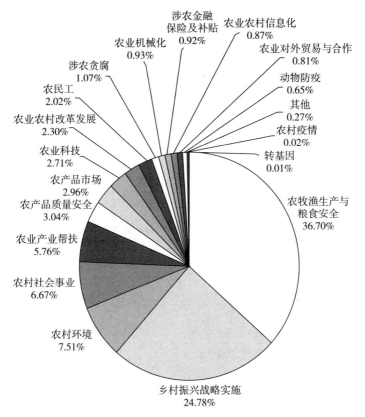

涉农金融保险及补贴 0.92%
农业农村信息化 0.87%
农业机械化 0.93%
农业对外贸易与合作 0.81%
涉农贪腐 1.07%
动物防疫 0.65%
农民工 2.02%
其他 0.27%
农业农村改革发展 2.30%
农村疫情 0.02%
农业科技 2.71%
转基因 0.01%
农产品市场 2.96%
农牧渔生产与粮食安全 36.70%
农产品质量安全 3.04%
农业产业帮扶 5.76%
农村社会事业 6.67%
农村环境 7.51%
乡村振兴战略实施 24.78%

图3 2023年甘肃"三农"舆情话题分类

（四）舆情热点事件排行

从本文整理的舆情热度前20排行榜看，全年未现高热舆情事件。从舆论关注内容看，"甘肃定西对彩礼限高"切实推动移风易俗培育文明乡风的举措获得舆论认可，居排行榜首位。7～10月，甘肃接连举办"2023美丽乡村国际论坛在甘肃陇南康县举行""2023年中国·定西马铃薯大会成功举办""甘肃庆祝第六个中国农民丰收节""甘肃省招商推介会在陕西成功举办"4项重大活动，共话乡村丰收与新颜、打响农产品金字招牌、吸引舆论广泛关注，均登上热点排行榜。同时，"甘肃省委农村工作会议在兰州召开""2023年度甘肃省级'和美乡村'名单公布""甘肃发布《关于认定

2023 年甘肃省乡村工匠和乡村工匠名师的通知》""甘肃省委'一号文件'发布"等关乎"三农"工作、乡村建设的顶层部署及成果被媒体积极传播。此外,处置回应"农民家门口种玉米因影响视野被拔""庆阳高标准农田建设涉嫌造假"等事件的消息也有较高热度,进入排行榜前 10(见表 1)。

表 1　2023 年甘肃"三农"舆情热点事件 TOP 20

| 排名 | 热点事件 | 首发媒体 | 月份 | 舆情热度 |
|---|---|---|---|---|
| 1 | 甘肃定西对彩礼限高 | 澎湃新闻网 | 2 | 2947.6 |
| 2 | 甘肃多举措减轻旱灾损失 | 央视网 | 8 | 2312.55 |
| 3 | 官方回应农民家门口种玉米因影响视野被拔:工作中可能存在沟通失误,已妥善解决 | 澎湃新闻网 | 6 | 2060.35 |
| 4 | 2023 美丽乡村国际论坛在甘肃陇南康县举行 | 新甘肃客户端 | 7 | 1984.75 |
| 5 | 甘肃省委农村工作会议在兰州召开 | 新甘肃客户端 | 1 | 1434.05 |
| 6 | 甘肃省干部群众热议《促进经济稳中有进推动高质量发展若干政策措施》 | 《甘肃日报》 | 2 | 1319.05 |
| 7 | 庆阳高标准农田建设涉嫌造假,甘肃省农业农村厅派员赴当地启动调查 | 央视新闻客户端 | 3 | 1207.3 |
| 8 | 2023 年中国·定西马铃薯大会成功举办 | 中国甘肃网 | 9 | 995.75 |
| 9 | 甘肃庆祝第六个中国农民丰收节 | 《甘肃日报》 | 9 | 876.6 |
| 10 | 2023 年度甘肃省级"和美乡村"名单公布 | 甘肃省农业农村厅网站 | 12 | 786.4 |
| 11 | 甘肃全力抗震保障群众生活 | 新甘肃客户端 | 12 | 669.1 |
| 12 | 任振鹤在宕昌县开展主题教育蹲点调研 | 《甘肃日报》 | 5 | 324.5 |
| 13 | 甘肃省央地合作项目暨央企助力乡村振兴协调推进工作会在庆阳市举行 | 企鹅号"视听庆阳" | 2 | 274.8 |
| 14 | 《定西市高标准农田建设规划(2021-2030年)》印发 | 定西市人民政府网站 | 5 | 238.7 |
| 15 | 甘肃发布《关于认定 2023 年甘肃省乡村工匠和乡村工匠名师的通知》 | 中国甘肃网 | 11 | 229.2 |
| 16 | 甘肃省委"一号文件"发布 | 《甘肃日报》 | 4 | 223.5 |
| 17 | 甘肃全面放开农民工参加城乡居民基本医疗保险户籍限制 | 《兰州晚报》 | 3 | 156 |
| 18 | 甘肃省招商推介会在陕西成功举办 | 新甘肃客户端 | 10 | 113.2 |

| 排名 | 热点事件 | 首发媒体 | 月份 | 舆情热度 |
|---|---|---|---|---|
| 19 | 甘肃省组织开展保障农民工工资支付专项整治行动 | 中国甘肃网 | 6 | 74.3 |
| 20 | 甘肃8个农产品上榜2023年第二批全国名特优新农产品名录 | 《兰州晚报》 | 9 | 67.8 |

## 二　热点话题舆情分析

### （一）多措并举夯实粮食安全根基，粮食产量再创新高

2023年，甘肃坚决扛起粮食安全政治责任，切实抓好粮食生产。年初，省委、省政府印发《关于做好2023年全面推进乡村振兴重点工作的实施意见》（一号文件），提出的全省"粮食面积稳定在4000万亩以上""粮食产量保持在1200万吨以上"等目标信息被《农民日报》、中国经济网、中国甘肃网等媒体重点报道。为落实中央和省委一号文件精神，甘肃印发《2023年全省稳定粮食生产行动方案》，将粮食生产任务分解下达到各市州，并先后召开甘肃春季农业生产现场推进会、"三夏"生产工作推进电视电话会议、冬春农田水利暨农业农村重点工作推进会等系列会议，积极部署做好各季生产，为坚决夺取全年粮食丰收做足准备。一年来，甘肃粮食生产经历了春季低温、夏秋受旱等不利气象条件，全省各地各部门多管齐下抗灾减灾保收成，全年粮食生产再获丰收。"全省粮食作物面积4066.35万亩""粮食单产313.03公斤/亩""粮食总产量1272.9万吨""连续四年保持在1200万吨以上"[①]等信息被《人民日报》、新华网、央广网等中央媒体转载报道，"再创新高""丰收答卷""粮丰农美"等词多次出现在报道标题中。舆论

---

[①]《甘肃农业农村经济形势持续向好》，中国农网，https://www.farmer.com.cn/2023/12/30/wap_99943713.html。

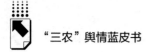

称赞，一系列政策和措施落地落实，为甘肃粮食生产砥砺前行再获丰收奠定坚实基础，为全国粮食丰收作出了甘肃贡献。

粮食丰收增产离不开"藏粮于地、藏粮于技"战略的贯彻落实。"藏粮于地"方面，积极实施高标准农田建设和撂荒地整治工作，全年新建高标准农田 377.2 万亩，摸排撂荒地 96.8 万亩。[①] 各地涌现的一批典型经验被媒体关注。全省研究制订"1+3"[②] 政策体系，提升高标准农田建设水平，夯实粮食安全根基；庆阳市环县积极开展土地平整和地力提升工程，建设田间道路、漫水桥和过水路堤等；定西市通渭县将高标准农田建设同撂荒地复垦整治、小流域综合治理等相结合，整流域、整山系推进高标准农田建设。舆论称赞，2023 年，甘肃高标准农田项目建设超额完成年度任务，筑牢了农民增收的基石，夯实了粮食安全的堡垒。此外，甘肃积极开展撂荒地整治，让"撂荒地"变成了"致富田"。天水市采取动员农户自主复垦、支持新型经营主体流转土地复垦、鼓励党支部领办合作社复垦等方式排摸整治撂荒地 1.55 万亩；陇南市武都区建立托管服务，统一管理常年不耕种的土地，科学合理利用耕地资源做到应种尽种。"藏粮于技"方面，发挥制种优势，硕果频传。"2023 年甘肃省玉米制种面积 165.5 万亩，玉米种子产量 6.8 亿公斤""2023 年马铃薯种薯面积 46.7 万亩，生产原种超过 13 亿粒"等成绩被多家媒体宣传。舆论称赞，粮食安全的基础在种业，种源安全关系着粮食安全，甘肃作为国家三大种业基地之一，与时俱进育新种、制良种，不断助推着我国种业振兴。旱作节水技术也为保粮食安全再立新功。2023 年，全省推广水肥一体化高效节水技术 445 万亩、全膜双垄沟播技术 1525.5 万亩、"两年三茬"复种 253.2 万亩。舆论称，高效节水技术的推广应用，破解了甘肃农业发展缺水这一瓶颈问题。

---

① 《绘就宜居宜业和美乡村新画卷》，中国甘肃网，http://gansu.gscn.com.cn/system/2024/03/07/013108743.shtml。

② "1+3"政策体系，即《甘肃省政府办公厅关于进一步加强高标准农田建设的意见》和《甘肃省高标准农田分区分类建设内容及投资标准》《甘肃省高标准农田建设考核评价奖惩实施办法》《甘肃省高标准农田建设贷款贴息实施方案》。

## （二）巩固拓展脱贫攻坚成果，全面打好陇原乡村振兴漂亮仗

2023年，甘肃持续巩固拓展脱贫攻坚成果，全方位推进乡村振兴。年内召开"万企兴万村"甘肃行动领导小组（扩大）会议、乡村振兴局长会议、全省巩固拓展脱贫攻坚成果同乡村振兴有效衔接工作调度（视频）会议、省委农村工作领导小组全体会议等，以更加务实的作风巩固拓展脱贫成果，以更为有力的举措接续推进乡村振兴。舆论称，2023年，甘肃着力于高质量巩固拓展脱贫攻坚成果的一系列举措，对确保不发生规模性返贫具有重要意义。"脱贫地区农村居民人均可支配收入增长8.4%"[1]"58个脱贫县新增农业龙头企业81家、规模以上加工企业35家""335万脱贫人口稳定增收"等亮眼数据成为媒体报道重点。舆论称赞，在陇原脱贫群众追逐幸福的脚步中，乡村振兴的美好蓝图正在逐笔绘就。全省巩固拓展脱贫攻坚成果、接续推进乡村全面振兴离不开东部协作省市和中央定点帮扶单位的倾力相助。"东部协作省市和中央定点帮扶单位援助甘肃资金38.54亿元""甘肃同天津、山东签约项目116个，签约金额达316亿元""天津帮助结对地区农村劳动力实现就业10.74万人""鲁甘'工匠联盟'累计培训约4万人次"等成果成为《甘肃日报》等媒体的报道重点。消费帮扶同样是书写两地携手共进的大文章。甘肃省建立直播带货、平台直销、节会促销等多种产销对接模式；天津推广使用消费帮扶服务平台、举办"津诚所至·协作同甘"产业节；山东搭建"政府部门+商协会+企业"对接平台，加强产品供应商、流通企业与东部市场的对接，先后开展产销对接活动154场次，帮助销售农特产品83.95亿元。[2]舆论认为，甘肃同天津、山东深化在产业合作、劳务协作、消费帮扶等方面的合作，传递了跨越山河的"接力棒"，"一家亲"的"协作之花"结出累累硕果，凝聚起了推进东西部协作的强大合力。

---

[1] 崔银辉：《加快农业农村现代化》，《甘肃日报》2024年1月26日，第4版。

[2] 《创新模式 深化内涵——甘肃搭建六个平台推动东西部协作提档升级》，每日甘肃网，https://gansu.gansudaily.com.cn/system/2024/01/19/030942466.shtml。

甘肃在乡村"五大振兴"方面形成诸多有益经验和成果也被舆论积极关注。产业振兴方面,"六大特色产业①全覆盖""全省优势特色产业面积达4436万亩""马铃薯、苹果产量均居全国第三""牛、羊肉产量比上年分别增长9.5%和12.1%""新创建马铃薯、苹果2个国家级产业集群""人工种植中药材、高原夏菜面积产量均居全国第一"等成果被新华网、中国新闻网等媒体宣传报道。舆论称,甘肃六大特色产业蓬勃发展,为乡村振兴赋能。人才振兴方面,截至2023年,甘肃省农业农村厅培训乡村产业带头人1500名,培训高素质农民2.9万名;实施"一村一名大学生村干部"计划,全省92.5%的村配备大专及以上学历村干部,取得的一系列成绩被舆论关注。文化振兴方面,媒体积极报道甘肃各地推动移风易俗、培育文明乡风之举。武威市古浪县常态化开展好家风好家训、廉政家书征集评选活动,晒家训,讲家事,建"家"阵地,引导广大家庭传承优秀文化,助推移风易俗;白银市会宁县河畔镇利用"河畔好声音"快手平台,通过线上直播的方式,开播"道德讲堂""培育家风民风乡风"讲座,倡导移风易俗等。舆论称赞,载文明而驰,驭新风前行,甘肃各地持续移风易俗擦亮乡风文明"底色",为乡村振兴塑造"魂魄"。生态振兴方面,兰州市永登县连城镇连城村等6个乡村入选中国美丽休闲乡村名单;甘南扎尕那村获评"世界最佳旅游乡村",利用自然风光、民俗建筑、民族歌舞等发展乡村旅游,走出一条以旅游收入反哺生态保护的道路。②舆论称,甘肃积极打造绿色生态的乡村,推动乡村更加宜居宜业、农民更加富裕富足。组织振兴方面,甘肃兰州市七里河区坚持政治统领、党建引领,以"民勤流水线"工程为契机,着力优化服务,探索为民便民服务新路径;武威市通过组织开展基层党建质量与干部能力素质提升年活动、推进"先进引领、中间提升、后进整顿"等行动,全面提升村党组织政治和组织功能。舆论称赞"组织引擎"助推乡村振兴跑出"加速度"。

---

① 六大特色产业指甘肃"牛羊菜果薯药"六大战略性主导产业。

② 《2023年甘肃省脱贫地区农村居民人均可支配收入增长8.4%高于全省城乡居民收入增幅》,中国甘肃网,https://gansu.gscn.com.cn/system/2024/01/23/013087467.shtml。

## （三）六大特色产业蓬勃发展，"甘味"品牌影响力保持"三连冠"

2023 年，甘肃着力推动"牛羊菜果薯药"六大特色产业快速发展，并将六大特色产业发展成为重点帮扶县县域主导产业，相关部署工作及成果引发舆论持续关注。同时，甘肃深入实施"2512"龙头企业引培提升行动①，引进大型头部企业，加快培育骨干企业，推动特色产业延链补链。"58 个脱贫县新增农产品加工规上企业 35 家""新引培龙头企业 81 家""成功争取国家现代农业产业园 2 个、产业强镇 7 个""全产业链产值预计达到 5790 亿元以上"等好成绩被重点报道。各地因地制宜推动特色产业发展的举措被媒体挖掘报道。平凉市大力发展现代丝路寒旱农业，形成了平凉红牛、静宁苹果 2 个百亿级产业集群，设施蔬菜、马铃薯、中药材 3 个十亿级产业集群。陇南市成县围绕"核桃主导、订单补充、作坊辅助"的产业发展布局，扶持全镇 95 家合作社、17 家家庭农场和 143 户养殖大户，因地制宜发展核桃、辣椒、西瓜、甜瓜等特色种植和猪、牛、鸡等特色养殖。临夏市投资6.3 亿元实施临夏市良种牛羊繁育推广一体化建设项目，大力引进农业精深加工龙头企业，持续推动牛羊肉产业向高精尖、全链条方向发展。舆论称赞，甘肃立足特色资源发展乡村产业，规模、质量、效益不断提升，乡村致富路不断拓宽。

一年来，甘肃省持续加强农业品牌建设，"甘味"农产品扬名海内外。"'甘味'品牌荣获中国区域农业形象品牌影响力指数排行榜三连冠"②"甘肃已有 63 个市县区域公共品牌、680 家企业商标入选'甘味'品牌目录""全省绿色、有机和地理标志农产品达到 2290 个""'民勤蜜瓜'入选农业农村部 2023 年农业品牌精品培育计划""平凉红牛品种培育列入国家 64 个重要特色物种联合攻关计划"等成绩引发舆论聚焦。甘肃品牌农产品走进

---

① "2512"龙头企业引培提升行动，指预期通过 3~5 年时间，打造营业收入 1 亿元以上的龙头企业 200 家，10 亿元以上的 50 家，50 亿元以上的 10 家，百亿级企业 2 家。

② 《三连冠！"甘味"品牌再获殊荣》，每日甘肃百家号，https://baijiahao.baidu.com/s?id=1785941956455533600&wfr=spider&for=pc。

消博会、推介会、农博会等一系列农产品推介活动引发的热卖风潮被媒体积极传播。"2023 年中国·定西马铃薯大会开幕""全国农产品产销对接助力乡村振兴活动（甘肃）启动""甘肃在厦门举办的特色优势产业招商推介会上签署有色金属、矿产品及农产品等 3 个贸易合作协议，年贸易额达 80 亿元""甘肃 104 家企业分三期参加第 133 届广交会甘肃精品推介会""110 多家供采双方在甘肃特色农产品洽谈会暨采购商大会现场达成采购意向协议 47 个"等成为媒体报道的主要内容。舆论称赞，甘肃特色农产品不断亮相各类展会，让"甘味"农产品熠熠生辉、品牌力更加锃亮。甘肃还搭乘"互联网+"快车，大力发展农产品电子商务也被舆论关注。甘肃先后举办2023 网上年货节、第二十九届兰洽会首届"嗨购电商节"、2023 中国陇南武都花椒（电商）产销对接会、"云品甘味·数商兴农"甘肃特色产品线上促销季等活动。舆论称，甘肃持续扩大全省农产品线上销售规模，不断提升"甘味"品牌影响力，助力乡村振兴。此外，"甘味"农产品正扬帆远航，拓宽海外市场，"定西马铃薯淀粉首次出口俄罗斯等 3 个国家""出口额 1.3 亿'甘味'苹果走出'国际范'""陇南核桃加工食品首次实现出口"等信息被媒体置于标题中报道。《甘肃日报》报道称，2023 年，甘肃省农产品出口值达 29.3 亿元，同比增长 18.9%。

### （四）聚焦重点深化农业农村改革，盘活资源提质增效鼓起农民"钱袋子"

一年来，甘肃稳步推进农业农村改革，聚焦重点领域和关键环节，着力改出新成效、新动力，媒体全面追踪报道。农村集体经济和集体产权制度改革方面，2023 年全省村均收入 25.8 万元，同比增长 125.7%。[①] 金昌市永昌县 112 个村集体经济经营性收入全部超过 10 万元；张掖市肃南县农牧村集体经济总收入达到 1965.27 万元；天水市 2491 个行政村集体经济收入 7.44

---

① 王朝霞、马国顺：《粮食丰 产业兴 乡村美——我省"三农"工作取得新进展》，《甘肃日报》2024 年 3 月 22 日，第 5 版。

亿元,村均收入 29.85 万元;庆阳市探索资源发包、物业出租、居间服务、资产参股等增收途径,全市 99% 的村庄村级集体经济年收入超过 5 万元。舆论称,农村集体产权制度改革成果显现,绘就陇原"农"墨重彩好"丰"景。农村土地承包制度改革方面,"兰州市农村承包地'三权'分置制度不断健全,流转土地 107.06 万亩""平凉市推动土地承包经营权有序流转 100.3 万亩""嘉峪关市集中流转土地 4.02 万亩、同比增长 60%"等成效被媒体强调。各地因地制宜创新土地流转模式被舆论关注。甘肃省首批农村土地承包经营权不动产权证书颁发仪式在白银市靖远县东湾镇举行,舆论表示,这标志着甘肃探索农村土地承包经营权登记成果资料移交并纳入不动产统一登记工作进入新阶段。针对自然条件差、分散经营效益低、无人耕种导致弃耕撂荒的症结,武威市古浪县古丰镇研究拟定通过发动能人大户种植药材的方式解决撂荒问题。舆论称赞,土地流转促进撂荒地治理,使荒地变良田,增加多样化产品供给,确保每一块土地发挥出应有的效益。宅基地制度改革方面,甘肃平凉市崆峒区首批 24319 本农村宅基地"房地一体"不动产权证书发放到位;白银市景泰县各乡镇全面摸排拆除农村违章违法建筑、破旧房屋及残垣断壁,将腾退出来的闲置宅基地收回集体所有等相关经验被人民网、每日甘肃网等媒体报道。"武威市累计拆除旧宅基地 1874 户,完成复垦 1594.4 亩""庆城县共排查农村闲置宅基地 1090 宗,农村闲置农房 69 宗,已盘活闲置宅基地 226 宗,盘活闲置农房 24 宗"等成果获得媒体肯定。舆论称赞,甘肃多途径盘活利用闲置土地资源,促进当地产业发展、农民增收,激发乡村振兴新活力。

农村新型经营主体和社会化服务也是舆论关注的重要方面。农村经营制度改革和新型经营主体发展方面,"2023 年,全省家庭农场达到 6.6 万家""农民合作社联结小农户占比达 36%""'五有'合作社占比达到 61%""培育发展家庭农场 6300 余家""酒泉市共创建省级示范性家庭农场 18 家、市级 515 家""泾川县新增家庭农场 65 个""会宁县新增农民专业合作社 30 家、新增家庭农场 289 家"等信息被《甘肃日报》、中国甘肃网等媒体突出强调。社会化服务方面,2023 年,省农业农村厅联合省财政厅印发了

《2023 年农业社会化服务实施方案》，争取中央财政农业社会化服务项目资金 1.95 亿元，在全省 14 个市州的 76 个县市区推广农业生产全程化托管。"完成率达 108.27%""12 月中旬，完成项目绩效任务面积 265.26 万亩""据测算，全程托管后粮食亩均节本增收 300 元以上"等成绩被《甘肃日报》《甘肃经济日报》报道传播。舆论称，甘肃全省农业社会化服务显成效，有力促进了小农户与现代农业发展的有机衔接。

### （五）扎实推进和美乡村建设，绘就陇原"富春山居图"

2023 年，甘肃大力推动乡村建设工作，顶层设计明确方向，各地实践亮点纷呈。2 月，省委一号文件明确，全面实施乡村建设行动，加快推进全省乡村建设八大行动和七大工程，继续大力推进"5155"乡村建设示范行动。① 7 月，甘肃印发"和美乡村"创建行动实施方案，"省级每年择优确定 100 个左右""要分区分类开展创建工作"等工作部署被媒体重点报道。舆论称，甘肃多次出台政策部署推进陇原乡村建设重点工作任务，传递出了省委、省政府将乡村建设摆在重要位置的政策信号。甘肃乡村建设取得的成绩被媒体积极报道，"甘肃认定省级和美乡村 94 个""省级乡村建设示范村达到 1500 个""获批 3 个国家乡村振兴示范县、7 个乡村旅游示范县、6 个中国美丽休闲乡村""新增自然村组通硬化路 1.02 万公里"等成果被多家媒体点赞。舆论称，"和美乡村"打造陇原"富春山居图"。各地因地制宜打造乡村建设新样板获舆论关注。金昌市永昌县以创建村集中新建、建成村提质升级为重点，统筹乡村建设、户厕改造、清洁取暖、避险搬迁等项目实施，加快推进乡村建设提升年行动；武威市天祝县达隆村积极创建集民宿体验、国际赛马、草原风情于一体的生态收缩型和美乡村；临夏州临夏市积极推进农旅融合，发展乡村旅游，壮大集体经济，同时大力推广建设"幸福

---

① "5155"乡村建设示范行动，指确定兰州市（含兰州新区）、嘉峪关市、金昌市、张掖市、甘南州 5 个为乡村建设省级示范市（州）；确定敦煌市、民勤县、景泰县、清水县、崇信县、合水县、渭源县、康县、和政县和积石山县 10 个为乡村建设省级示范县（市、区）；创建 50 个省级示范乡镇；新建 500 个省级示范村。

食堂"和打造"小红星"公益课堂,陪伴村内老人和小孩,夯实和美乡村建设的幸福底色。舆论称:通过如火如荼的乡村建设行动,一个个村庄发生了翻天覆地的变化,基础设施完善、公共服务提升、村容村貌整洁有序、景色秀丽、产业兴旺、村庄和美、村民富裕的乡村正在绽放。

数字乡村建设同样吸引舆论聚焦,甘肃多地积极探索基层数字化治理新模式被媒体作为亮点呈现。平凉市崆峒区积极搭建"党建+大数据+乡村振兴"数字乡村治理平台,不断推动乡村治理迈上新台阶;陇南市成县店村镇通过智慧党建平台、数字乡村大数据平台、智慧农业大数据平台三大模块,促进农村基层治理和基层服务走向高效化、精细化、数字化。此外,甘肃多地积极发展智慧农业的典型经验引人注目。武威市凉州区黄羊镇上庄村正在建设由智慧农业特色种植示范区和智慧农业科技综合产业园区两部分组成的智慧农业产业园,为推动黄羊镇乃至南部山区特色农业发展提供示范样板;庆阳市分别建成庆阳肉牛、生猪、肉鸡等产业信息化管理平台,接入本地龙头企业、合作社和养殖大户,实现对畜禽产业重点环节的监管和实时调度;陇南市宕昌县竹院乡结合5G、云计算、大数据等技术打造的"5G+智慧农业"平台,提高园区露天木耳种植、生产效率。舆论称赞,数字乡村建设充分发挥信息技术和数据要素在农民生产生活中的积极作用,既提高了农业生产效率,又增强了乡村数字治理能力。

乡村治理方面,"全省已建成乡村公共法律服务站(室)15035个""甘肃兰州榆中县夏官营镇墩营村等22个村入选第三批全国乡村治理示范村镇名单""陇南民事直说'1234'工作法、甘南'8+'基层治理、凉州'全链条'多元化解基层矛盾等模式入选全国乡村治理典型案例"等一系列成果被媒体转载报道。兰州市探索形成了民事直说"1234"工作法,畅通了上情下达、下情上达双向通道;庆阳市环县洪德镇赵洼村推行乡村治理积分制管理,将群众参与村级公益事业、村级治理、移风易俗等方面纳入积分项目。舆论称,甘肃创新乡村治理新路径,构建共建共治共享的乡村治理新格局,勾勒出一幅幅路洁、景美、人和的新画卷。农村人居环境整治方面,甘肃省住房和城乡建设厅、甘肃日报社联合推出"巩固全域无垃圾治理成

果 深入推进农村生活垃圾治理"专栏，宣传全省以"三抓三促"行动为有力抓手，确保垃圾治理力度不减、劲头不松，大力推进农村生活垃圾治理五年提升行动的务实举措和工作成效。8 月，甘肃发布《关于深入实施"八改"工程的指导意见》，明确实施农村改厕工程、改院工程等重点任务。舆论称，意见的出台为夯实"和美乡村"创建基础、为擦亮宜居宜业和美乡村底色指明了方向。综合媒体报道，2023 年，甘肃省已完成 28.7 万座年度改厕目标①，全年完成 305 个行政村环境整治、26 条农村黑臭水体治理任务；天水市改造农村卫生户厕 3.25 万座，卫生户厕覆盖率达到 81.11%；平凉市新建农村生活垃圾转运站 18 座，改造农村自来水入户设施 2.56 万户，户厕改造 3.07 万座。舆论称，一幅幅美丽乡村的生动画卷正在陇原大地徐徐展开。

## 三　舆情总结与展望

总体看，2023 年甘肃省"三农"发展成绩得到媒体全面宣传和全景展示，舆论态势良好。人民网、新华网、央视网、中国新闻网等中央媒体和《甘肃日报》《甘肃经济日报》、中国甘肃网等地方媒体仍是宣传甘肃"三农"工作部署、举措及成效的主要信源，是建构全省农业农村高质量发展舆论氛围的关键力量。同时，抖音、快手等短视频平台持续成为"三农"热点话题和网民交流的重要平台。顺应媒介环境变化，打造多平台传播矩阵，加强全媒体平台舆情监测，是做好农业农村领域舆论工作的重要方面。2024 年是实现"十四五"规划目标的关键一年，稳住农业基本盘、有力有效推进乡村全面振兴、加快农业强国建设具有重要的意义。甘肃抓好粮食生产、巩固拓展脱贫攻坚成果同乡村振兴有效衔接、深化农村改革以及推进乡村建设等方面的工作部署、举措及成绩将继续成为媒体报道的重点。同时，

---

① 《清洁能源"靓"乡村——我省推进农村清洁能源建设暨改厨改厕工作亮点纷呈》，每日甘肃网，https://gansu.gansudaily.com.cn/system/2024/01/19/030942462.shtml。

关于着力推动"六大"特色产业提质增效、加强"甘味"农业品牌建设举办的相关展销会、洽谈会等也将被舆论持续关注。考虑到各项工作在实际推进过程中可能遇到的问题和争议,建议相关部门加大舆情监测力度,针对热点事件,及时回应,第一时间掌握话语主动权;加强"两微一端"和视频平台官方账号等政务新媒体建设,全面、立体做好对"三农"政策及发展成绩等的宣传,提高舆论引导能力,为甘肃推进乡村全面振兴提供有力支持。

**参考文献**

唐中科:《联合国世界旅游组织公布——我国新增四个"最佳旅游乡村"》,《人民日报》2023年12月2日。

鲁明:《甘肃农业农村经济形势持续向好》,《农民日报》2023年12月30日。

马国顺:《促进现代农业全产业链加快发展——全省农业社会化服务整省试点工作综述》,《甘肃日报》2024年1月5日。

# B.19
# 2023年宁夏"三农"舆情分析

郭涵 桂河 李晓莉*

**摘　要：** 2023年，宁夏农业农村发展稳中向好，"三农"舆情量继续增长，客户端和新闻媒体传播量占比超七成。宁夏牢牢守住粮食安全和不发生规模性返贫两条底线，重要农产品供给稳定、农业特色产业量质齐升、农产品展销对接成果丰硕、农村综合改革纵深推进、和美乡村加快建设等话题受到舆论广泛关注。国际葡萄与葡萄酒产业大会在银川成功举办引发媒体聚焦，网民期待宁夏葡萄酒品牌更响亮。

**关键词：** 粮食生产　盐池滩羊　乡村治理　葡萄酒　宁夏"三农"舆情

2023年，宁夏以黄河流域生态保护和高质量发展先行区建设为牵引，坚决扛牢粮食安全政治责任，持续巩固拓展脱贫攻坚成果，稳步推进农业农村综合改革，深入实施乡村建设行动，不断完善乡村治理体系，乡村全面振兴样板区建设迈出有力步伐，农业农村发展继续保持稳中向好、稳中有进的态势。新闻媒体对相关工作成果进行积极宣传，营造了良好的舆论氛围。

---

\* 郭涵，宁夏回族自治区农业农村厅信息中心工程师，主要研究方向为涉农网络舆情；桂河，宁夏回族自治区农业农村厅信息中心工程师，主要研究方向为农业农村信息化；李晓莉，宁夏回族自治区农业农村厅信息中心高级工程师，主要研究方向为农业农村信息化。

# 一 舆情概况

## （一）舆情传播渠道

2023年，共监测到宁夏"三农"舆情信息38.5万条（含转载），同比增加11.92%。其中，客户端信息14.8万条，占舆情总量的38.43%；新闻信息12.6万条，占32.75%；微信信息5.7万条，占14.81%；视频信息3.0万条，占7.79%；微博帖文2.1万条，占5.41%；论坛3127条，占0.81%（见图1）。总体来看，客户端和新闻网站是宁夏"三农"信息的主要传播渠道，二者合计占比超七成；视频平台信息量增加明显，占比较上年提高3.34个百分点。

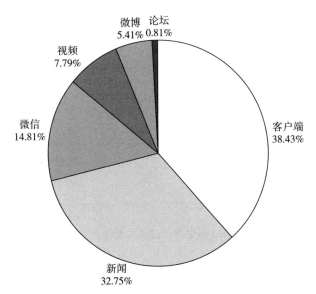

**图1  2023年宁夏"三农"舆情传播渠道占比**

资料来源：农业农村部"三农"舆情监测管理平台、新浪舆情通。下同。

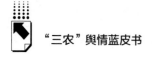

（二）舆情传播走势

从舆情传播走势看，1、2月舆情量处于低位，3~9月高位波动，10~12月有所回落，全年共出现三次舆情峰值（见图2）。4月，宁夏印发开展县域农民工市民化质量提升行动的通知，举办农民篮球争霸赛、第九届宁夏贺兰山东麓葡萄春耕展藤活动等信息受到舆论关注，推动当月舆情量攀升至3.81万条，出现全年第一次峰值。6月，宁夏举办国际葡萄与葡萄酒产业大会、第三届中国（宁夏）国际葡萄酒文化旅游博览会、第六届枸杞产业博览会等大型活动被媒体广泛传播，推动当月舆情量增加到3.63万条，出现全年第二个小高峰。9月，宁夏庆祝第六个中国农民丰收节、第六届中阿博览会现代农业高质量发展合作大会召开、媒体曝光宁夏银川三百多亩农田堆满垃圾等信息被舆论高度聚焦，助推当月舆情量升至4.11万条，达到全年舆情最高峰。

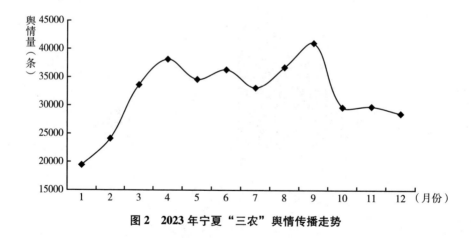

图2　2023年宁夏"三农"舆情传播走势

（三）舆情话题分类

从舆情话题分类看，农牧渔生产与粮食安全舆情量最大，占比30.52%，其中粮食安全、农田建设、种业振兴等被舆论聚焦。乡村振兴战略实施舆情量次之，占比30.50%，其中特色产业发展、乡村旅游、精神文明建设等较受舆论关注。两个话题舆情量合计占比达到六成以上。农村社会事业、农村环境等话题也是舆论关注重点，占比在 5%~10%。农产品市场、农业农村改革发展、农业农村信息化、农业科技等话题舆情量相对较少，占比均在 5%以内（见图 3）。

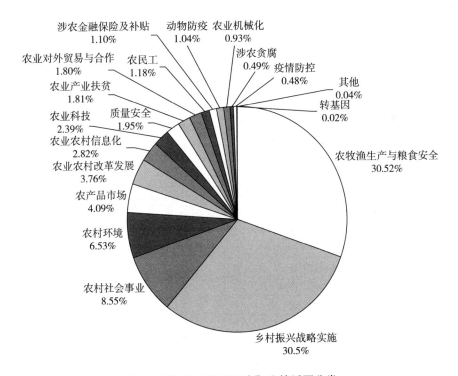

图 3 2023 年宁夏"三农"舆情话题分类

## （四）舆情热点事件排行

从 2023 年宁夏"三农"舆情热点事件 TOP20 内容来看，宁夏举办的农特产品推介活动等是舆论关注焦点，国际葡萄与葡萄酒产业大会开幕居排行榜第二位。宁夏庆祝第六个中国农民丰收节、举办农民篮球争霸赛等活动也吸引舆论目光，宁夏推进移风易俗、开展县域农民工市民化质量提升行动等举措也位列榜单。从话题上看，媒体曝光银川三百多亩农田堆满垃圾、固原群众农村户口被强制迁移至石嘴山市等事件也引发舆论热议。从首发媒体看，人民网、新华网、央广网等中央媒体，《宁夏日报》、宁夏卫视、《新消息报》等地方媒体，均是宁夏"三农"热点舆情的重要传播载体（见表1）。

表1    2023 年宁夏"三农"舆情热点事件 TOP 20

| 排名 | 热点事件 | 首发媒体 | 月份 | 舆情热度 |
|---|---|---|---|---|
| 1 | 宁夏银川三百多亩农田堆满垃圾 | 微博视频号"中国三农发布" | 9 | 5765.30 |
| 2 | 国际葡萄与葡萄酒产业大会在银川隆重启幕 | 宁夏网络广播电视台 | 6 | 3084.05 |
| 3 | 全国劳务协作暨劳务品牌发展大会在宁夏银川举办 | 央视新闻客户端 | 10 | 1175.85 |
| 4 | 泾源县进一步推进移风易俗助力乡村振兴实施意见(试行)发布 | 泾源县人民政府网站 | 2 | 1105.85 |
| 5 | 宁夏2023年中国农民丰收节绘就"金色"全景图 | 《宁夏日报》 | 9 | 967.75 |
| 6 | 宁夏品质中国行活动成功举办 | 《宁夏日报》 | 3 | 838.50 |
| 7 | 第六届枸杞产业博览会在宁夏中宁开幕 | 人民网 | 6 | 805.40 |
| 8 | 全国知名蔬菜销售商走进宁夏固原 | 中国日报网 | 7 | 616.25 |
| 9 | 第六届中阿博览会现代农业高质量发展合作大会在银川召开 | 工人日报客户端 | 9 | 487.45 |
| 10 | 宁夏固原群众农村户口被强制迁移至石嘴山市 成了"种地的市民" | 央广网 | 8 | 418.90 |
| 11 | 宁夏农民篮球争霸赛决赛打响 | 《新消息报》 | 4 | 370.00 |
| 12 | 全球乳业首座全数智化工厂在宁夏投产 | 新华网 | 5 | 369.30 |
| 13 | "打卡美丽新宁夏——贺兰山东麓葡萄酒产业高质量发展"网络名人行活动启动 | 银川新闻网 | 5 | 307.10 |
| 14 | 宁夏第一头体细胞克隆奶牛诞生 | 《宁夏日报》 | 1 | 297.70 |
| 15 | 固原农文旅推介招商走进西安、福州、厦门 | 《固原日报》 | 6/9 | 258.40 |
| 16 | 宁夏预制菜产业发展推进会暨首届宁夏重点预制菜推介展销会启幕 | 人民网 | 8 | 217.05 |
| 17 | 宁夏公布《乡村振兴促进条例》将社会工作人才发展纳入地方立法 | 中国新闻网 | 10 | 209.05 |

| 排名 | 热点事件 | 首发媒体 | 月份 | 舆情热度 |
|---|---|---|---|---|
| 18 | 130名经销商走进贺兰山东麓产区 深度体验洽谈合作 | 宁夏新闻网 | 7 | 205.30 |
| 19 | 第十届宁夏种业博览会开幕 | 宁夏新闻网 | 7 | 188.30 |
| 20 | 宁夏全面落实县城取消落户限制 符合条件进城农民工纳入住房保障范围 | 宁夏新闻网 | 4 | 160.95 |

## 二 热点话题舆情分析

### （一）粮食生产再获丰收，重要农产品供给稳定

2023年，宁夏围绕大豆、玉米等主要粮食作物，深入开展粮食单产提升行动，大力推广大豆玉米带状复合种植，制订《2023年夺取粮食丰收应急预案》，召开春季农业生产工作电视电话会议、"三夏"工作现场观摩会等会议，组织行业专家多途径多形式开展技术指导，促进粮食作物大面积均衡增产，相关举措和成效被媒体重点关注。"全区完成春小麦播种面积55万亩，超计划完成播种任务5万亩""全年粮食播种面积1040.85万亩，超额完成国家下达任务6.85万亩"等粮食播种情况被广泛关注。"宁夏农垦青贮玉米亩产首次突破6吨"①"引黄灌区玉米亩产1325.4公斤，宁南山区亩产1055.97公斤""引黄灌区麦后复种大豆破解'两季不足'，亩产逾200公斤""灵武市水稻单产提升技术示范项目亩产超700公斤"等新突破被聚焦。宁夏粮食生产喜获"二十连丰"备受瞩目，"全年粮食总产量378.8万吨""面积、总产、单产实现'三增'""夏粮单产为近十年来最高"等亮眼数据被媒体接力宣传。舆论表示，宁夏筑牢粮食安全"压舱石"，为保障

---

① 《玉泉营农场以实实在在的成效检验主题教育成果》，宁夏农垦信息网，http：//www.nxnk.com/nxnk/qqxk/202309/t20230901_768650.html。

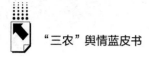

国家粮食安全作出宁夏贡献。

2023年，宁夏以稳产保供能力为主要抓手，有序发展设施蔬菜、供港蔬菜、露地蔬菜种植，狠抓标准化养殖，加快推进渔业高质量发展，有效确保了重要农产品稳定供给，多家央媒予以集中关注。"全区冷凉蔬菜播种面积296.69亩""奶牛存栏91.96万头""肉牛和滩羊饲养量分别达到242万头、1564万只""渔业面积稳定在50万亩""肉、蛋、奶、瓜菜、水产品、菌菇产量分别达到41.2万吨、12.7万吨、430万吨、794.8万吨、17.4万吨、1.39万吨"等量化信息被舆论重点关注。"奶牛存栏增速连续五年全国第一"①"肉牛和滩羊饲养量增速全国领先""瓜菜人均占有量全国领先"等成效被强调。《经济日报》《科技日报》等媒体纷纷发文，对宁夏积极发展盐碱水模拟海水养殖虾蟹高度肯定，认为这既丰富了当地的水产品品种，也达到了"以渔治碱"的目的。舆论期待盐碱地"海鲜"火爆"出圈"。此外，宁夏高度重视农产品质量安全，深入实施"治违禁·控药残·促提升"专项治理，守牢农产品质量安全底线。"贺兰、盐池获批第三批国家农产品质量安全县""宁夏生鲜乳质量全程可追溯"等成果被媒体积极报道。舆论点赞宁夏"菜篮子""肉袋子""奶瓶子"满格无忧。

**（二）脱贫攻坚成果持续巩固拓展，乡村振兴"施工图"高水平推进**

2023年，宁夏持续巩固拓展脱贫攻坚成果，下达12亿元补助资金重点支持9个乡村振兴重点帮扶县发展，衔接资金安排到人到户项目18.13亿元，重点支持防止返贫监测对象、脱贫户发展生产增收，全区700余家民营企业参与"万企兴万村"行动，组织开展防返贫集中大排查，对风险户实行"一键预警"，交出优异答卷。"全区脱贫人口人均纯收入达到15776元，脱贫人口人均纯收入增长16.2%""前三季度脱贫人口务工28.5万人，完

---

① 《2023年前三季度宁夏农业增加值增长7.3% 农村居民人均可支配收入增长8%》，宁夏新闻网，http://www.nxnews.net/yc/jrww/202401/t20240102_8874181.html。

成进度位居全国 25 个中西部省份第三、西部第二"① "脱贫人口小额信贷覆盖率全国第一" "巩固拓展脱贫攻坚成果考核位居全国第一方阵"② 等信息被媒体重点关注。媒体对宁夏在产业扶贫、消费扶贫、科技扶贫、电商扶贫、金融扶贫等方面的积极探索集中报道。产业扶贫方面,贺兰县习岗镇依托新平园区延伸产业链条,引进推广大樱桃、火龙果、水蜜桃等高附加值经济作物,鼓起农民的钱袋子;隆德县"抱团"发展养牛产业,每头牛可节约饲养成本 3000 元。舆论称赞宁夏蹚宽富民产业路。消费扶贫方面,宁夏脱贫地区农副产品通过入驻"832 平台"③,2023 年全年累计销售额 1.85 亿元;宁夏举办供销大集年货节,展示展销脱贫地区农产品 2000 余款,累计实现销售额 194.25 万元。舆论称,消费扶贫让"土特产"走得出卖得好。科技扶贫方面,中卫市沙坡头区多次邀请专家到金银花种植基地开展培训和现场技术示范,让金银花成为压砂地惠民、富民的重要产业;宁夏犇旺生态农业有限公司和中国农业大学动物科学技术学院共同建设科技小院,先后研发出了母牛带犊高效饲养、育肥营养及牛肉品质调控、副产物资源高效利用等技术,让肉牛增重高产。舆论称,科技赋能产业兴,唱响兴农致富曲。电商扶贫方面,宁夏自媒体达人牧飒在 2023 年宁夏"塞上江南 青春助农"专场直播中,10 小时带货超 600 万元;海原县在薄皮甜瓜上市时,组织本地 8 名直播带货达人开展助农促销活动,免费为瓜农在田间地头直播带货;中宁县恩和镇组织一批有知名度的网络主播和经短期培训的干部、群众、直播爱好者,通过直播带货方式介绍和宣传红梧村的枸杞系列产品。舆论称,"助农直播"点燃乡村振兴"新引擎"。金融扶贫方面,石嘴山市大武口区为 98 户创业者发放创业担保贷款 1156 万元,带动就业 165 人;贺兰县农商行向县域内水产养殖行业投放贷款资金超 6000 万元,加快推动适水产业高质量发展。舆论称赞,宁夏多方携手浇灌致富树,塞上开满幸福花。

---

① 《宁夏:牢牢守住不发生规模性返贫底线》,《宁夏日报》2023 年 12 月 28 日,第 9 版。
② 《政府工作报告》,《宁夏日报》2024 年 1 月 29 日,第 1 版。
③ "832 平台",即在财政部、农业农村部、国家乡村振兴局、中华全国供销合作总社四部门指导下建设和运营的脱贫地区农副产品网络销售平台,助推 832 个脱贫县巩固脱贫成果。

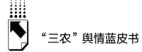

2023 年，宁夏聚焦"五大振兴"，接连出台加快建设乡村全面振兴样板区的实施意见、促进村级产业高质量发展的指导意见、乡村振兴责任制实施细则、国家葡萄及葡萄酒产业开放发展综合试验区建设方案等文件，定下高水平推进乡村全面振兴"施工图"。产业振兴方面，宁夏聚焦葡萄酒、枸杞、肉牛、滩羊、冷凉蔬菜等特色农业产业，大力实施特色农业提质计划，成功申报宁夏葡萄及葡萄酒优势特色产业集群项目[1]，着力推动预制菜产业高质量发展，发布首批 100 道预制"宁菜"，培育发展一批乡村旅游、农事体验、民宿经济等新产业新业态，把乡村打造成为产业高地。"青铜峡市上榜第四批国家农村产业融合发展示范园创建名单""首批国家农业产业强镇名单公布，闽宁镇（葡萄酒）榜上有名"等成果被媒体积极宣传。人才振兴方面，宁夏盘活本土人才资源，加强高素质农民、实用人才和农村电商人才培训，全年培训 3 万人以上；积极开展农民职称评审工作，引导"田秀才""土专家"等创办农业产业化龙头企业，为乡村振兴添智赋能。"银川市首批 61 人获得高素质农民专业技术职称""石嘴山培育各类高素质农民1000 人""固原培养农村实用人才 75171 人""灵武 22 名农民获评农艺师职称"等成绩备受肯定。舆论点赞宁夏让"隐于野"的乡土人才破"土"飘香，为乡村振兴培土育苗。文化振兴方面，宁夏高质量举办农民丰收节、全国和美乡村篮球大赛（村 BA）西北大区赛等群众性文体活动，持续推进"听党话、感党恩、跟党走"宣传教育活动，创新开展移风易俗宣传月，取得明显成效。"隆德县、沙坡头区入选全国首批文化产业赋能乡村振兴试点""宁夏农民体育工作经验在全国会议上作交流"[2] 等成绩振奋人心。舆论认为，相关活动的开展丰富了村民的精神文化生活，激发了乡村焕发新的生命力，为乡村振兴提供更多动能。生态振兴方面，宁夏加强农村生态建设，由点及面持续推进美丽宜居村庄建设，启动实施美丽村庄整村推进示范奖补试点，促进乡村宜居宜业。银川市西夏区镇北堡镇昊苑村、石嘴山市惠

---

① 《时间做证：中国葡萄酒的未来为什么在宁夏？》，宁夏日报客户端，https://www.nxrb.cn/nxrb/template/displayTemplate/news/newsDetail/19696/8078725.html？isShare=true。

② 姜美、乔素华：《"村 BA"开打》，《宁夏日报》2024 年 2 月 7 日，第 3 版。

农区礼和乡银河村等5个村子成功入选2023年中国美丽休闲乡村名单,《宁夏新闻联播》《宁夏日报》等媒体进行集中报道。组织振兴方面,宁夏大力实施农村基层党组织强能增力、农村"两个带头人"广进优备、村级保障扩能增量三项行动,各地通过深入开展乡村干部"导师帮带制"、第一书记"擂台大比武"、跨乡跨村选配村党支部书记等工作,推动农村基层党组织建设提质增效。舆论点赞宁夏紧盯干部"选育管用",磨砺出一批乡村振兴赛场上的"精兵强将"。

### (三)农业现代化发展步伐加快,"宁字号"土特产变成"金名片"

2023年,宁夏坚持夯基础强支撑,不断提升耕地质量,做强种业"芯片",提升农业机械化水平,综合生产能力显著提高,相关工作举措及成果受到舆论持续关注。耕地保护方面,宁夏召开全区耕地保护工作推进会、"严格耕地资源保护 夯实粮食安全根基"调研座谈会等会议,印发严格耕地"进出平衡"管理工作的通知、全面推行"六级"耕地保护网格化监管的通知、进一步规范农田水利设施用地管理有关工作的通知等政策文件,严守耕地红线。在"十三五"期间耕地保护责任目标考核中,宁夏综合排名全国第五。《光明日报》《宁夏日报》等媒体对宁夏盐碱地变身"新粮仓"的有益探索积极报道。舆论称赞,宁夏让每一块耕地实至名归。高标准农田建设和现代高效节水农业建设方面,"新建和改造高标准农田99万亩""高标准农田累计突破千万亩""发展高效节水农业74万亩""改造利用盐碱地10万亩"等成绩振奋舆论。青铜峡大型灌区成功入选全国首批整灌域推进高标准农田建设试点备受瞩目。种业振兴方面,宁夏加快建设西部种业强区,引进山东登海、先正达等国家种业阵型企业建设种业基地,首家亿元级种业集团落户贺兰县,新建国家级保种场1个①、核心育种场2个②,中国(宁

---

① 《我区再添一家国家级保种场》,宁夏回族自治区农业农村厅网站,https://nynct. nx. gov. cn/xwzx/zwdt/202301/t20230106_3905483. html。
② 《宁夏中牧亿林公司顺利通过国家羊核心育种场复验现场审核》,宁夏回族自治区农业农村厅网站,https://nynct. nx. gov. cn/xwzx/zwdt/202312/t20231208_4377181. html。

夏）良种牛繁育中心顺利通过种畜禽生产经营资质评审，农业育种专项"马铃薯新品种选育"项目通过验收，"宁京1号"种公牛基因检测育种值进入国际先进行列，黄河鲶基因育种实现国内新突破，种业振兴交出亮眼"成绩单"。此外，宁夏"综合机械化率达83%，高于全国9个百分点""引黄灌区主要农作物实现全程机械化""盐池县入选全国率先基本实现主要农作物生产全程机械化示范县"等农业机械化发展成果也被媒体跟踪报道。

为推动农业高质量发展，宁夏着力在"土特产"3个字上下功夫，大力实施农产品品牌战略，着力构建"区域公用品牌+知名企业品牌+特色产品品牌"协同发展格局，取得积极成效。"累计培育特色农业品牌647个、区域公用品牌20个""7个产品品牌进入中国农业品牌目录""贺兰山东麓葡萄酒、中宁枸杞、盐池滩羊品牌价值跃升至全国区域品牌百强榜第8、第11和第31位""中宁枸杞入选'农遗良品'十佳品牌""盐池滩羊肉品牌价值达106.82亿元"等信息被媒体接力传播。为让更多宁夏好物"出圈"，宁夏不但举办了宁夏品质中国行、第六届枸杞产业博览会、蔬菜产销对接大会、全国知名蔬菜销售商走进宁夏等大型活动，还携众多宁夏好物亮相第二十届中国国际农产品交易会、第六届中国国际进口博览会、第三届中国国际消费品博览会等盛会，实力"圈粉"。"宁夏枸杞福建专场推介会签约超1.2亿元""盐池滩羊福建推广会签约3000万元""'泾源黄牛肉'订货会上喜提2100万元订单""贺兰山东麓青铜峡葡萄酒产区签约逾6亿元""全区蔬菜产销对接大会达成20项采购协议，金额4.35亿元"等亮眼数据被媒体争相报道。宁夏葡萄酒更是走出国门，在2023柏林葡萄酒大奖赛冬季赛上收获了3枚大金奖，在2023年Decanter世界葡萄酒大赛中收获110枚奖牌，领跑奖牌榜，多家媒体进行宣传。舆论点赞，宁夏农产品成功实现了由"土字号"向"金名片"的蜕变。

（四）农业农村改革激活乡村发展动能，农业开放合作全面深化结硕果

2023年，宁夏大力开展深化改革推进年活动，稳步推进农村综合改革，

激活乡村发展动能，相关工作受到舆论关注。农村集体经济制度创新方面，宁夏出台发展壮大新型农村集体经济的意见（试行）、激励村干部大力发展壮大村级集体经济的实施办法（试行）等政策，扎实开展农村集体资产监管提质增效专项行动，成效显著。"全区集体经济总收入达到 22 亿元"①"86%的行政村实现稳定的经营收益""共核查农村集体资产 282.4 亿元"②等工作成果被媒体积极报道。"银川市 75%的村集体经济收入过百万元""固原村集体经济收益连续 3 年过亿元""平罗县 144 个村集体经济累计收入 1.1 亿元"等各地取得的成果被重点宣传。舆论称，宁夏按下农村集体产权制度改革"加速键"，激发农村集体经济发展"新动力"。农村土地制度改革方面，宁夏深化国家级二轮土地延包试点，认真落实承包地集体所有权、稳定农户承包权、放活土地经营权，颁发首批农村土地承包经营权、不动产权证书，农村承包地确权率达 96.1%，承包地流转总面积达 370.7 万亩，再创新高。此外，宁夏印发试点实施意见，进一步完善农村集体经营性建设用地入市制度体系也被舆论关注。宅基地制度改革方面，国家宅基地制度改革试点工作稳慎推进。银川市颁发首批国有土地上农村外来迁入移民宅基地证书；平罗县"创新农村'三权'自愿有偿退出模式激活农村闲置资源"成功入选全国农村改革试验区到期试验任务验收通过清单，农村宅基地制度改革经验在全区推广③；贺兰县探索建立宅基地农户资格权保障机制，在试点村颁发资格权证书 4324 本，发证率 91.2%。④ 相关工作成果被人民网、宁夏新闻网等媒体积极报道。经营制度改革方面，宁夏持续开展农民合作社规范提升行动和家庭农场培育计划，大力发展农业社会化服务，取得积极成果。"新认定自治区级以上示范社 54 家、四星级家庭农场 36 家""灵

① 《宁夏 2023 年度农业农村十大亮点工作出炉》，农民日报客户端，https：//newapp2.farmer.com.cn/share/#/news_detail？contentType=5&contentId=188142&cId=0。
② 《以"质"筑基 从"效"发力 全面推动宁夏农村集体资产监管质效并举》，宁夏回族自治区农业农村厅网站，https：//nynct.nx.gov.cn/xwzx/zwdt/202404/t20240409_4508645.html。
③ 何耐江：《平罗农村宅基地制度改革经验在全区推广》，《宁夏日报》2023 年 6 月 24 日，第 2 版。
④ 《贺兰县"五子"联动 全力推进"六权"改革落实落地》，银川市人民政府网站，https：//www.yinchuan.gov.cn/xwzx/zwyw/202303/t20230324_4007586.html。

武县被确定为全国农业社会化服务创新试点重点县""平罗县盈丰植保专业合作社入选 2023 年全国农业社会化服务典型案例"等成绩被传播。各地新型农业经营主体在联农助农中发挥积极作用被媒体集中关注。灵武市鑫旺农业社会化综合服务站探索使用"全托管土地种植+智慧农业指挥调度中心"的创新服务模式，托管全县土地 3 万余亩，受益农户 1 万余人；隆德县联合龙头企业、民营企业、村集体合作社等组建肉牛产业联合体，采取入股分红、托管代养、赊借返还、饲草订单化种植等方式，示范带动 1.5 万农户发展高品质肉牛养殖。舆论称，新型农业经营主体点燃乡村振兴"新引擎"。

2023 年，宁夏立足区位和资源优势，将农业工作主动融入"一带一路"建设，扎实推进农业"请进来""走出去"，农业对外交流合作取得积极成效。"请进来"方面，宁夏举办中国（宁夏）—德国现代农业交流活动、2023 中国（宁夏）—荷兰奶（肉）牛与家禽产业合作交流洽谈会等活动，邀请各国知名农业企业走进宁夏开展交流合作。宁夏"应用德国、荷兰等国家技术建设智慧牧场 43 个""引进瓜菜新品种及水肥一体化、日光温室环境调控等设备和技术，建设农作物优新品种示范基地 20 个，高效节水灌溉智慧农业示范基地 10 个""23 个国家 60 多名国际酿酒师来宁夏助力中国葡萄酒香飘海外"等成果被媒体集中宣传。"走出去"方面，宁夏"新建阿联酋、摩洛哥中阿农业技术转移海外分中心""埃及艾因夏姆斯大学与中国宁夏大学合作建立智能节水灌溉实验室""先后派遣 20 余名专家，赴 10 多个国家开展农业规划和农业技术培训""开展哥伦比亚、尼日利亚、南苏丹等 30 多个国家 400 多名农业官员及技术人员研修培训"等丰硕成果被《人民日报》《宁夏日报》等媒体报道。宁夏迪葳食品有限公司等 3 家公司获批2023 年农业国际贸易高质量发展基地也被舆论聚焦。此外，宁夏高水平举办第六届中阿博览会现代农业高质量发展合作大会，达成多边合作共识 5 项，签约项目 34 个，创历届之最。① 舆论称，大会为进一步深化我国与

① 《第六届中阿博览会现代农业高质量发展合作大会在银川圆满召开》，宁夏回族自治区农业农村厅网站，https://nynct.nx.gov.cn/xwzx/zwdt/202309/t20230927_4290401.html。

"一带一路"国家农业务实合作、挖掘合作新潜力、开辟合作新空间搭建了重要平台。

## （五）乡村建设催生乡村蝶变，乡村治理激发乡村善治新活力

2023年，宁夏相继印发关于建立全区村庄规划联合审查机制的通知、开展村庄规划编制攻坚行动工作方案、村镇建设发展"十四五"规划、县级乡村建设项目库建设指引（试行）等文件，深入实施乡村建设行动，取得显著成效。"宁夏实现1981个村庄规划全覆盖""农村自来水普及率97%，规模化供水工程覆盖农村人口比例85%""实现乡镇寄递物流服务站100%全覆盖""58.8%的乡镇卫生院和社区卫生服务中心达到国家服务能力基本标准"① 等信息被媒体积极报道。一年来，宁夏扎实推进农村人居环境整治提升五年行动，在中宁县、隆德县试点整县梯次推进农村生活污水治理，投资4000万元支持同心县、海原县农村生活垃圾、生活污水治理等基础设施建设，农村生活污水治理补助同比提高10%，稳步推进农村"厕所革命"，让塞上和美乡村更加宜居宜业。② "完成农村户厕改造2.56万户，普及率达到67.5%""农村生活垃圾分类和资源化利用覆盖面达到30%以上""农村生活污水治理率达到34%""农村生活垃圾治理村庄比例达95%以上"等成果受到肯定。塞上乡村颜值不断提升，受到舆论聚焦。银川市兴庆区通贵乡司家桥村积极开展村庄清洁行动，打造稻香文化广场、梯田影院，周末节假日村里游客络绎不绝；青铜峡市开展"千户整治、百户示范"行动，整治乱堆乱放近2600处、栽植树木21.5万株，推动乡村颜值内涵不断提升；泾源县冶家村全面推进"美丽庭院"建设，先后荣获中国美丽休闲乡村、全国乡村旅游重点村、全国文明村镇等荣誉称号。舆论称赞农村人居环境整治催生乡村蝶变。

---

① 《2023年宁夏乡村振兴发展报告》，新西部网，http://www.xxbcm.com/info/1013/88796.htm。

② 《支持农村人居环境整治 推进宜居宜业和美乡村建设》，宁夏回族自治区农业农村厅网站，https://fzggw.nx.gov.cn/xczx/gzdt_57184/202307/t20230703_4164355.html。

2023 年，宁夏高质量完成整省域乡村治理示范创建三年行动，扎实开展党建引领乡村治理试点创建、乡村治理示范县乡村创建等工作，推进乡村治理中心、综合服务中心建设，持续推动"一村一年一事"① 行动开展，推进平安乡村建设，推行"互联网+网格化"治理模式，积极推广运用积分制、清单制等解决乡村治理突出问题，乡村治理效能不断提升。《宁夏日报》、宁夏新闻网等媒体对相关工作成果积极报道。"2023 年以来，宁夏开展'一村一年一事'行动中办理民生实事 2212 件，投资 33.9亿元""'一村一年一事'行动荣登 2023 年全国 51 项民生示范工程案例榜首"②"1 镇 9 村入选第三批全国乡村治理示范村镇"③ 等信息被广泛传播。舆论称赞"一村一年一事"行动切实增强了农民群众的获得感、幸福感、安全感。各地积极探索乡村治理新路子，《人民日报》、新华网等媒体予以重点宣传。银川市金凤区搭建了"党建+大数据+乡村振兴"的数字乡村治理平台，运用大数据及时掌握村情民意，乡村治理有"智"更有"质"；固原市探索以户为单位将村民生产生活等行为量化、赋分，再用积分兑换生活用品的乡村文明实践积分卡制度，截至 2023 年底，已推广至 380 多个村。舆论称，宁夏精准"把脉"乡村治理，激发乡村善治新活力。

## 三 热点事件舆情分析

【舆论积极关注国际葡萄与葡萄酒产业大会在银川召开】

2023 年 6 月 9 日，以"自然·创新·文化·生态"为主题的国际葡萄与葡萄酒产业大会、第三届中国（宁夏）国际葡萄酒文化旅游博览会在银

---

① 一村一年一事，即每年为每个行政村至少办一件实事。
② 《重磅！"2023 民生示范工程"案例正式揭晓！》，微信公众号"民生周刊"，https：// mp. weixin. qq. com/s/AbQYOx22vo7kJpnNpFa5eg。
③ 《农业农村部 中央宣传部 司法部关于公布第三批全国乡村治理示范村镇名单及前两批全国乡村治理示范村镇复核结果的通知》，农业农村部网站，http：//www.moa.gov.cn/nybgb/ 2023/202312/202312/t20231228_6443651.htm。

川隆重启幕，来自42个国家和国际组织的嘉宾参加了这一全球葡萄酒盛会。大会全方位展示了中国葡萄酒的产业实力、发展活力和文化魅力。

### 1. 舆情概况

2023年6月9日至12月31日，相关舆情总量达到1.29万条。话题"国际葡萄与葡萄酒产业大会宁夏启幕"登上今日头条热榜。媒体报道的主要文章有《国际葡萄与葡萄酒产业大会在宁夏启幕》《刘国中出席国际葡萄与葡萄酒产业大会开幕式并致辞》《嘉宾论道葡萄酒"风土"交流包容促"美美与共"》《宁夏：小小一串葡萄 大大紫色梦想》《让宁夏"紫色梦想"绽放世界》等。

### 2. 媒体评论

媒体对大会的举办高度称赞，认为这将进一步推进宁夏国家葡萄及葡萄酒产业开放发展综合试验区建设，为宁夏综合开发葡萄酒产业，促进产业融合发展、开放发展提供更多载体和资源，让中国葡萄酒走向世界的美好愿景加快变成现实。也有媒体为葡萄酒产业的发展积极献策，认为想要实现美好的愿景，既需要政策的积极引导、政府的下探服务，更重要的则是激发更多市场力量的参与，让民间的智慧、力量、模式发挥作用，持续推动葡萄酒产业健康发展。

### 3. 网民观点

网民通过新闻客户端、抖音、今日头条等平台发表评论，其观点主要有以下三个方面。一是高度称赞宁夏葡萄酒产业发展。有网民表示，葡萄酒基地经过长达几十年的酝酿，有了初步的成果，希望再接再厉，加油！有网民表示，宁夏葡萄酒产业的兴起和快速发展，让这片戈壁荒滩成为盛产优质酿酒葡萄的宝地，祝宁夏葡萄酒打出品牌，走出国门。二是点赞大会成功举办及其重要作用。有网民表示，个人认为这是一届非常成功的展会。有网民表示，大会提升了消费者对葡萄酒品质和文化的认知，让中国葡萄酒迎来新的发展时代。三是希望宁夏葡萄酒产业能持续发展。有网民表示，踏踏实实发展就行了，别瞎折腾比啥都强，波尔多也是用了几百年才发展成世界著名葡萄酒产区的。

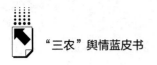

# 四　舆情展望及建议

　　总体看，2023年宁夏"三农"工作成效显著，舆论关注度继续上升。新闻媒体仍是宁夏"三农"工作宣传的主要窗口，抖音、快手等短视频平台强势崛起，影响力日益增加。展望2024年，宁夏"三农"热点话题或将来自以下三方面：一是如何提升耕地质量、实施种业振兴行动、提升应对自然灾害能力等，确保全面完成国家下达的粮食生产目标任务、重要农产品供给稳定等将被舆论聚焦；二是如何进一步巩固拓展脱贫攻坚成果、发展富民产业、助力脱贫地区农民就业增收将受到重点关注；三是如何做好乡村建设规划、持续抓好农村人居环境整治、补齐农村公共设施短板、进一步提升乡村治理水平等工作将被持续关注。建议宁夏各级农业农村部门持续加强涉农舆情监测，及时回应舆论关切，改进基层工作。同时，运用好融媒体矩阵，加大对"三农"政策、相关工作成绩的宣传，提升宁夏"三农"舆论传播力、影响力。

**参考文献**

秦瑞杰：《宁夏西海固 农民篮球热起来》，《人民日报》2023年2月20日。

拓兆兵、许凌：《宁夏推动特色农业提质增效》，《经济日报》2023年7月2日。

张国凤：《宁夏固原打造百万头高端肉牛生产加工基地》，《农民日报》2023年10月16日。

张文攀：《宁夏泾源：泾水之源 千山竞秀》，《光明日报》2023年10月29日。

# B.20
# 2023年新疆"三农"舆情分析

百扎提·包加克 蔡 灿 虎啸飞 蔡春梅 吕 真*

**摘 要：** 2023年，新疆交出农业农村高质量发展亮眼成绩单，涉农舆论环境积极向好。新疆粮食产量再创新高，重要农产品供给能力稳步提升，巩固拓展脱贫攻坚成果、全面推进乡村振兴取得新进展，数字乡村建设和智慧农业发展引领农业生产经营方式革新，品牌建设与市场拓展提升"疆品"竞争力，深化农业农村改革增添动能，乡村建设绘就美丽新画卷等受到舆论广泛关注与认可。

**关键词：** 粮食安全 高标准农田 防止返贫监测 新疆"三农"舆情

2023年，新疆维吾尔自治区各级相关部门认真落实自治区党委一号文件，聚焦守住"两条底线"、扎实推进"三项重点工作"、强化"两个保障"等重点任务，全面推进乡村振兴，加快建设农业强区，全年"三农"工作成绩喜人。统计数据显示，2023年，全区农林牧渔业总产值5648.25亿元，比上年增长6.5%①，为全区经济社会高质量发展筑牢了基础、增添了"底气"。新疆粮食新增种植面积、产量均居全国第一，农村居民人均收入等六项指标增速

---

* 百扎提·包加克，新疆维吾尔自治区农业农村厅信息中心农艺师，主要研究方向为农业农村信息化；蔡灿，新疆维吾尔自治区农业农村厅信息中心高级农艺师，主要研究方向为农业农村信息化、涉农网络舆情；虎啸飞（通讯作者），新疆维吾尔自治区农业农村厅信息中心副主任，主要研究方向为农业农村信息化；蔡春梅，新疆维吾尔自治区农业农村厅信息中心高级农经师，主要研究方向为农业经济、农产品加工、农业农村信息化；吕真，新疆维吾尔自治区农业农村厅信息中心助理会计师、初级会计师，主要研究方向为农业经济发展、农业信息化。

① 《粮增棉稳 新疆农牧产品供给能力稳步提升》，天山网，https：//www.ts.cn/xwzx/jjxw/202402/t20240205_19047780.shtml。

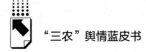

位居全国前五，历史未有、极为不易，这些瞩目成绩为中央、地方主流媒体及行业媒体内容生产提供了丰富素材，为良好舆论氛围打下坚实基础。

# 一　舆情概况

## （一）舆情传播渠道

2023年共监测到新疆全区涉农网络舆情总量60.99万条。其中，微博26.37万条，占43.24%；视频18.06万条，占29.61%；客户端10.25万条，占16.81%；新闻媒体发布及转载相关报道4.82万条，占7.90%；微信9144条，论坛博客5724条，合计占2.44%（见图1）。总体来看，微博和视频平台为新疆涉农网络舆情的主要传播阵地，两者合计占比达72.85%。新闻媒体及其客户端报道量虽然占比相对较低，但因其权威性和公信力，尤其是主流新闻媒体，在塑造公众对涉农议题的理解和态度方面仍发挥着重要作用。

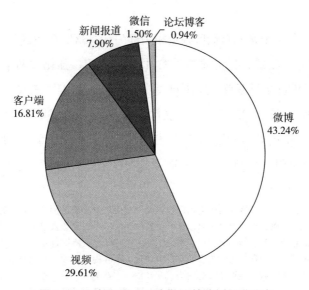

**图1　2023年新疆"三农"舆情传播渠道分布**

资料来源：农业农村部"三农"舆情监测管理平台、新疆"三农"舆情监测管理平台、新浪舆情通。下同。

（二）舆情传播走势

从全年舆情走势看，整体呈倒 V 字形。2023 年 1 月，受元旦、春节假期影响，舆情量为全年最低点。2~3 月份，自治区部署"三农"各项工作，春耕春管等农事活动陆续展开，舆情量开始持续上升。4~8 月，春播春管、夏收夏管、秋收等农事活动繁忙，舆情量持续上升。9 月，"乡村足球赛事""春小麦高产纪录刷新""无人机飞防技术普及""农民丰收节庆祝活动"等一系列新疆乡村赛事、科技创新突破以及重大活动受到多家媒体聚焦报道，共同推动月度舆情量达到全年最高峰 70491 条。全年舆情热度也呈现明显的季节性特征，夏秋季农事活动多，整体舆情量较高，5~10 月的 6 个月内，舆情量均高于 5 万条（见图 2）。

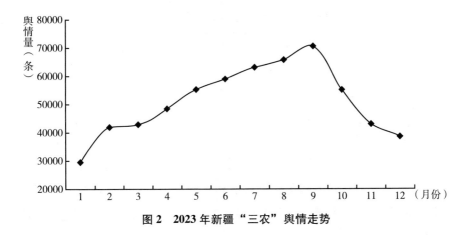

图 2　2023 年新疆"三农"舆情走势

（三）舆情话题分类

从舆情话题分类看，舆情量排行前 3 的热点话题依次为农牧渔生产与粮食安全、乡村振兴战略实施、产业帮扶，分别占新疆"三农"舆情总量的 39.38%、16.09%、10.12%，三者合计占比 65.59%。农村环境、农产品市场、农业科技、农业机械化、农民工话题舆情量位列第 4 位至第 8 位，分别占 5.12%、4.08%、4.04%、3.77%、3.55%。其他话题关注度相对较低，占比均在 3% 以内（见图 3）。

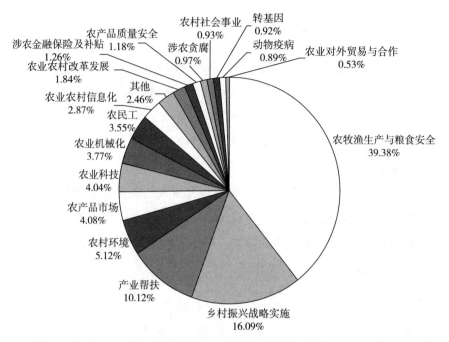

农村社会事业 转基因
0.93% 0.92%
农产品质量安全 动物疫病
涉农金融保险及补贴 1.18% 涉农贪腐 0.89% 农业对外贸易与合作
1.26% 0.97% 0.53%
农业农村改革发展
1.84%
其他
农业农村信息化 2.46%
2.87%
农民工
3.55% 农牧渔生产与粮食安全
39.38%
农业机械化
3.77%
农业科技
4.04%
农产品市场
4.08%
农村环境
5.12%
产业帮扶
10.12%
乡村振兴战略实施
16.09%

图3 2023年新疆"三农"舆情话题分类

## （四）热点新闻排行

从热点新闻排行前20看，新疆农业生产、农村改革、农业科技创新等主题更受关注。农忙时节和重要农事活动时期，媒体对相关内容高度聚焦，"农资储备足 春耕有保障""解码新疆夏粮丰收三大'法宝'""新疆盐碱水稻首次实现万亩连片高产"等报道，传播热度分列排行榜第1、3、5位。同时，自治区推动农业科技与现代化发展的努力和成效也获舆论积极肯定，"全程机械化 新疆阿克苏地区180万亩玉米陆续开播""新疆巴州320万亩棉花播种有序展开 机械化播种率达到100%""'新农具''新要素''新农人'……数字技术赋能新疆农业 提升土地利用精准度"等报道引发广泛传播，分列排行榜第13、14、18位。此外，"新疆开展农村'客货邮'融合发展试点""'产城融合'发展特色产业助力乡村振兴 描绘宜居新画卷"等新疆在推进特色产业发展方面的积极探索和实践也受到媒体广泛关注。从热点新闻首发媒体来看,新华社、央视、《光明日报》、中国新闻网等中央媒体以及《新疆日报》、石榴云客户端等自治区地方媒体在新疆热点新闻议程设置方面发挥着重要作用,这些媒体多视角、多维度及时宣传报道或生动描绘新疆农业农村发展的新动态、新图景,充分展示新疆在乡村振兴中的新气象、新成就(见表1)。

表1 2023年新疆"三农"热点新闻 TOP 20

| 排名 | 标题 | 来源 | 日期 | 传播量(条) |
|---|---|---|---|---|
| 1 | 新华全媒+丨新疆:农资储备足 春耕有保障 | 新华社 | 1月31日 | 482 |
| 2 | 新疆开展农村"客货邮"融合发展试点 | 石榴云客户端 | 10月23日 | 400 |
| 3 | 解码新疆夏粮丰收三大"法宝" | 《光明日报》 | 7月14日 | 397 |
| 4 | 新疆加大农村基础设施建设 助力推进乡村振兴 | 中国新闻网 | 6月6日 | 376 |
| 5 | 新疆耐盐碱水稻首次实现万亩连片高产 | 《新疆日报》 | 10月13日 | 326 |
| 6 | 新疆"Z世代"返乡择业 上班不再"舍近求远" | 中国新闻社 | 6月6日 | 296 |
| 7 | 新疆:多措并举推动畜牧业高质量发展 | 央视网 | 3月19日 | 282 |
| 8 | 新疆喀什350万亩小麦陆续收割 机械化水平大幅提升 | 央视网 | 6月10日 | 274 |
| 9 | 新疆棉农与外国专家的"隔空对话" | 新华社 | 12月14日 | 254 |
| 10 | 新疆托克逊县千亩油菜花盛开 | 中国新闻网 | 7月4日 | 253 |
| 11 | 新疆近一半耕地已建成高标准农田 | 新华网 | 3月2日 | 252 |
| 12 | 新疆和田核桃春季管护正当时 技术培训助力增收 | 央视网 | 4月15日 | 251 |
| 13 | 全程机械化 新疆阿克苏地区180万亩玉米陆续开播 | 央视新闻客户端 | 4月2日 | 247 |
| 14 | 新疆巴州320万亩棉花播种有序展开 机械化播种率达到100% | 央视网 | 4月18日 | 235 |
| 15 | 新疆裕民:夏粮收购"钱等粮"保丰收 | 新华社 | 6月18日 | 233 |
| 16 | 昌吉市首次推广试用新型无人农机:人在家中坐"智牛"田中忙 | 石榴云客户端 | 7月3日 | 227 |
| 17 | "产城融合"发展特色产业助力乡村振兴 描绘宜居新画卷 | 北青网 | 5月20日 | 220 |

续表

| 排名 | 标题 | 来源 | 日期 | 传播量(条) |
|---|---|---|---|---|
| 18 | "新农具""新要素""新农人"……数字技术赋能新疆农业 提升土地利用精准度 | 央视网 | 10月6日 | 220 |
| 19 | 新疆莎车县6.5万余亩新梅成熟上市 助力果农增收 | 央视网 | 8月17日 | 216 |
| 20 | 肉鸡住上恒温"楼房"新疆博乐智能化养殖"养"出致富路 | 中国新闻网 | 10月2日 | 215 |

## 二 热点舆情回顾

### （一）扛稳粮食安全重任再获丰收，重要农产品供给能力稳步提升

2023年，新疆全力提升粮食和重要农产品生产能力，打造全国优质农牧产品重要供给基地，聚焦粮食生产、耕地保护等重点任务，持续调整优化生产结构，夯实发展基础，全区农牧产品供给能力稳步提升，粮增棉稳再创佳绩。一年来，新疆积极落实新一轮千亿斤粮食产能提升行动，优化粮食生产布局和种植结构，实施粮食产能提升行动和以小麦、玉米为重点的粮食单产提升工程，为粮食丰收奠定了坚实基础，相关工作举措持续吸引舆论目光。2023年全区粮食种植面积4237.2万亩、新增586.3万亩，总产2119.2万吨、增加305.7万吨，粮食总产首次突破2000万吨，再创历史新高，粮食种植面积、总产两个增量均居全国第一，不仅将"饭碗"牢牢端在自己手中，更为保障国家粮食安全作出更大贡献。相关举措和成效被《人民日报》、新华社、中国新闻网、《农民日报》等媒体积极报道。网民对新疆粮食品质也给予高度评价，表示"新疆小麦筋度高，希望能填补国家高筋面粉、中筋面粉产量不足""新疆的水稻一年茬，十分香甜好吃"。

棉花作为新疆最具代表性的经济作物，2023年再次交出瞩目成绩单。一年来，新疆各级农业农村部门开展棉花田管技术服务，机械化采收作业以

提高棉花品质和质量,引导各地高效推进收种衔接,耕种管收一体化、智慧化等被媒体多角度展现,其中,"早密矮膜栽培""高效节水""精量播种、水肥精准调"等先进技术措施成为新闻报道中的热门描述。国家统计局数据显示,2023年,新疆棉花总产量511.2万吨,占全国总产量的91%,总产、单产、商品调拨量连续30年居全国首位。同时,在保持棉花高产稳产的同时,有效推进国家优质棉花棉纱基地和国家级棉花棉纱交易中心的建设,为国家的棉花产业发展贡献重要力量。

此外,新疆蔬、果、畜、渔等主要农产品产能稳步提升,农业生产综合效益持续提高,广大人民群众的"菜篮子""糖罐子""油瓶子""奶箱子""果盘子""鱼篓子"不断丰富。2023年,"新疆油料和糖料等经济作物播种面积明显增加,蔬菜产量1600万吨以上""林果产量达1378万吨""全区肉、蛋、奶产量分别增长9.4%、4.3%和4.6%""全区全年渔业总产量达18.4万吨,创历史新高,产量稳居西北五省区第一"等亮眼数据被媒体聚焦报道,获舆论肯定。水资源是新疆农业发展、粮食安全的关键要素,更是必要的物质基础。人民网、《新疆日报》等媒体报道称,一年来,在全疆主要河流来水较上年减少10%的情况下,通过水资源系统调配和精准调度,农业灌溉供水增加13.8亿立方米,水库蓄水较上年同期增加13.4亿立方米,地下水少采4.33亿立方米,实现"多供、多蓄、少采"目标,为现代农业发展提供了水支撑水保障。

### (二)坚守不发生规模性返贫底线,全面推进乡村振兴取得积极进展

2023年,新疆推动巩固拓展脱贫攻坚成果同乡村振兴有效衔接取得新进展新成效,媒体持续关注报道。新疆脱贫地区和脱贫人口收入较快增长,防止返贫监测帮扶工作水平稳步提高,"两不愁三保障"和饮水安全成果持续巩固提升,没有发生规模性返贫现象。① 乡村特色产业效益不断提升,脱

---

① 《新疆维吾尔自治区召开巩固拓展脱贫攻坚成果同乡村振兴有效衔接2022年工作情况和2023年重点工作新闻发布会》,中国日报中文网,https://new.qq.com/rain/a/20230227A07JPI00。

贫劳动力就业形势保持稳定。乡村发展、乡村建设、乡村治理迈出坚实步伐、呈现良好势头。同时，新疆坚决防止出现整村整乡返贫现象。聚焦"守底线、抓发展、促振兴"，把脱贫群众增收作为中心任务，把促进脱贫地区发展作为主攻方向，健全防返贫监测帮扶机制，发展"土特产"乡村特色产业，提质扩容促进稳岗就业，用好各类帮扶力量，增强脱贫地区和脱贫群众内生发展动力。舆论称，新疆出台一系列政策、措施，牢牢守住不发生规模性返贫底线，让脱贫基础更加稳固，成效更加显著。"新疆形成全方位防返贫协作帮扶格局""新疆脱贫地区农村居民人均可支配收入 16881 元位列西北五省区第一""新疆脱贫人口去年人均纯收入同比增长 12.1%""新疆 7 个农业优势特色产业集群产值均超百亿元"等显著成绩被多家媒体报道转载。媒体肯定称，2023 年，新疆各级农业农村、乡村振兴部门把促进脱贫地区加快发展作为主攻方向，进一步健全完善防止返贫监测和帮扶机制，各地常态化监测掌握农户收入支出等状况，紧盯疾病、灾害、事故等突发性因素，按照缺什么补什么原则，针对性落实发展产业、稳岗就业等帮扶举措，提高监测的及时性和帮扶的精准度，做到早发现、早干预、早帮扶。①

在巩固拓展脱贫攻坚成果的同时，新疆全面推进乡村产业、人才、文化、生态、组织等五大振兴，形成诸多有益经验及成效，媒体多角度宣传。产业振兴，是乡村振兴的重中之重。新疆各地立足自身资源禀赋，加快构建特色现代农业产业体系。哈密市通过新理念引领哈密瓜产业升级，提升产品质量和市场竞争力；昌吉市成功举办了国家农产品加工产业科技创新联盟大会，促进了农产品加工业的创新发展；吐鲁番市则以旅游业带动农业发展，实现以景带旅、以旅兴农的目标。同时，新疆还推出了多条乡村休闲农业精品景点线路，促进了乡村旅游的繁荣。阿克苏市通过建设核桃全产业链、供应链平台，增加农民收入，促进当地特色林果种植业发展。哈密市伊吾县利用瓜果资源，打造天山"甜蜜路"，实现绿色发展与经济效益的双赢。此

---

① 《2023 年新疆脱贫地区农村居民人均可支配收入 16881 元 位列西北五省区第一》，天山网，http：//www.cjxww.cn/xw/xjxw/202402/t20240219_19262689.html。

外，全疆完成组建10个区域性粮油集团，推动粮油产业的规模化、集约化发展。在人才振兴方面，新疆重视农业人才的培养和引进，推广高素质农民培训新模式，提高农民的种植技能和管理水平，专门举办了针对大豆病虫草害防治等多项专业性农业技术的研修培训班。年轻人开始回流农村，投身于大棚种植等农业领域，为农村带来了新的活力和创新思维。同时，对农村文旅人才的培养也为乡村旅游的长久、持续发展提供了有力保障。文化振兴方面，新疆克拉玛依市乌尔禾区、巴音郭楞蒙古自治州库尔勒市等三地入选首批文化产业赋能乡村振兴试点。① 叶城核桃栽培系统、新疆昭苏草原马牧养系统两个传统农业系统入选中国重要农业文化遗产候选项目名单。同时，"村超""村BA"等文体活动在网络上引起热烈反响，舆论表示，新疆版"村超"很接地气，比赛以农牧民为主，由农牧民操作全过程，办在村里或者乡镇，群众参与意愿高，娱乐性也强。此外，乌鲁木齐市持续推动移风易俗工作，深化乡村文明建设，相关报道亦被广泛传播。生态振兴方面，石榴云客户端报道称，新疆通过培育种植盐生植物等措施，有效缓解土地盐碱化程度。同时，通过沿着河湖推进生态建设和水城共生的实践，有效提高了生态环境质量。南疆地区的戈壁生林果产业融合项目也获得生态与经济的双赢发展，受到舆论肯定。新疆卫视新闻联播报道称，和田地区760万亩沙化土地治理成效显著，实现了"绿进沙退"。在组织振兴方面，新疆持续深化农村"五强五提升"组织振兴行动，博湖县、察布查尔县、焉耆县等地获央视等主流媒体宣传报道。共产党员网报道称，新疆克州扎实推进"五个好"标准化规范化党支部创建，持续推进"四个合格"党员队伍建设，分期分批对农村党员开展集中培训。还有舆论称，新疆通过培优"头雁"、培养"翼雁"、培育"雏雁"，锻造素质高、能干事、作风好的村干部队伍，为推进乡村振兴提供坚强组织保障。②

---

① 《新疆三地入选首批文化产业赋能乡村振兴试点》，《新疆日报》2023年10月29日，第 A03版。

② 《新疆察布查尔县：打造"红色雁阵"助力乡村振兴》共产党员网，https://www. 12371.cn/2023/09/13/ARTI1694594471247640.shtml。

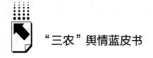

（三）加快推进数字乡村建设，智慧农业引领农业生产经营方式革新

2023 年，新疆加快推进农业农村信息化发展，数字乡村建设取得重要进展，智慧农业应用日趋扩大，农村电商向高质量发展，直播带货取得亮眼成绩单等成为舆论关注热点。在数字乡村建设方面，据《新疆数字乡村发展调研报告（2023）》，自治区各县域均已开展数字乡村建设，全疆数字乡村发展指数达 31.85，其中，30 个县域数字乡村发展指数超过全疆整体水平。"阿克苏市阿依库勒镇阿克提坎村，村干部通过视频监控就能掌握全村情况，实现乡村数字化高效治理""村民在家就能听到政策宣讲、村务通知""木垒县雀仁乡乌克勒别依特村委会，一个大屏管一个村，一部手机了解全村情况"等生动事例被主流媒体广泛宣传，新疆乡村振兴进入"数字快车道"成为舆论赞誉的焦点。在智慧农业领域，新疆"引进先进技术和设备，将昔日的戈壁荒滩变成了设施农业高质量发展的示范区""为农业产业插上了信息化翅膀，推动智慧农业新业态的发展""新疆首个数字农业产业研究中心的揭牌，为智慧农业创新研究提供平台"等多方面举措和成绩被集中宣传。此外，新疆农业博览园"植物工厂"的智慧种植项目，实现了全季节供应鲜果番茄等农产品的能力被多家媒体多角度、多方位全面呈现。新疆利用"新农具""新要素""新农人"等赋能现代农业，提升土地利用精准度的做法也备受舆论肯定。新疆还举办了首届丝路国际数字农业发展大会，促进了数字农业的国际交流与合作，获得舆论积极认可。在农村电商方面，新疆积极推动农产品电商发展，让更多农产品搭上"电商快车"。其中一项重要举措是，电商培训进村入户，培养一批村民成为职业电商主播，让电商与产业"联姻"，高效赋能乡村振兴。2023 年，新疆农村电商十分出圈，阿克苏市、皮山县等 6 个县域案例，米尔扎提·喀米力等 7 个个人案例在第七届中国农村电子商务大会上获奖，展现了其农村电商蓬勃发展的新态势。2023 年，新疆农村网络零售额达到 338.88 亿元，同比增长 31.07%；农产品网络零售额

193.20 亿元，同比增长22.81%。① 东方甄选新疆专场等电商活动也取得了显著成效，带货金额超过亿元，为自治区农产品销售开辟了新渠道、新路径。舆论称，建好基层阵地，厚积才能薄发。

### （四）奋力谱写现代农业发展新篇章，品牌建设与市场拓展塑强"疆品"竞争力

2023 年，新疆加快构建具有新疆特色的现代农业产业体系，推动优势特色产业高质量发展，现代农业在希望的田野上阔步前行。新疆扎实推进高标准农田建设，优先在粮食生产功能区和重要农产品生产保护区建设高标准农田，制订逐步把永久基本农田全部建成高标准农田实施方案。央视播报称，自治区各地加速推进高标准农田建设。《光明日报》报道称，高标准农田建设是新疆粮食增产的底气所在。2023 年，自治区全面完成高标准农田建设任务 435 万亩，全区（不含兵团）入库的高标准农田达到 3966 万亩，提前两年完成"十四五"建设目标任务，实现了从"戈壁滩"蝶变"米粮川"的飞跃。② 2023 年，新疆深入推进种业振兴行动，自治区农业农村厅多次召开种业振兴成果交流会议和种子协会会员大会，扎实开展自主创新育种，推动现代种业的高质量发展。新疆在种业资源保护方面的显著进展也广受关注。新华网称，新疆 3 个国家农作物种质资源库（圃）获得授牌，这些资源库为种质资源的保存、研究和利用提供了有力支撑。此外，新疆通过引进和培育新品种、新技术，不断提高农作物的产量和品质，"新疆油菜单产纪录创新高 达到了 351.57 公斤""新疆玉米百亩千亩万亩十万亩单产均创全国纪录""新疆刷新全国甜菜高产纪录""841.6 公斤！巴里坤春小麦单产突破全国优质春小麦单产纪录"，诸多亮眼成绩令舆论连连赞叹。农业机械化是农业现代化的重要标志。2023 年，新疆着力提升农机装备研发应用水平，加强关键农机装备协同攻关，农业机械化水平进一步提升。新疆加快长绒棉机采、

---

① 《从快递增速感受新疆活力》，《新疆日报》2024 年 2 月 28 日，第 A07 版。
② 《新疆提前两年完成"十四五"高标准农田建设目标任务》，石榴云客户端，http://nynct.xinjiang.gov.cn/xjnynct/c113576/202312/9cfaac328f1c46c3a2b3b730eb3f65d2.shtml。

林果采摘等多种专用农机装备研发应用,支持北斗智能监测终端及辅助系统等智能化、信息化、精准化技术装备推广应用。新华社、《光明日报》等多家媒体刊发"机器奔驰科技助力!新疆3700万亩棉花全面开播""新疆棉花生产全程机械化率达94%""凭机械,悠然种棉遍地生金""新疆和硕县:辣椒番茄机械移栽全面展开""农活都让机械干了,人去哪儿了?阿瓦提县给出答案""不仅机械化而且智能化 新疆顶流花 棉花家的'黑科技'卫士"等报道,展现新疆农业机械化的蓬勃发展,获舆论称赞。

2023年,新疆坚持质量兴农、绿色兴农、品牌强农,奋力谱写现代农业新篇章。质量兴农方面,自治区农业农村厅发布了农产品质量安全监管执法典型案例,严厉打击了违法犯罪行为,有力守护老百姓"舌尖上的安全"。阿勒泰市为农产品制作了"身份证",通过追溯系统确保农产品来源清晰、质量可靠。舆论表示,一系列做法有效提升了新疆农产品的信誉度和市场竞争力。新疆(含兵团)阿克苏地区新和县、克拉玛依市克拉玛依区等3地入选国家农产品质量安全县被媒体积极宣传。① 绿色兴农方面,新疆坚持绿色发展理念,致力于实现农业的可持续发展。自治区启动了棉花全程绿色防控技术体系集成示范项目,推动农业向更加环保、高效的方向发展。沙雅县通过持续实施绿色理念,不断改善生态环境,采取"人放天养"模式,不仅实现鱼的增产,还有效、有力带动农民增收。经过持续努力,新疆额敏县创新"五为"绿色推进机制等三个案例入选农业农村部公布的2023年全国农业绿色发展47个典型案例,媒体对此争相报道。品牌强农方面,新疆注重农产品的品牌建设,通过打造地理标志、培育知名品牌等措施,有效提升农产品的市场影响力。媒体指出,援疆力量打造的"和田优品"全产业链就是一个成功的例子,通过整合资源和力量,打造出具有地方特色的优质农产品品牌。此外,新疆31家品牌企业亮相5月的中国品牌日活动,引发热烈反响,进一步提升了新疆农产品的知名度和美誉度,"新疆的优质农牧产品受到了全

---

① 《新疆3地入选国家农产品质量安全县》,天山网,https://www.ts.cn/xwzx/shxw/202311/t20231103_17093887.shtml。

国市场的青睐,为农民带来了实实在在的收益"成为舆论的一致表达。年内,新疆还举办了多场农产品展销会、博览会,引发《人民日报》、新华社、中国新闻网等多家媒体通过文字、图片、视频、音频、直播活动等多种形式跟踪聚焦,"新疆名特优新农产品在青岛等地的展销活动中觅得了商机,签下了大额订单""新疆打造了地理标志产品运营推广集聚区,助力'疆品出疆'""新疆的农产品厦门展销会上取得近九亿元的'掘金'成果"等报道全方位呈现新疆各地农业高质量发展的丰硕成果。2023年,新疆的农产品产销联盟和农村综合产权交易中心成立,舆论称,中心为农产品的流通和交易提供了更加便捷的平台,有助于树立新疆品牌形象,抱团合作,推动建立一批竞争力强的本土品牌。同时,通过举办中国新疆国际农业博览会等活动,有效提升新疆农产品的国际市场影响力和竞争力。

### (五)深入推进农村改革添动能,乡村建设绘就美丽新画卷

2023年,新疆深入推进农业农村改革,持续增强"三农"发展动力活力,媒体跟踪报道。在农村土地制度改革方面,积极推动农民自愿依法有偿流转土地经营权,稳步推进了第二轮土地承包到期后再延长30年的试点工作。[①] 在农村集体产权制度改革方面,健全各级农村综合产权交易中心,引导农村产权流转交易市场健康发展。石榴云客户端报道,新疆已在10个县(市、区)启动了农村集体经营性建设用地入市试点工作,伊宁市、奇台县和沙湾市成功完成了4宗集体经营性建设用地入市交易,出让地块面积总计达118.8235亩。此外,新疆稳步推进农村宅基地制度改革试点,探索宅基地"三权分置"的有效实现形式,并鼓励通过租赁方式盘活农村宅基地和房屋使用权。其中,"昌吉州深入推进农村宅基地制度改革试点工作"取得显著成效,获舆论称赞。

2023年,新疆着力推进乡村建设,加大农村人居环境整治力度,乡村

---

① 《2024年自治区政府工作报告》,新疆维吾尔自治区人民政府网站,https://www.xinjiang.gov.cn/xinjiang/xjzfgzbg/202402/04846067f9744516bb897f7d530195e2.shtml。

颜值持续提升，获得舆论广泛关注和积极肯定。在村庄规划建设方面，新疆坚持县域统筹，规范优化乡村地区行政区划设置，合理确定村庄布局和建设边界，喀什地区打造 201 个宜居宜业乡村振兴示范村获舆论称赞。同时，新疆积极实施农房质量安全提升工程，完成农房安全隐患排查整治，开展现代宜居农房建设示范，"新疆农村安居工程给群众'稳稳的幸福'"被天山网等多家媒体宣传。在乡村基础设施建设方面，要致富，先修路，新疆持续推动"四好农村路"高质量发展，全区新改建农村公路 7542 公里，实施乡村产业路、资源路、旅游路 720 公里，打造农村客运车辆代运邮件（快件）线路 30 条。人民网称，一条条"四好农村路"修到了村头，通到了农牧民的家门口，日益成为助力乡村振兴的发展路、幸福路、致富路。同时，新疆设立了农村"客货邮"的融合发展试点，为乡村振兴加速跑提供了坚实支撑，让农产品能够更加顺畅地走出大山、走向全国。此外，吐鲁番市高昌区葡萄镇等 2 个乡（镇）和乌鲁木齐市米东区铁厂沟镇天山村等 20 个村入选了农业农村部等三部门认定的第三批全国乡村治理示范村镇名单，乡村治理的新成效、新成绩成为关注热点。在农村人居环境整治方面，新疆加大村庄公共空间整治力度，持续开展村庄清洁行动。其中，和硕县通过党建引领持续开展创卫行动获新华网等媒体广泛传播。新疆扎实推进农村厕所革命，鼓励厕所进院入户，合理布局公厕。媒体报道，新疆 103 个行政村试点已实现粪污一体化处理。① 同时，对农村污水处理项目加大实施力度，阿勒泰地区、和田地区、博州等多地农村生活污水治理率超 24%。在垃圾治理方面，新疆提出了正向激励等创新措施，鼓励村民积极参与环境治理，共建洁美乡村，实现从局部美到全域美、从一时美到持久美的"蝶变"。舆论称，近年来，新疆坚持因地制宜、分类指导，以生活污水、垃圾治理、厕所革命和村容村貌提升为重点，整合各种资源，强化完善各项举措，全面改善农村生产生活生态环境，让乡村焕发出新的生机与活力。

---

① 《新疆 103 个行政村试点粪污一体化处理》，《新疆日报》2023 年 6 月 8 日，第 A02 版。

# 三　2024年舆论关注热点展望

2024 年是中华人民共和国成立 75 周年，是实现"十四五"规划目标任务的关键一年。2024 年 2 月召开的自治区党委农村工作会议明确提出，新疆将锚定农业强区建设目标，全力打造全国优质农牧产品重要供给基地，推动乡村全面振兴取得实质性进展，以农业农村现代化新成效更好推进中国式现代化新疆实践。① 展望 2024 年，舆论将继续关注新疆"三农"发展动态及亮点成绩，热点或将集中在以下几个方面：一是新疆保障国家粮食和重要农产品稳定安全供给的举措和成效将受到媒体持续跟踪关注；二是全面提高防止返贫监测及时性、帮扶精准度的顶层部署和落实进展将受到舆论持续关注；三是强化科技和改革双轮驱动，激发乡村振兴动力活力，提升乡村产业发展水平、乡村建设和治理水平的创新实践将成为关注热点。建议自治区农业农村部门充分利用中央和地方主流新闻媒体及新媒体平台，大力宣传自治区运用"千万工程"经验推进乡村全面振兴的有益探索、创新举措、成果成效等，让新疆"三农"的好声音传遍四方。同时，实时掌握网络热点，加强网络舆情风险防控，及时化解舆情风险，为新疆"三农"事业的持续健康发展营造良好舆论氛围。

## 参考文献

蒋云龙、王云杉：《新疆培育壮大特色优势产业》，《人民日报》2024 年 1 月 4 日。
刘毅：《粮增棉稳 新疆农牧产品供给能力稳步提升》，《新疆日报》2024 年 2 月 6 日。
宋卫国：《从新疆获奖案例看农村直播电商发展》，《新疆日报》2024 年 1 月 5 日。
李道忠：《乡村处处美如画——新疆加快补齐农村人居环境突出短板》，《农民日报》2023 年 9 月 6 日。

---

① 《自治区党委农村工作会议召开 锚定新疆农业强区建设目标 推动农业农村现代化迈出新步伐》，澎湃新闻网，https://www.thepaper.cn/newsDetail_forward_26412304。

# 境外篇 ⧉

# B.21

# 2023年境外媒体涉华农业报道分析

王 静　宋 莉　赵文佳*

**摘　要：**　2023年，中国经济持续回升向好，农业农村发展稳中有进。一年来，中国在保障粮食安全、推进乡村全面振兴方面的举措和农业对外交流活动成为境外媒体报道的重点，中国对维护全球粮食安全的贡献和农业技术援外成果也吸引了不少外媒关注。2023年，2.19万家境外英文媒体共发表涉华农业报道13万篇，为近五年来的最高值，同比增长约16%。美国彭博社、英国路透社、美联社是报道量居前三位的媒体，美国、英国、印度是报道量居前三位的国家。报道较多关注粮食安全、农业国际合作交流、农业技术援外和乡村全面振兴等议题。

---

* 王静，农业农村部国际交流服务中心副主任，研究员，主要研究方向为境外涉农舆情和农业援外；宋莉，农业农村部国际交流服务中心信息分析处处长，英语译审，主要研究方向为境外涉农舆情；赵文佳，农业农村部国际交流服务中心信息分析处英语一级翻译，主要研究方向为境外涉农舆情。

**关键词：** 粮食安全　农业国际交流合作　农业技术援外　乡村全面振兴　境外媒体

# 一　外媒涉华农业报道概况

2023年，21923家境外英文媒体共发表涉华农业报道13.05万篇，为近五年来的最高值，同比增长约16%。外媒报道峰值出现在3月、5月和7月。其中，3月，外媒高度关注中国发布《关于政治解决乌克兰危机的中国立场》文件和巴西总统拟访华促进包括农业在内的双边贸易往来等话题；5月，外媒关注澳大利亚贸易部长访华寻求恢复双边贸易等话题；7月，外媒关注洪灾干旱等极端天气影响中国粮食生产等事件（见图1）。

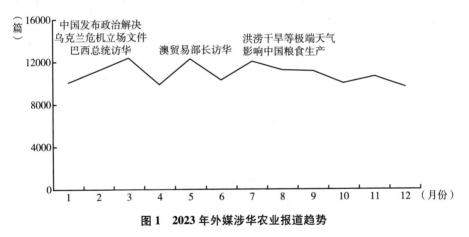

**图1　2023年外媒涉华农业报道趋势**

资料来源：中国日报社国际传播发展研究中心。下同。

从媒体分布来看，美国媒体2023年发表涉华农业报道38519篇，同比增长34%，居各国媒体之首，继续主导境外涉华农业报道。此外，南方国家媒体对中国农业话题的关注度有所提升。其中，巴西媒体受巴西总统访华影响，涉华农业报道量同比上涨90.4%，涨幅居各国媒体之首（见图2）。

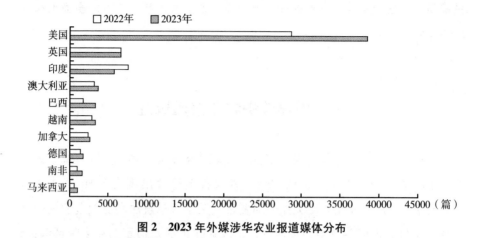

**图 2　2023 年外媒涉华农业报道媒体分布**

从报道主题来看，外媒涉华农业报道主要涉及政治、社会和外交领域，尤其关注中国粮食生产和粮食安全政策、农业对外交流和农业援助活动、农村社会发展等方面（见图 3）。

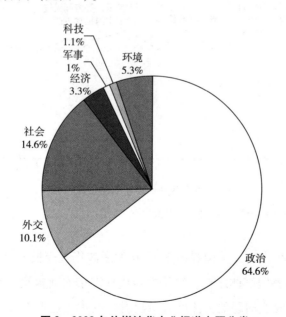

**图 3　2023 年外媒涉华农业报道主题分类**

从报道热词来看，外媒涉华农业报道热点主要集中在中国与美西方国家的农业往来、中国与南方国家尤其是金砖国家在多双边机制下的农业合作与交流、粮食安全和气候变化等与农业密切相关的话题（见图4）。

图4 2023年外媒涉华农业报道热词图

从情感倾向上看，外媒正面报道占16.2%，中立报道占78%，负面报道占5.8%，总体上情感基调较为客观。

## 二 重点关注话题

### （一）中国高度重视国内粮食安全

外媒密切关注中共中央一号文件、全国两会和中央农村工作会议等对"三农"工作的重要部署，以及一年来农业部门为稳产保供、再夺粮食丰收采取的各项举措。新加坡亚洲新闻台称，中央农村工作会议明确了未来一年中国农业农村政策重点，强调将稳定粮食播种面积、促进粮食增产。美国

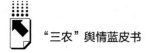
《外交学者》表示，在地缘政治环境日益复杂、气候变化冲击和全球粮食市场面临不确定性的背景下，中国近年来将保障粮食安全和粮食供应提升到最高政治优先级，坚持不懈提高粮食的自给能力，再次体现出中国政府对农业的高度重视。美国《世界谷物》杂志表示，所有国家都努力将确保国内粮食安全作为首要任务，但近年来没有哪个国家比中国更致力于实现这一目标。

### （二）积极维护全球粮食安全

2023 年，中国粮食产量创历史新高，外媒积极评价中国在维护全球粮食安全方面发挥的作用。韩国《亚细亚经济》称中国粮食生产的稳健增长已成为全球粮食安全的基石，中国应对紧急情况的能力和养活本国人口的负责任态度将对保障全球粮食安全大有裨益。此外，中国提出全球安全倡议，呼吁开展全球合作、应对世界粮食安全和气候变化挑战，获得了多国媒体赞赏。南非独立传媒网站刊文称，中国提出的全球发展倡议助力推进联合国2030 年可持续发展议程，关注扶贫与粮食安全等全球性议题。中国发布政治解决乌克兰危机的立场文件后，部分外媒认为，中国自身影响力有助于推动乌克兰危机的政治解决和促进黑海地区粮食外运，从而维护全球粮食供应。

### （三）深入推进农业国际交流合作

农业已成为中外交往的重要领域，中国与多国积极开展高级别团组互访和农业合作。中国—东盟农业发展和粮食安全合作年系列活动、中国—太平洋岛国农渔业部长会议、国际葡萄与葡萄酒产业大会、中非农业合作论坛等主场活动，以及中国农业技术援外成果等受到外媒较多关注。香港英文媒体《南华早报》称，中国在非洲各地启动农业技术示范中心，被中国政府视为分享在种植粮食、最大限度提高产量和应对气候变化挑战方面的专长和知识的一种方式。南非《独立报》称，中国菌草技术有助于实现多个可持续发展目标，不仅能够促进畜牧业发展，帮助非洲民众脱贫、增加就业，还为防治水土流失树立了典范。斐济广播有限公司、《斐济日报》报道，中国积极帮助斐济发挥自然优势、改良水稻品种，提升了粮食自给水平。布隆迪《新生报》称，布总理高度评价布中农业务实合作成果，称赞中国援布农业示范中心造福布全国民众。尼日利亚《抨击报》称，至少400名尼日利亚政府人员接受由中国政府赞助、绿色农业西非有限公司承办的农业技术培训项目的培训。该公司与尼日利亚5000多名小农户成立了7个种子生产合作社。美国詹姆斯敦基金会称，中国在马拉维农业领域的现代化进程中发挥着关键作用。中国农业技术援助项目不仅为当地居民创造了更多就业机会，同时还改善了马拉维小农户经济状况。如果这种援助能够充分付诸实施，马拉维应该成为非洲的农业大国之一。

### （四）着力解决种业"卡脖子"问题

种子是农业的"芯片"，粮食安全事关国家安全。外媒认为种业振兴行动是中国在中西方战略竞争加剧背景下，维护国家利益和国家安全的举措。一年来，中国加快推进生物育种产业化、提升种业竞争力，确保良种供应。美国《外交学者》称，中国政府越来越关注种子问题，认为这是一个薄弱环节，期待通过国家计划提高国产种子的质量和效率。路透社等多家外媒都认为2023年可能成为中国生物育种产业化的"元年"。香港英文媒体《南华早报》称，近年来，中国政府实施了包括种业振兴行动计划在内的多种举措，提振农业部门。国际研究机构和业界人士称，育种技术的发展将给中国农业生产带来强大推动力，中国遭遇美国"卡脖子"的时代即将结束。

### （五）乡村体育展现乡村振兴新风貌

中国"村BA"和"村超"走红网络，获得外媒积极评价，称乡村体育是乡村文化振兴的生动诠释。英国"体育商业"网站称，"村BA"为曾经"隐身"的乡村提供了机遇、关注和希望，助力中国乡村体育和旅游业发展。如今，"村BA"正发展成为全国性赛事，有机会助力中国乡村体育和旅游业发展。法新社称，"村BA"展现出的纯粹和热情不仅让球迷和球员

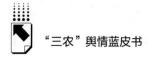

着迷，很多外国读者和网民也被比赛的"纯粹性"感动。《今日巴基斯坦》指出，中国为世界树立了消除绝对贫困、推动经济文化繁荣的范例。

总的来看，绝大部分外媒将中国农业生产成就、农业科技发展、乡村全面振兴和农民生活的改善作为经济社会发展的闪光点进行了较为客观和积极的报道。也有部分外媒在报道中夸大极端天气对中国粮食产量的影响，认为中国仍然面临粮食安全挑战，还有少量外媒在报道中国国内舆情事件时对相关农业政策进行片面解读，认为这反映了政府治理能力存在不足。

## 三　外媒关注原因分析

### （一）中国"三农"成绩举世瞩目，全球热盼"中国方案"

近年来，中国在脱贫、粮食安全等领域取得了历史性成就。在全球粮食安全局势持续紧张的背景下，中国农业发展成果尤为亮眼。当前，全球国家特别是南方国家仍面临农业发展困境，亟待获取新的发展方案，期待从中国农业现代化实践中找到促进自身发展的答案。

### （二）全球粮食安全挑战重重，世界期待大国担当

当前，地区冲突、极端天气、粮食出口限制等给全球粮食安全带来重重挑战。作为全球主要农业大国，中国提出全球安全倡议、全球发展倡议、国际粮食安全合作倡议等，积极提供"中国智慧"，推进全球农业合作、对外援助，贡献了"中国力量"，获得社会广泛关注，引发南方国家共鸣。

### （三）农业合作促进友好关系，有助全球发展与稳定

农业是广大发展中国家国计民生的基础产业，农产品出口是许多国家外汇收入的重要来源，国际农业合作为促进国与国之间的友好关系创造更多机遇，对于全球发展与稳定具有十分重要的作用。外媒对中外农业交流与合作的密切关注也是对中国与国际社会关系的持续关注，是对全球形势的持续追踪。

## 四 对加强农业外宣的建议

### （一）主动发声，放大我国农业对外交往正面声量

一是加大农业外宣话语体系构建，促进"中国智慧""中国方案"的广泛传播，为全球农业发展、共同应对粮食安全危机提供新思想新思路。[①] 二是利用好多（双）边农业合作机制会议和论坛举办的时机，发掘农业对外交流活动的亮点和创新点，加大农业议题宣传力度。三是针对不同国家农业发展需求，有针对性地制定农业外宣重点，如向非洲国家推介中国粮食增产技术、向巴西等国传播脱贫经验等。

### （二）拓展合作，扩大我农业合作"朋友圈"

一是拓展"合作面"，增添农业合作新动能。利用农业国际会议、博览会、展销会等平台促进多双边贸易投资、科技交流和人员往来，培育新增长点，助力农业合作共赢。二是织密"协作网"，实现农业发展新高度。重视与发展中国家和新兴市场国家在涉农领域的协作，协调彼此在多边场合的立场态度，维护共同利益，共同应对地缘政治挑战。三是扩大"朋友圈"，打造农业国际合作新矩阵。主动对接友好国家农业发展需求，通过搭建平台、联合攻关、示范推广，提升当地产能效应，助力保障全球粮食安全。

## 五 舆情总结及展望

总体来看，2023 年境外媒体涉华农业报道量同比大幅增加。分国别看，美国、英国、印度、澳大利亚和巴西等国媒体对涉及中国农业的话题更为关

---

[①] 张伟鹏:《推动农业国际合作走实走深 为中国特色大国外交打足底气》，澎湃新闻网，https://m.thepaper.cn/baijiahao_11790215。

注，也是相关舆情的传播主力。从报道内容来看，中国粮食生产和粮食安全政策、农业对外交流和农业援助活动、农村社会发展被境外媒体聚焦。展望2024年，全球粮食安全继续受到极端天气、地缘政治等多方面因素影响，复杂形势下中国与其他国家的农业合作交流、农产品贸易等情况也将继续受到外媒重点关注。此外，中国加强粮食和重要农产品稳产保供、守护粮食安全，持续巩固拓展脱贫攻坚成果、扎实推进乡村全面振兴等也将是外媒关注的重要议题。

## 参考文献

陈秧分、蒋丹婧、胡冰川：《中美农产品贸易及农业合作前景展望——基于美国官方与智库报告的分析》，《世界农业》2023年第4期。

张瑾、刘天乔、王战：《中国对外农业援助的可持续发展——以援非农业技术示范中心为例》，《西北农林科技大学学报》（社会科学版）2023年第4期。

刘海方、皮埃尔：《大变局时代的国际发展援助——以中国援助布隆迪农业示范中心项目为例》，《海外投资与出口信贷》2023年第1期。

刘志颐、张宏斌、刘云喜等：《加快构建农业对外合作新发展格局》，《农业农村部管理干部学院学报》2023年第2期。

# RCEP 涉农合作境外舆情及应对策略研究

宋 莉 钱静斐 陈秧分 葛培媛*

**摘 要：** 《区域全面经济伙伴关系协定》（简称"RCEP"）自2012年11月启动谈判以来，受到国际舆论广泛关注。据对境外英文媒体报道挖掘分析，各方普遍看好 RCEP 实施成效，积极肯定协定带来的关税减让和贸易便利化成果，认可灵活的原产地规则和普惠包容性原则的重要意义，并高度关注中国在区域内的角色和影响。同时，一些媒体也提及区域内部分国家对进口大幅增长可能冲击国内农业的担忧。对此，报告提出加强正面舆论宣传、合作潜力挖掘、协定扩容升级等对策建议，为继续深化 RCEP 区域农业合作提供有效参考。

**关键词：** RCEP 农业合作 农产品贸易 农业投资 境外舆情

2023年11月15日是中国、日本、韩国、澳大利亚、新西兰和东盟十国等15个成员国共同签署《区域全面经济伙伴关系协定》 （Regional Comprehensive Economic Partnership，简称"RCEP"）三周年。① 该协定于

---

\* 宋莉，农业农村部国际交流服务中心信息分析处处长，英语译审，主要研究方向为境外涉农舆情；钱静斐，中国农业科学院农业经济与发展研究所研究员，博士，主要研究方向为全球农产品市场与贸易；陈秧分，中国农业科学院农业经济与发展研究所研究员，博士，主要研究方向为国际农业经济；葛培媛，农业农村部国际交流服务中心信息分析处日语一级翻译，主要研究方向为境外涉农舆情。

① 《为区域和全球经济增长注入强劲动力——解读区域全面经济伙伴关系协定签署》，中国自由贸易区服务网，http://fta.mofcom.gov.cn/article/rcep/rcepjd/202011/43621_1.html。

2020 年 11 月 15 日签署，2022 年 1 月 1 日正式生效①，是目前全球体量最大的自贸协定，意味着全球约 1/3 的经济体量将形成一体化大市场。RCEP 要求 15 个成员国承诺降低关税、开放市场、减少标准壁垒等。协定自发起以来受到区域内外媒体的广泛关注，其中的涉农议题也是外媒讨论的热点。总体上，各方普遍看好 RCEP 实施成效，积极肯定协定带来的政策红利，对中国在区域内的角色和影响予以了较多关注，同时也围绕协定是否会给国内农业带来挑战进行了讨论。

# 一 RCEP 涉农合作境外舆情概况

### 1. 报道数量

本报告监测时间从 2012 年 11 月 RCEP 启动谈判起至 2023 年 12 月，根据谷歌全球新闻数据库 GDELT 事件库的统计，境外英文媒体有关 RCEP 涉农事件的报道共计 2936 篇，发布报道频率较高的国家为印度、菲律宾、越南、马来西亚、柬埔寨、泰国等。

### 2. 时间序列分析

如图 1 所示，RCEP 涉农报道的峰值出现在 2019 年，主要原因是印度以保护国内产业为由宣布退出 RCEP 谈判，引发多方关注和讨论。受全球新冠疫情影响，2020 年后 RCEP 谈判一度受阻，媒体报道量大幅下降，自 2022 年 1 月 1 日协定正式生效后开始回升。

### 3. 情感倾向

在监测整理的 2936 篇境外媒体报道中，大部分为正面报道，数量 1830 篇，占 62%；负面报道 987 篇，占 34%；中立报道 119 篇，占 4%。

根据媒体语调在地理层面的核密度图分析，不同国家媒体对 RCEP 涉农事件的态度呈现差异。新加坡、柬埔寨、马来西亚、澳大利亚媒体语调密度

---

① 《〈区域全面经济伙伴关系协定〉（RCEP）于 2022 年 1 月 1 日正式生效》，中国自由贸易区服务网，http://fta.mofcom.gov.cn/article/rcep/rcepnews/202201/46878_1.html。

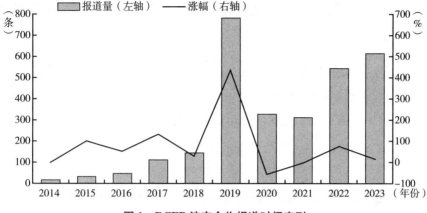

**图 1　RCEP 涉农合作报道时间序列**

资料来源：谷歌全球新闻数据库 GDELT 事件库。下同。

值最高，表明态度最为积极；印尼、菲律宾、新西兰、加拿大等媒体处于次高程度，态度为中立偏积极；美国、印度、英国、法国等媒体语调密度值为负数，态度偏消极。

## 二　RCEP 涉农合作境外舆情热点话题

### （一）关税减让和贸易便利化措施为农产品贸易带来政策红利

东盟多国媒体认为，RCEP 的关税减让政策给农产品贸易带来了最现实、最显见的红利，尤其是东盟的农产品和加工食品等将从对中日韩市场出口中获益。除关税外，RCEP 在简化海关程序、协调动植物卫生检疫流程、减少技术性贸易壁垒等方面也将有效促进跨境商业往来。澳大利亚国际事务研究所称，该协定有助于扩大对澳农产品的需求，澳出口和整体经济将从中受益。新西兰新闻在线称，RCEP 关于易腐货物 6 小时清关的规定将大幅提升生鲜农产品通关效率，有利于各成员国对仓储、物流、跨境电商等农产品贸易上下游环节全面改良升级。

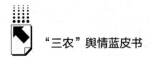

## （二）灵活的原产地规则有利于打造具有全球竞争优势的农业产业链

英国发展问题研究所认为，RCEP 协定的最大吸引力在于共同原产地规则，可有效协调各成员国对农业企业的要求和标准，促进区域内农业产业链合作。"越南之声"称，RCEP 整合了东盟与中日等主要贸易伙伴间有关原产地规则的多双边协定，创造了更多出口机会。菲律宾《马尼拉公报》称，RCEP 简化了原产地规则，产品如使用到任何成员国的原材料，均可享受相关优惠。各成员国可借机深入开展跨国合作，优化区域内供应链和价值链布局，提升农业产业链稳定性和全球竞争力，加快形成新的农产品出口优势。

## （三）普惠包容性原则为区域内外资源集聚和合作搭建平台

澳大利亚政府网表示，RCEP 的签署显示了区域内国家对开放贸易与投资的共同承诺。泰国商务部表示，RCEP 的签署是亚太区域经济一体化的标志性事件，有助于形成一个更加开放、更具潜力的大市场。越南通讯社援引汇丰银行的研究称，RCEP 统一的经贸规则有助于各成员国更好地运用资源、人力、市场和技术等培养区域内产业优势。亚洲开发银行认为，RCEP 与 TPP（跨太平洋伙伴关系协定，后更名为"CPTPP"）相辅相成，美国可能通过与东盟缔结自贸协定加入 RCEP，中国和印度也有可能加入 CPTPP。欧盟和英国可通过与亚洲国家自贸协定中与 RCEP 重合的部分，开展出口和投资合作。

## （四）中国与区域内的农业合作水平得到显著提升

一是中国与 RCEP 区域农产品贸易额呈上升态势。根据美国农业部的报告，2022 年 RCEP 生效当年，中国与区域内成员国农产品贸易额增至 1235 亿美元，其中农产品进口 763 亿美元，同比增长 15%；出口 472 亿美元，同比增长 7%。二是市场准入水平进一步提升，东盟数十种农产品首次获得中国市场准入；中日通过 RCEP 首次建立自贸关系，双方承诺对大部分农产品税目逐步取消关税；中韩在原有自贸协定基础上有望取得新的产品开放待遇。三是

RCEP 区域内国家与中国开展投资合作的信心大幅提振。多国表达了与中国投资往来迎来机遇的乐观情绪，约九成中企也表示看好 RCEP 投资前景。①

### （五）区域内部分国家担心进口大幅增长冲击国内农业

日本共同社报道，扩大自由贸易将导致大量区域内其他国家的廉价产品涌入日本，损害农业部门利益。越南网报道，由于东盟各国农产品类目比较相似，在关税和非关税壁垒双双下降的情况下，农业行业的竞争可能更加激烈。菲律宾《商业镜报》报道，RCEP 有关农业收益、就业机会、农产品贸易和农业投资的承诺难度较大，政府应优先考虑本国粮食生产，确保粮食安全。在来自农民和非政府组织的 50 多个团体强烈反对下，菲律宾推迟了 RCEP 国内核准程序，直到 2023 年 6 月 2 日该协定才在菲律宾正式生效。

### （六）印度立场摇摆最终宣布退出 RCEP 谈判

《今日印度》称，由于担心加入 RCEP 会导致大量国外工农业产品冲击国内产业，进一步加剧贸易逆差和激化国内矛盾，莫迪政府于 2019 年宣布退出谈判，其中农民团体的反对是一项重要原因。美国《反击》杂志称，RCEP 可能影响粮食安全使印度面临大量失业。印度《商业标准报》称，印度退出谈判的部分原因是其认为 RCEP 予以印度的发展空间较为有限。

## 三　RCEP 涉农合作境外舆情成因

### （一）经贸合作的良好基础和巨大潜力是舆情基调正面居多的主要原因

RCEP 区域是全球重要的农业生产地，且各成员国的农业具有较强互补性，其中澳大利亚、新西兰是出口大国，农畜产品优势非常显著；日本、韩

---

① 《中国贸促会报告：约九成企业看好 RCEP 国家投资机遇》，中国证券网，https：//news. cnstock. com/news，bwkx-202302-5020796. htm。

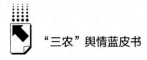

国是农产品进口大国，同时在种业、果蔬、数字农业等方面具有较强实力；中国、东盟各国是农产品"大进大出"的国家，是全球具有显著生产潜力的农产品生产地与消费目的地。从区域合作来看，RCEP 成员国间已签有数个自贸协定，区域内农产品贸易、农业投资和技术合作也在持续加强，15个成员国对未来区域农业合作的潜力和活力充满信心和期待。

### （二）农业领域深层次开放带来的新格局是引发舆论关注的直接缘由

RCEP 是一个高水平、高标准的自贸协定，从涉农条款来看，各成员国需对包括农产品在内的货物贸易逐步实施零关税，涵盖的产品数量超过90%；在投资方面，农林渔业以负面清单方式做出较高水平开放承诺；在卫生与植物卫生检疫、知识产权、原产地累积规则等方面也有新的标准。这对提升区域内成员国的整体农业发展水平是一个极大的驱动力，有利于打造农业相关产业发展的新优势和新格局。由此带来的国际市场竞争加剧和贸易走向变化等，也是多方持续关注的课题。

### （三）成员国间农业发展水平差异是影响各国舆情走向不同的重要原因

RCEP 的顺利签署表明成员国之间已有良好的合作基础，为未来区域内农业纵深合作提供了可能。但仍需注意的是，RCEP 成员国间经济发展水平和农业发展特征均存在较大差异，开放程度和利益诉求相差较大。农业议题一直是 RCEP 的焦点问题，在协定实施过程中，由于成员国间发展的异质性将持续存在，各国舆情走向也会有所不同，部分媒体可能会对协定的成果与不足，以及其他成员国的执行情况表示担忧。

## 四　RCEP 涉农合作舆情的启示和应对策略

### （一）积极宣传 RCEP 区域农业合作共赢理念和成果

一是充分发挥多渠道多平台优势，形成包含传统媒体和新媒体等多元主体参与的国际传播网，全面强化舆论影响力和国际话语权。二是积极推广和传播 RCEP 促进农业合作共赢的理念，追踪和总结中国与 RCEP 成员国在粮食安全、贫困治理、农产品贸易和农业投资、农业技术合作等方面的典型做法、创新模式和成功经验。三是加强与 RCEP 国家媒体合作，做好成果宣传和示范推广，展现中国与 RCEP 成员国农业优势互补、互利共赢的成果和实绩，增强区域内国家企业、民众对中国的信任和信心，提升中国农业对外交流合作的影响力。

### （二）主动对接区域内其他成员国农业发展需求

一是加强在 RCEP 区域开展农业投资和技术合作的可行性研究，了解相关国家的产业政策、投资环境、市场准入条件等，选好合作伙伴，促进双向投资。二是根据各国农业资源条件、产业发展水平、农业投资开放承诺、农业发展需求等情况，因地制宜制定合作策略，确定相应的农业合作模式和重点领域。三是研究通过利用关税削减、贸易便利化、原产地累积等规则扩大 RCEP 区域农业合作的空间和潜力，推动区域内农产品产业链、供应链和价值链布局的优化调整。

### （三）依托 RCEP 红利拓展国际农业合作"朋友圈"

在全球一体化进程受挫和国际政治复杂多变的大背景下，RCEP 已成为推进全球经济复苏的亮点。一方面，以 RCEP 贸易红利、产业红利、制度红利、发展红利等为依托，促进各成员国加强沟通合作、互信互利，共同抵制区域外势力通过非市场力量带来的干扰。另一方面，支持 RCEP 协定扩容升级，拓展国际农业合作"朋友圈"。未来可考虑鼓励有合作意愿的共建"一带一路"国家参与到 RCEP 中，推动中国与更广泛国家扩大农产品贸易和农业投资合作，不断创造惠及各方的市场机遇、投资机遇和增长机遇。

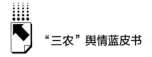

# 五 舆情总结及展望

总体来看,外媒在关于 RCEP 农业合作的报道中倾向于肯定协定对促进农产品贸易、打造农业产业链优势、集聚成员国资源和搭建区域内外合作平台的积极作用,对中国与区域内国家的农业合作情况也予以了较多关注。RCEP 成员国多为重要的农业生产、消费和贸易国,加入 RCEP 是中国农业高水平对外开放的重要标志,也是当前国际形势下中国经贸布局的重要举措。未来,我国可进一步关注相关境外舆情,积极宣传 RCEP 农业合作共赢理念和成果、主动对接区域内其他成员国农业发展需求、依托 RCEP 红利拓展国际农业合作"朋友圈"。

## 参考文献

China:RCEP Expected to Expand Regional Ag Trade,美国农业部海外农业服务局报告,CH2023-0025。

India refuses to review RCEP decision over China's border hostility – Reports,印度《商业标准报》,https://www. business – standard. com/article/economy – policy/why – india – opted-out-of-the-rcep-agreement-explained-in-six-charts-119111100008_1. html。

# Abstract

In 2023, China overcame multiple adverse effects such as severe natural disasters, the annual grain output hit a new record high, farmers' income grew rapidly, rural reform continued to deepen, and the rural areas remained harmonious and stable, all of which firmed up the fundamentals of agriculture, rural areas and farmers. This report conducts a comprehensive analysis of online public opinions on agriculture, rural areas and farmers in 2023 to give a full picture on the overall status, industry characteristics and regional features of online public opinions on agriculture, rural areas and farmers in 2023. It also gives an outlook on potential hot issues in 2024.

According to the report, in 2023, China's public opinions on agriculture, rural areas and farmers were positive and improving, with abundant positive energy and dominated by robust mainstream views. Online public opinions on agriculture, rural areas and farmers totaled 40,636,300 pieces, slightly lower than that of the previous year. In terms of communication content, crop, animal husbandry and fishery production and food security, the implementation of rural revitalization strategy and the reform and development of agriculture and rural areas catched close attention from the public; major events such as the No. 1 Document of the Central Committee in 2023 and the Sixth Chinese Farmers' Harvest Festival attracted increasingly high attention; "My Rural Life", the village football super league and other rural life events as well as cultural and sports activities aroused keen interest in public opinions; and the twentieth anniversary of the Green Rural Revival Program and the cyber activities of recording the experience of returning to rural hometown during the Spring Festival appealed to netizens. In terms of communication features, synergy was fostered between attractive agriculture-related

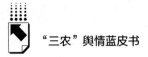
contents and media channels, leading to notable outcomes in co-creation by everyone; videos enjoyed robust growth in communication and rural topics become popular in TV shows and movies; publicity services were precise and efficient, and the credibility and influence of government communication kept rising; and "agro-diplomacy" was a highlight with growing capacity in international communication. In terms of platforms, mobile devices, social media and videos increasingly dominate communication in public opinions concerning agriculture, rural areas and farmers. The articles and social media posts released on the platforms such as APPs, videos, WeChat and Weibo had a higher proportion than that of traditional news media.

This report makes a study in eight thematic areas. It finds that, on crop, animal husbandry and fishery production and food security, the bumper harvest for the twentieth consecutive year attracted great public attention; China made concrete progress in building itself into an agricultural power, with impressive outcomes in smart agriculture and high-standard cropland. On rural revitalization, local specialties and rural tourism were highly popular; new scenes and landscapes featuring a beautiful and harmonious countryside for people to live and work caught close attention in cyberspace; cultural and sport events flourished in rural areas, and rural revitalization empowered by culture became a hot topic in public opinions. On seed industry revitalization, the revitalization initiative in the seed industry achieved remarkable results, with favorable public opinions. New patterns and new trends among seed enterprises became the hot topics of the industry. On quality and safety of agricultural products, the sustained efforts caught close attention from the public, such as the publicity and enforcement of the newly revised Agricultural Product Quality and Safety Law, crackdown on fake agricultural supplies, and the building of a traceability system for agricultural products. China Central Television's exposure of fake Thai jasmine rice triggered heated public debates. On the application of information technology in agriculture and rural areas, progress in the building of digital villages was widely recognized among the public; digital transformation of distinctive rural industries became a hot topic throughout the year; and a digital future in rural development and rural governance raised expectations. It also provides a comprehensive analysis on the role of the website of the Ministry of Agriculture and Rural Affairs in guidance for public opinions concerning agriculture, rural areas and farmers, the Chinese media reports on the Belt and Road Initiative related to agriculture and public opinions of agriculture-related short videos on Douyin and Kuaishou platforms.

This report conducts in-depth analysis of the public opinions on four incidents, such as the village football super league in Guizhou, the conflicts between Yun Meng Ze company and anglers, the blockade of harvesters in cross-regional passage in Henan, and the fines imposed for living environment in a village in Liangshan, Sichuan. It also chooses seven provinces (autonomous region) —Jilin, Jiangsu, Jiangxi, Guangxi, Gansu, Ningxia and Xinjiang to give a comprehensive analysis of online public opinions on agriculture, rural areas and farmers in 2023. In addition, the report includes the analysis of the public opinions in overseas media concerning China's agriculture, rural areas and farmers, such as analysis of overseas media reports on China's agricultural development in 2023 and study on overseas media reports on agricultural cooperation within RCEP.

**Keywords:** Online Public Opinions On Agriculture, Rural Areas and Farmers; Food Security; An Agricultural Powerhouse; Smart Agriculture; Short Video

# Contents

## I General Report

**Abstract:** In 2023, China overcame multiple adverse effects such as severe natural disasters, the annual grain output hit a new record high, farmers' income grew rapidly, and the rural areas remained harmonious and stable. The public opinions concerning agriculture, rural areas and farmers was positive and improving. In terms of communication features, synergy was fostered between attractive agriculture-related contents and media channels, videos enjoyed robust growth in communication, the credibility and influence of government communication kept rising, and international communication capacity continuously increased. Looking ahead to 2024, it is expected that these hot topics will attract great public attention, such as food production and farmers' income growth in the context of strengthening food security, new quality agricultural productive forces in the process of high-quality economic and social development, and standardized community-level law enforcement and effective rural governance in the process of comprehensive rural revitalization.

**Keywords:** Food Security; Rural Revitalization; An Agricultural Powerhouse; Public Opinions On Agriculture, Rural Areas and Farmers

# Ⅱ   Sub-reports

**B** . 2   Report on Public Opinions Concerning Crop, Animal

Husbandry and Fishery Production and Food Security in 2023

*Han Zhoujie, Zhang Wenjing, Qu Meiling and Liu Haichao / 025*

**Abstract**: In 2023, the topics of crop, animal husbandry and fishery production and food security attracted great attention, with a slight increase in the amount of public opinions compared with the previous year. The new record of annual grain output was under spotlight. China made concrete progress in building itself into an agricultural powerhouse, with impressive outcomes in the revitalization of the seed industry, smart agriculture, and high-standard cropland. In addition, incidents such as agricultural natural disasters in some areas, ineffective protection of arable land, and corruption in grain purchasing and sales received wide attention. In terms of communication features, mainstream public opinion occupied the commanding heights in cyberspace, and publicity on major topics demonstrated robust positive energy; in terms of trend, e-commerce, short video, live broadcasting and other platforms have been becoming an important tool to help agricultural production and operation.

**Keywords**: Crop, Animal Husbandry and Fishery Production; Food Security; An Agricultural Powerhouse; Arable Land Protection

**B** . 3   Report on Public Opinions Concerning Rural Revitalization

in 2023

*Huang Hongsheng, Wang Yujiao, Liu Haichao and Ye Qing / 038*

**Abstract**: In 2023, there were a total of 8,185,000 news reports and social media posts related to rural revitalization. The important role of distinctive industries in rural revitalization was widely recognized among the public, and local specialties and rural tourism were highly popular; the Green Rural Revival Program commemorated its twentieth anniversary, and new scenes and landscapes featuring a beautiful and harmonious countryside for people to live and work caught close attention in cyberspace; cultural and sport events flourished in rural areas, and rural revitalization empowered by culture became a hot topic in public opinions. In terms of communication, video gained momentum and become a force for good in cyberspace to promote rural revitalization; digital culture further demonstrated its advantages, with new media and new technologies contributing to growing confidence and strengths in rural culture; and chronic problems of arbitrary and excessive law enforcement remained, and people with small power in the countryside need to be subject to more supervision.

**Keywords:** Rural Revitalization; the Green Rural Revival Program; A Beautiful and Harmonious Countryside; Local Specialties; Rural Tourism

## B.4  Report on Public Opinions Concerning Seed Industry Vitalization in 2023

*Han Zhoujie, Qu Meiling, Wang Yujiao and Wang Minghui* / 051

**Abstract:** In 2023, the number of media reports and social media posts related to the seed industry in China increased slightly compared to the previous year. Over the past year, the revitalization initiative in the seed industry achieved remarkable results, with favorable public opinions. The modern seed industry caught close attention from the public for its important role in guaranteeing food security and promoting industrial revitalization. New patterns and new trends among seed enterprises became the hot topics of the industry. New international exchanges and cooperation was well-received. Meanwhile, "Pain points" and bottlenecks in the development of the seed industry remained under spotlight. Capacity needs to be enhanced to disseminate the topics on the revitalization of the seed industry through all media channels. A faster pace in the innovation of communication technology and its application will pose new challenges in guiding the public opinions when it comes to topics related to the seed industry.

**Keywords:** Seed Industry Revitalization; Germplasm Resources; Seed Enterprises; International Exchange

**B**.5 Report on Public Opinions Concerning Quality and Safety of Agricultural Products in 2023

*Li Xiang, Zou Dejiao, Shui Heting and Ren Ying* / 063

**Abstract:** In 2023, public opinions on the quality and safety of agricultural products increased by more than 10% compared with the previous year, with Weibo posts and short videos accounting for nearly 80% of the total. China made deepened and sustained efforts to publicize and enforce the newly revised Agricultural Product Quality and Safety Law, step up supervision on the use of pesticide in key varieties such as cowpeas, launch a campaign to crack down on fake agricultural supplies, and speed up the building of a traceability system for agricultural products. All this sent a clear signal of promoting high-quality development through tough supervision. China Central Television's exposure of fake Thai jasmine rice triggered heated public debates. In 2024, we need to stay on alert to such risks as excessive pesticide and veterinary drug residues in agricultural products, quality and safety issues in circulation and processing, and pseudo popular science or even rumor mongering by some social media accounts.

**Keywords:** Public Opinions Concerning Quality and Safety of Agricultural Products; Credit Supervision; Agri-food Safety Self-declaration Certificate; Crackdown on Fake Agricultural Supplies; Traceability System for Quality and Safety of Agricultural Products

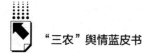

"三农" 舆情蓝皮书

**B**.6　Report on Public Opinions Concerning IT Application

in Agriculture and Rural Areas in 2023

*Huang Hongsheng, Zhong Yongling, Chong Weiwei and Guo Zhijie* / 078

**Abstract**: In 2023, there were a total of 682,600 news reports and social media posts related to IT application in agriculture and rural areas, nearly half of which spread on APPs. Progress in the building of digital villages was widely recognized among the public; "smart agriculture" became a buzzword in cyberspace; digital transformation of distinctive rural industries became a hot topic throughout the year; and a digital future in rural development and rural governance raised expectations. In terms of communication, digital technology and digital communication played a good role, and contents on the work related to agriculture, rural areas, and rural residents increasingly shifted towards rural development; communication on the work related to agriculture, rural areas, and rural residents rode on livestreaming and realized good economic and social returns; and IT application in agriculture and rural areas faced new opportunities, ready to stimulate digital new quality productive forces.

**Keywords**: IT Application in Agriculture and Rural Areas; Digital Village; Smart Agriculture; Smart Agricultural Machinery; Rural E-Commerce

# Ⅲ　Special Reports

**B**.7　Role Analysis of the Website of the Ministry of Agriculture

and Rural Affairs in Guidance for Public Opinions Concerning

Agriculture, Rural Areas and Farmers in 2023

*Feng Jiayu, Yao Yuejiao, Yu Yuewei, Zhang Yu and Cong Lin* / 089

**Abstract**: In 2023, the government portal website of the Ministry of Agriculture and Rural Affairs (MARA) aimed to make government affairs more open, offer more and better policy interpreting, and provide the public with more convenient and efficient government information services on agriculture, rural areas, and rural residents. It strove to diversify information resources, improve service functions, and enhance the transparency of government information, all of which further enhanced the online service quality of MARA. At the same time, through the analysis of user access behavior, it grasped the hot topics of public concern and made the guidance more forward-looking and targeted over the media covering agriculture, rural areas, and rural residents.

**Keywords:** the Website of the Ministry of Agriculture and Rural Affairs; Guidance for Public Opinions Concerning Agriculture, Rural Areas and Farmers; Government Information Disclosure; User Access Behavior; Intelligent Search

**B**.8    Analysis of Public Opinions of Short Videos Related
to Agriculture, Rural Areas and Farmers in 2023

*Li Xiang, Ren Ying, Huang Hongsheng and Zhang Mi / 101*

**Abstract:** In 2023, the number of agriculture-related short videos as a whole showed a steady growth trend, with contents covering various aspects such as rural life, agricultural production, and rights and interests of farmers, which were rich and diverse in forms and mostly positive in orientation. With multi-dimensional content dissemination and positive emotional expression, leading agriculture-related social media accounts played an important role in guiding public opinions concerning agriculture, rural areas and farmers. It is recommended that such contents be further tapped, partnerships be built with leading social media accounts and the regulatory mechanism of platforms be improved, in order to present more attractive and influential good stories about China's agriculture, rural areas and farmers as well as to promote a good ecology of public opinions in this field.

**Keywords:** Agriculture-related Short Videos; Douyin; Kuaishou; Leading Social Media Accounts

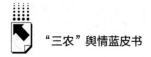

B.9 Analysis of the Public Opinions in Chinese Media Concerning the Belt and Road Initiative Related to Agriculture in 2023

*Zhang Shan, Li Ming, Zhang Mi and Liu Shiyang / 112*

**Abstract**: Over the past decade since the implementation of the Belt and Road Initiative (BRI), China and its partner countries have complemented each other and pursued joint development in agriculture, making important contributions to the building of a global community of a shared future. Chinese media have made active and comprehensive coverage through multiple channels and with a hint of emotions in their narrative. They have fostered a favorable media and public environment for China to keep opening up its agricultural sector and to blaze a path towards prosperity along with its partner countries. Looking ahead, as China will keep deepening the Belt and Road Initiative, communication related to agricultural, rural areas and farmers needs to be more proactive and creative, contributing China's solutions and capacity in expanding the BRI community, modernizing agriculture globally, and promoting sustainable development.

**Keywords**: the Belt and Road Initiative; Agricultural Cooperation; Foreign Trade of Agricultural Products; Food Security

# Ⅳ Hot Topics

B.10 Analysis of Public Opinions on the "Village Football Super League" in Guizhou

*Ren Ying, Zou Dejiao, Yang Xiaojin and Jin Xin / 126*

**Abstract**: Since its launch on May 13, 2023, the Harmonious and Beautiful Village Football Super League in Rongjiang County, Guizhou Province caught close attention from the public and became a hit in cyberspace, thanks to media live broadcast, short video reports and celebrities' involvement in publicity, not to mention its exciting games. It transformed from a sport event into a new engine that drives local tourism, catering, accommodation and sales of agricultural products, and became a shining "business card" for Rongjiang County and even the whole Guizhou Province. The village football super league is a new way to reinvigorate rural culture and a new opportunity to transform and upgrade local rural industries, which was widely recognized among the public.

**Keywords:** Rongjiang County; Village Football Super League; Football Game; Rural Sports; Cultural Revitalization

**B**. 11    Analysis of Public Opinions on the Conflicts Between Yun Meng Ze Company and Anglers

*Li Tingting, Zhang Wenjing, Chong Weiwei,*
*Zhao Juan and Li Dongdong / 138*

**Abstract:** In October 2023, a company called "Yun Meng Ze" in Susong, Anhui Province, was exposed for driving away anglers by violence and using ground cages to catch fish, which aroused close attention. The public opinions on this incident sustained for a long time, cooling down before heating up time and again, with large fluctuations. The news reports pointed out that fishery management should not jeopardize public interests, the exploitation of fishery resources should be legal and compliant, and fishery operations should not damage the eco-environment. Although local officials responded to the incident several times, but they were not well-received for being late and unprofessional. A rebound in public opinions is likely to remain.

**Keywords:** Yun Mengze Company; Fishery; Catching Fish; Ground Cage; Angling for Fish

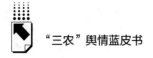

**B**.12   Analysis of Public Opinions on the Blockade of Harvesters

in Cross-regional Passage in Henan

*Zhang Shan, Li Dongdong, Liu Jia and Li Jing* / 149

**Abstract**: Since May 26, 2023, short videos and information such as "over one hundred harvesters detained on the highway" and "over one hundred harvesters not allowed off the highway for 5 days" at Tanghe toll station in Henan Province went viral and caught close attention. This incident climaxed on May 29. Nanyang Branch of Henan Transportation Investment Group issued a press release and debunked this incident on May 30. This incident cooled down rapidly and subsided after May 31. In response to public opinions, the relevant departments need to enhance their awareness of risks and make faster response in order not to be dragged into the whirlpool of the post-truth era.

**Keywords**: Trans-regional Harvesting Operation; Harvesters Detained on the Highway; Short Video

**B**.13   Analysis of Public Opinions on the Fines Imposed for Living

Environment in a Village in Liangshan, Sichuan

*Li Tingting, Liu Jia, Zhao Juan and Li Ming* / 163

**Abstract**: On the morning of November 14, 2023, a netizen posted a screenshot of the "Penalty Standards for New Rural Beautiful Countryside Action for Improving Living Environment" stamped with the official seal of the village committee in Puji Township, Puge County, Liangshan Prefecture, Sichuan Province, on Douyin, a short video platform. A variety of behaviors, such as failure to wash chopsticks and dishes as well as squatting when having meals, were subject to fines, triggering a controversy in public opinions. On the same day, the relevant departments of Puge County, Puji Township and the village committee of Xinnongcun Village made response, which drove the public opinions to heat up rapidly and then fall back quickly. On November 18, the public opinions of the incident calmed down. The public opinion focused on whether it was legal and reasonable to implement such fines standards. It called for the change of customs under the framework of the rule of law, and civilized rural customs should be cultivated through incentives and rewards.

**Keywords:** Transformation of Outdated Village Rituals; Rural Governance; Village Rules and Regulations

# V　Regional Public Opinions

**Abstract:** In 2023, public opinions related to agriculture, rural areas and farmers remained positive in Jilin Province. The articles and social media posts released on the platforms such as APPs, videos, WeChat and Weibo accounted for more than 70% of the volume of information reflecting public opinions on agriculture, rural areas and farmers for the year. Jilin attracted favorable attention for its priority efforts and impressive achievements in consolidating and expanding its outcomes of poverty alleviation, continuously promoting rural revitalization, improving grain production and stabilizing production and supply of major agricultural products, advancing the development of modern agriculture, further integrating information technology with agriculture and rural areas, making orderly progress in rural construction and taking solid steps in agricultural and rural reforms. The 22nd Chagan Lake Fishing and Hunting Cultural Tourism Festival triggered a wave of attention, and the news reports pointed out that the winter fishing economy has lucrative prospects.

**Keywords:** Chernozem Soil and Granary; Digital Village; Chagan Lake; Jilin Province

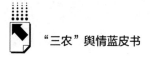

**B**.15   Analysis of Public Opinions Concerning Agriculture,

Rural Areas and Farmers in Jiangsu Province in 2023

*Zhao Xia, Wang Pingtao and Xu Yuejie* / 192

**Abstract**: 2023 saw an increase in agricultural production, farmers' income growth, and rural prosperity in Jiangsu Province, with slight decline compared with the previous year in online public opinions related to agriculture, rural areas and farmers. Jiangsu gained favorable attention for its efforts to build a strong agricultural province at a high level, comprehensively promote rural revitalization in five aspects, accelerate the modernization of the agriculture and rural areas, strengthen the foundation of food security in an all-round way, and deepen reforms to revitalize the "dormant assets" in rural areas. General Secretary Xi Jinping's praise for Jiangsu's "new farmers" was well-received, and the news reports pointed out that the trajectory of "new farmers" leaving and returning to their hometowns reflected the dramatic changes in China's urban and rural landscapes.

**Keywords**: A Strong Agricultural Province; Rural Revitalization; Food Security; Smart Agriculture; Jiangsu Province

**B**.16   Analysis of Public Opinions Concerning Agriculture,

Rural Areas and Farmers in Jiangxi Province in 2023

*Chen Liang, Chen Xunhong, Hu Yiwei, Zhong Zhihong,*

*Wu Yanming and Zhan Yang* / 210

**Abstract**: In 2023, Jiangxi Province delivered an impressive "scoresheet" on its work related to agriculture, rural areas and farmers, building strengths for its faster progress to become a strong agricultural province. Jiangxi actively consolidated and expanded its outcomes of poverty alleviation, comprehensively promoted the implementation of rural revitalization strategy, took a host of measures to strengthen the foundation of food security, achieved bumper harvest for eleven consecutive years, improved the permanent mechanism of connecting production and sales of agricultural products, vigorously promoted the application of information technology in agriculture and rural areas, deepened reforms and promoted innovation in agriculture and rural areas, and coordinated the progress in rural construction. Related topics caught close attention from the pubic. The promulgation of the Jiangxi Provincial Regulations on Villagers' Self-built Houses triggered heated discussion.

**Keywords**: Public Opinions On Agriculture, Rural Areas and Farmers; Rural Revitalization; "GanPo" Local Agricultural Brand; Villagers' Self-built Houses; Jiangxi Province

**B.17 Analysis of Public Opinions Concerning Agriculture, Rural Areas and Farmers in Guangxi in 2023**

*Tang Xiusong, Rao Zhuyang, Huang Tengyi and Jiang Kanfang / 231*

**Abstract**: In 2023, public opinions related to agriculture, rural areas and farmers further heated up in Guangxi. The articles and social media posts released on the platforms such as APPs and news websites accounted for more than 60% of the volume of information reflecting public opinions on agriculture, rural areas and farmers for the year. Guangxi stayed committed to its basic task of poverty eradication, strove for a new chapter of comprehensive rural renewal, focused on the revitalization of all priority areas to build Guangxi a strong agricultural sector and opened it up at a high level, deepened reforms to stimulate agricultural and rural vitality, promoted the application of information technology in agriculture and rural areas, and wrote a new chapter of building harmonious and beautiful countryside, all of which caught favorable attention from the public. In particular, it was praised for a series of events to connect the production and sales of autumn and winter fruits grown in Guangxi.

**Keywords**: Rural Revitalization; A Strong Agricultural Sector; Digital

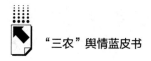
"三农" 舆情蓝皮书

Village; "Gui" Local Agricultural Brand; Public Opinions On Agriculture, Rural Areas and Farmers of Guangxi

**B**.18 Analysis of Public Opinions Concerning Agriculture, Rural Areas and Farmers in Gansu Province in 2023

*Zhang Shengcan, Liu Li and Zhao Jing / 250*

**Abstract**: In 2023, the agricultural and rural economy in Gansu Province showed steady progress and continued to improve, in a generally favorable public opinion environment. Gansu has taken a host of measures to boost grain production with a new record high in grain output; continued to consolidate the outcomes of poverty alleviation and promoted rural revitalization. It developed booming distinctive industries and ranked No. 1 for three consecutive years in the brand influence of "Gan" Local Agricultural Brand agro-products. It also deepened reforms and activated assets to increase farmers' income, and built a harmonious and picturesque countryside in Longyuan. The relevant topics caught favorable attention from the public and the media gave panoramic coverage on the achievements of agriculture, rural areas and farmers in Gansu Province.

**Keywords**: Food Security; Rural Revitalization; "Gan" Local Agricultural Brand; A Beautiful and Harmonious Countryside; Public Opinions On Agriculture, Rural Areas and Farmers of Gansu Province

**B**.19 Analysis of Public Opinions Concerning Agriculture, Rural Areas and Farmers in Ningxia in 2023

*Guo Han, Gui He and Li Xiaoli / 266*

**Abstract**: In 2023, Ningxia enjoyed stable and improving agricultural and rural development. The volume of information reflecting public opinions on

330

agriculture, rural areas and farmers for the year continued to grow, with APPs and news reports accounting for more than 70%. Ningxia was committed to the two red lines—food security and no return to large-scale poverty. Topics such as stable supply of major agricultural products, improvement in the quantity and quality of agricultural distinctive industries, fruitful results of producing-marketing connection in agricultural products exhibitions, deepened rural reforms, and a faster pace in the building of a harmonious and beautiful countryside gained extensive attention. The International Conference on Grape and Wine Industries, successfully held in Yinchuan, was under spotlight, and netizens looked forward to more shiny wine brands from Ningxia.

**Keywords:** Grain Production; Yanchi Salt Lake Lamb; Rural Governance; Grape Wine; Public Opinions On Agriculture, Rural Areas and Farmers of Ningxia

**B**.20　Analysis of Public Opinions Concerning Agriculture,

　　Rural Areas and Farmers in Xinjiang in 2023

*Baizhati · Baojiake, Cai Can, Hu Xiaofei, Cai Chunmei and Lv Zhen / 283*

**Abstract:** In 2023, Xinjiang delivered an impressive "score sheet" on the high-quality development of agriculture and rural areas, leading to a favorable public opinion environment related to agriculture, rural areas and farmers. Xinjiang's grain output reached a new record high. It steadily enhanced its capacity to supply major agricultural products. Further progress was made in consolidating and expanding the outcomes of poverty alleviation and comprehensively promoting rural revitalization. The building of digital villages and smart agriculture led the transformation of the ways of agricultural production and operation. Brand building and market expansion made Xinjiang products more competitive and drivers were added for deepening agricultural and rural reforms. The beautiful new landscape of rural development got widespread attention and recognition from the public.

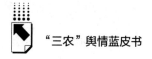

**Keywords**: Food Security; High-Standard Cropland; Monitoring to Prevent People from Falling Back into Poverty; Public Opinions On Agriculture, Rural Areas and Farmers of Xinjiang

# Ⅵ Overseas Public Opinions

**B**.21 Analysis of Overseas Media Reports on China's Agricultural
Development in 2023 *Wang Jing, Song Li and Zhao Wenjia* / 298

**Abstract**: In 2023, China's economy continued to pick up from the COVID-19 pandemic and its agricultural and rural development has enjoyed steady progress. Over the past year, China's measures to ensure food security and promote all-round rural revitalization and its agricultural exchanges with foreign countries attracted wide attention of overseas media. China's contributions to global food security and its foreign aid efforts in agriculture also received widespread overseas media coverage. In 2023, 21,900 overseas English-language media outlets published a five-year high of over 130,000 reports on China's agricultural development, up around 16% year on year. In terms of the number of reports, Bloomberg of the US, Reuters of the UK and the Associated Press of the US were the top three agencies and the US, the UK and India were the top three countries. These reports focused primarily on topics such as food security, international agricultural exchanges and cooperation, China's foreign aid in agriculture and all-round rural revitalization.

**Keywords**: Food Security; International Agricultural Exchanges and Cooperation; China's Foreign Aid in Agriculture; All-round Rural Revitalization; Overseas Media Reports

**Abstract:** The Regional Comprehensive Economic Partnership (RCEP) has aroused extensive international attention since its negotiations launched in November 2012. Based on an analysis of overseas English-language media reports, this study finds that there is widespread optimism about the effectiveness of RCEP implementation. It is also universally acknowledged that RCEP has brought tariff reductions and trade facilitation, with the flexible rules of origin and the principle of inclusion being recognized for their significant importance, and China's role and influence within the region being shed light on. However, some media also mention that certain countries in the region have concerns about the potential impact of increased imports on domestic agricultural sectors. As a response, this study provides proposals on enhancing positive media promotions, exploring cooperation potentials, and expanding and upgrading the agreement to provide effective guidance for further deepening regional agricultural cooperation under RCEP.

**Keywords:** RCEP; Agricultural Cooperation; Agro Trade; Agricultural Investment; Overseas Media Reports

# 声　明

　　基于"三农"舆情分析和研究的公益性需要，本书对舆论在相关问题上所阐述的内容及观点进行了如实引用和客观呈现。这并不代表编者赞同其内容或观点，也不代表编者对上述内容或观点的真实性予以保证和负责。对于直接引用文字，谨向有关单位和个人表示衷心感谢。如有关单位及个人认为本书引用文字涉及著作权等问题，请与本书编者联系解决。

　　联系电话 010-59192791。

本书编写委员会

# 权威报告·连续出版·独家资源

# 皮书数据库
## ANNUAL REPORT(YEARBOOK)
## DATABASE

## 分析解读当下中国发展变迁的高端智库平台

### 所获荣誉

- 2022年，入选技术赋能"新闻+"推荐案例
- 2020年，入选全国新闻出版深度融合发展创新案例
- 2019年，入选国家新闻出版署数字出版精品遴选推荐计划
- 2016年，入选"十三五"国家重点电子出版物出版规划骨干工程
- 2013年，荣获"中国出版政府奖·网络出版物奖"提名奖

皮书数据库

"社科数托邦"
微信公众号

### 成为用户

　　登录网址www.pishu.com.cn访问皮书数据库网站或下载皮书数据库APP，通过手机号码验证或邮箱验证即可成为皮书数据库用户。

### 用户福利

- 已注册用户购书后可免费获赠100元皮书数据库充值卡。刮开充值卡涂层获取充值密码，登录并进入"会员中心"—"在线充值"—"充值卡充值"，充值成功即可购买和查看数据库内容。
- 用户福利最终解释权归社会科学文献出版社所有。

数据库服务热线：010-59367265
数据库服务QQ：2475522410
数据库服务邮箱：database@ssap.cn
图书销售热线：010-59367070/7028
图书服务QQ：1265056568
图书服务邮箱：duzhe@ssap.cn

社会科学文献出版社 皮书系列
SOCIAL SCIENCES ACADEMIC PRESS (CHINA)
卡号：743772494687
密码：

# 基本子库
## SUB DATABASE

## 中国社会发展数据库（下设 12 个专题子库）

紧扣人口、政治、外交、法律、教育、医疗卫生、资源环境等 12 个社会发展领域的前沿和热点，全面整合专业著作、智库报告、学术资讯、调研数据等类型资源，帮助用户追踪中国社会发展动态、研究社会发展战略与政策、了解社会热点问题、分析社会发展趋势。

## 中国经济发展数据库（下设 12 专题子库）

内容涵盖宏观经济、产业经济、工业经济、农业经济、财政金融、房地产经济、城市经济、商业贸易等 12 个重点经济领域，为把握经济运行态势、洞察经济发展规律、研判经济发展趋势、进行经济调控决策提供参考和依据。

## 中国行业发展数据库（下设 17 个专题子库）

以中国国民经济行业分类为依据，覆盖金融业、旅游业、交通运输业、能源矿产业、制造业等 100 多个行业，跟踪分析国民经济相关行业市场运行状况和政策导向，汇集行业发展前沿资讯，为投资、从业及各种经济决策提供理论支撑和实践指导。

## 中国区域发展数据库（下设 4 个专题子库）

对中国特定区域内的经济、社会、文化等领域现状与发展情况进行深度分析和预测，涉及省级行政区、城市群、城市、农村等不同维度，研究层级至县及县以下行政区，为学者研究地方经济社会宏观态势、经验模式、发展案例提供支撑，为地方政府决策提供参考。

## 中国文化传媒数据库（下设 18 个专题子库）

内容覆盖文化产业、新闻传播、电影娱乐、文学艺术、群众文化、图书情报等 18 个重点研究领域，聚焦文化传媒领域发展前沿、热点话题、行业实践，服务用户的教学科研、文化投资、企业规划等需要。

## 世界经济与国际关系数据库（下设 6 个专题子库）

整合世界经济、国际政治、世界文化与科技、全球性问题、国际组织与国际法、区域研究 6 大领域研究成果，对世界经济形势、国际形势进行连续性深度分析，对年度热点问题进行专题解读，为研判全球发展趋势提供事实和数据支持。

# 法律声明

"皮书系列"（含蓝皮书、绿皮书、黄皮书）之品牌由社会科学文献出版社最早使用并持续至今，现已被中国图书行业所熟知。"皮书系列"的相关商标已在国家商标管理部门商标局注册，包括但不限于LOGO（▧）、皮书、Pishu、经济蓝皮书、社会蓝皮书等。"皮书系列"图书的注册商标专用权及封面设计、版式设计的著作权均为社会科学文献出版社所有。未经社会科学文献出版社书面授权许可，任何使用与"皮书系列"图书注册商标、封面设计、版式设计相同或者近似的文字、图形或其组合的行为均系侵权行为。

经作者授权，本书的专有出版权及信息网络传播权等为社会科学文献出版社享有。未经社会科学文献出版社书面授权许可，任何就本书内容的复制、发行或以数字形式进行网络传播的行为均系侵权行为。

社会科学文献出版社将通过法律途径追究上述侵权行为的法律责任，维护自身合法权益。

欢迎社会各界人士对侵犯社会科学文献出版社上述权利的侵权行为进行举报。电话：010-59367121，电子邮箱：fawubu@ssap.cn。

社会科学文献出版社